BRASIL À PARTE

Perry Anderson

BRASIL À PARTE
1964-2019

© Boitempo, 2020
© Perry Anderson, 2019

Título original *Brazil Apart: 1964-2019* (publicado pela editora Verso, em 2019)

Direção editorial	Ivana Jinkings
Coordenação editorial	Thais Rimkus
Coordenação de produção	Livia Campos
Tradução	Alexandre Barbosa de Souza e Bruno Costa ("Lula"), Fernando Pureza ("Dilma"), Jayme da Costa Pinto ("Bolsonaro"), SatBhagat Rogério Bettoni (Prefácio, "Lançamento", "Fernando Henrique" e "Parábola")
Revisão de tradução	Rafael Cariello e Juliana Silva Cunha de Mendonça
Preparação e checagem de dados	André Albert, Carolina Mercês, Mariana Echalar
Assistência editorial	Pedro Davoglio
Revisão	Sílvia Nara
Diagramação	Antonio Kehl
Capa	sobre pintura de Reynaldo Fonseca, *Natureza morta com laranjas*, Recife, 1981 (a partir da edição original inglesa)

Equipe de apoio: Artur Renzo, Camila Nakazone, Clarissa Bongiovanni, Débora Rodrigues, Dharla Soares, Elaine Ramos, Frederico Indiani, Heleni Andrade, Higor Alves, Isabella Marcatti, Ivam Oliveira, Joanes Sales, Kim Doria, Luciana Capelli, Marina Valeriano, Marlene Baptista, Maurício Barbosa, Raí Alves, Talita Lima, Tulio Candiotto

CIP-BRASIL. CATALOGAÇÃO NA PUBLICAÇÃO
SINDICATO NACIONAL DOS EDITORES DE LIVROS, RJ

A561b

Anderson, Perry, 1938-
  Brasil à parte : 1964-2019 / Perry Anderson ; tradução Alexandre Barbosa de Souza ... [et al.]. - 1. ed. - São Paulo : Boitempo, 2020.
  192 p.

  Tradução de: Brazil apart
  Inclui índice
  ISBN 978-85-7559-732-3

  1. Ciência política. 2. Brasil - Política e governo. I. Souza, Alexandre Barbosa de. II. Título.

20-63247
CDD: 320
CDU: 32(81)"1964/2019"

Leandra Felix da Cruz Candido - Bibliotecária - CRB-7/6135

É vedada a reprodução de qualquer parte deste livro sem a expressa autorização da editora.

1ª edição: março de 2020; 1ª reimpressão: junho de 2021

BOITEMPO
Jinkings Editores Associados Ltda.
Rua Pereira Leite, 373
05442-000 São Paulo SP
Tel.: (11) 3875-7250 / 3875-7285
editor@boitempoeditorial.com.br
www.boitempoeditorial.com.br | www.blogdaboitempo.com.br
www.facebook.com/boitempo | www.twitter.com/editoraboitempo
www.youtube.com/tvboitempo | www.instagram.com/boitempo

Sumário

Prefácio 9

Lançamento 17

Fernando Henrique 39

Lula 55

Dilma 91

Bolsonaro 121

Parábola 167

Índice onomástico 183

Sobre o autor 189

Para Roberto e Grecia

Em memória de Carmute

Prefácio

Cobrindo acontecimentos e figuras da política nacional dos últimos 35 anos, tudo bastante conhecido dos brasileiros, esta narrativa escrita por um estrangeiro talvez não valesse o esforço de ser traduzida. A repetição do que é familiar é um convite à impaciência e ao tédio; e a visão exterior do que intuitivamente é óbvio, um atalho para gafes e equívocos. Estas páginas, concebidas para leitores de língua inglesa, que sabem pouco ou nada do Brasil, podem não escapar a objeções desta ordem. Ainda que não houvesse, por ora, uma síntese brasileira do período – talvez haja –, esta seria uma justificativa fraca a efêmera para a tradução. As atenuantes possíveis seriam duas. O estrangeiro que reflete sobre o Brasil talvez encare o período sob uma luz mais comparativa – continental ou global – que aquela corrente no país. E talvez ele possa também ser mais franco quanto às pessoas e aos processos em que estão envolvidas, a salvo das inibições que as lealdades políticas tendem a impor. Não são vantagens que anulem os inconvenientes da distância. No melhor dos casos, podem lhes fazer contrapeso.

A origem deste livro remonta a um projeto mais amplo: um estudo da trajetória política das maiores potências mundiais e do sistema interestatal que elas começaram a erguer no século XXI. Comecei a pensar e escrever sobre essas potências no início dos anos 1990. Desde então, publiquei livros sobre a Europa e a Índia[1]. Na época, minha intenção era reunir, em um único volume, trabalhos que eu vinha produzindo sobre Estados Unidos, Rússia, China e Brasil. No início de 2019, quando terminei a seção sobre o Brasil, a Boitempo me perguntou se poderia publicá-la como um livro independente. Ao aceitar

---

[1] *The New Old World* (Londres, Verso, 2009); *The Indian Ideology* (Londres, Verso, 2013).

a proposta, concluí que havia razões subjetivas e objetivas para separar o Brasil do bojo analítico que eu tinha em mente.

Do lado subjetivo, minha relação com o país o distingue dos demais Estados sobre os quais estava escrevendo. O Brasil foi o primeiro e único país estrangeiro no qual morei, e não apenas visitei, antes dos cinquenta anos de idade. Quando cheguei ao Rio de Janeiro, em 1966, tinha vinte e poucos anos, época em que a experiência costuma ser mais vívida e as impressões e vínculos em geral são mais profundos do que quando somos mais velhos. Com recursos escassos, e sabendo muito pouco sobre o país, me pus a estudar a história recente do Brasil, mas retornei a Londres já no início de 1967, e a possibilidade de me tornar um brasilianista caiu por terra após a revolta estudantil de 1968. Foi um período curto demais para de fato conhecer outra sociedade, mas suficiente para criar laços de admiração e amizade que durariam a vida toda, além de uma afeição por esse país que, em muitos aspectos, supera a que sinto por qualquer outro. Tive a sorte de estar no Brasil em um momento bastante específico: no breve intervalo entre a instauração da ditadura militar, em 1964, e seu endurecimento repressivo, em 1968 – um período no qual a liberdade de expressão ainda não havia sido completamente eliminada da imprensa, do cinema e do teatro, quando a oposição ainda encontrava expressão pública. Nesse curto período, a efervescência radical que atravessava a cultura e a intelectualidade, e que o golpe tentou suprimir, foi no mínimo intensificada pelas fortes tensões da resistência ao regime. A atmosfera daqueles meses é inesquecível.

Quando o AI-5 foi promulgado, no fim de 1968, e houve militantes que se opuseram a ele de armas na mão, outros que se exilaram, permaneceram lembranças e vínculos. Vladimir Herzog – o único brasileiro com quem tive algum contato antes de ir para lá e que me apresentou as poucas pessoas que conheci logo que cheguei ao país – foi torturado e morto pelo regime em 1975. Sua morte representou um divisor de águas na história da ditadura. Entre os que partiram, muitos foram para a França. Quando eu trabalhava na *New Left Review*, em Londres, mantinha contato com a colônia intelectual brasileira radicada em Paris. Um dos primeiros livros a ser produzido por esse grupo foi o trabalho de um dos fundadores da guerrilha Vanguarda Popular Revolucionária, e que hoje é especialista nas obras de Lucrécio e Espinosa[2]. Posteriormente, a primeira tradução para o inglês do destacado crítico literário brasileiro Roberto Schwarz

---

[2] João Quartim, *Dictatorship and Armed Struggle in Brazil* (Londres, Verso, 1971).

sairia pela mesma editora[3]. Voltei ao Brasil em 1979, para uma conferência internacional que aconteceu em Brasília. Os exilados políticos tinham acabado de retornar e a ditadura preparava sua suave transição para uma democracia proibida de investigar seus crimes ou de questionar sua legitimidade. Desde então, tenho retornado com frequência. Os capítulos deste livro marcam algumas dessas visitas, quando elas se deram em momentos de viragem política. Tudo isso faz com que o modo como escrevo sobre o Brasil seja diferente o bastante para justificar um volume separado. A tessitura e o tom do texto diferem.

Do lado objetivo, o Brasil também é um caso à parte na galeria dos principais Estados do mundo. Quinto maior país do planeta em termos de população e território, o Brasil tem a segunda maior renda *per capita* dos Brics e é inquestionavelmente uma grande potência, com mais destaque em seu próprio continente que qualquer outra nação do mundo, exceto os Estados Unidos. No entanto, sua história e geografia também fizeram desse país o mais isolado e ensimesmado entre os gigantes mundiais. Na América do Sul, a língua o separa dos demais. Em uma região formada por repúblicas muito antes de a Europa conseguir estabelecê-las como norma, o Brasil foi o único que, por quase um século, tomou o rumo monárquico. Até pouco tempo atrás, a densa floresta tropical, o cerrado desabitado e o pântano intransponível separavam seu vasto interior de todos os vizinhos, exceto por uma estreita fronteira ao sul. Em termos culturais e psicológicos, a sociedade brasileira basicamente deu as costas ao mundo hispânico, dirigindo seu olhar para a Europa e, depois, para os Estados Unidos. Contudo, muitas águas separam o Atlântico Sul do Atlântico Norte e, por muito tempo, o Brasil só enxergou a outra margem de seu próprio oceano como fonte de escravizados. Nem mesmo Portugal conseguiu fincar vínculos fortes ou uma presença marcante no imaginário contemporâneo do Brasil, ao contrário da Espanha em relação às suas antigas colônias, de onde tantos escritores importantes transferiram-se de armas e bagagens para Madri ou Barcelona[4]. O resultado disso é uma cultura nacional com um grau de ensimesmamento

---

[3] Roberto Schwarz, *Misplaced Ideas* (Londres, Verso, 1992) [ed. bras.: "As ideias fora do lugar", em *Ao vencedor as batatas: forma literária e processo social nos inícios do romance brasileiro*, São Paulo, Duas Cidades, 1977].

[4] O tamanho relativo da ex-colônia e da ex-metrópole tem, é claro, algo a ver com esse contraste ibero-americano. Ainda assim, numa época em que uma sociedade de mais de 200 milhões de habitantes mal podia se gabar de um poeta ou romancista comparável a Fernando Pessoa ou José Saramago, produtos de uma sociedade de menos de 10 milhões, a falta de interesse dos brasileiros por Portugal, até mesmo dos mais instruídos, muitas vezes impressiona.

único entre potências comparáveis, sem os vínculos das outras com seus vizinhos: um passado confucionista comum, no caso da China; um ambiente cultural anglófono, no caso da Índia; séculos de intercâmbio intelectual e diplomático com a Europa, no caso da Rússia; a intimidade forjada na Guerra Fria com os Estados Unidos, no caso da Europa. Somente os Estados Unidos – por trás de seus fossos oceânicos e da convicção de contarem com a preferência divina – competem com o Brasil em termos de introversão, e mesmo assim contam com a atenuante de receberam imigrantes de toda parte. O Brasil também se beneficiou enormemente dos imigrantes fugidos das guerras, que contribuíram muito para a sua cultura posterior. Mas essas levas deixaram de chegar ao país, selando sua clausura. Nenhum outro Estado-nação exibe ainda com tanta naturalidade a ideia de que constituiria uma civilização em si mesmo – a expressão *civilização brasileira* não é mero apanágio prepotente da direita, mas um termo usado espontaneamente por historiadores e jornalistas de todos os espectros, inclusive da esquerda[5]. Isso não significa provincianismo, ao menos não no sentido mais comum da palavra. O país forma um universo grande o suficiente para que um sem-número de pensadores criativos seja absorvido por seus problemas internos, sem ter que olhar muito além. Contudo, uma cultura nacional cujo horizonte natural do pensamento permanece com tal grau de autossuficiência se assemelha até certo ponto, bem ou mal, a uma exceção do século XIX no mundo contemporâneo.

Há outro fator determinante, e politicamente mais decisivo, separando o Brasil de seus pares do hemisfério Norte. O país é uma potência importante,

---

[5] *La Civilisation française*, que na França já foi expressão consagrada, hoje é um anacronismo vazio. Não acontece o mesmo no Brasil. Em 1960, quando Sérgio Buarque de Holanda, decano da moderna historiografia do país e figura da esquerda socialista, lançou o que se tornariam os onze volumes da história geral da civilização brasileira, ele comentou de maneira enternecida que, embora em outras circunstâncias pudesse parecer inadequado ou presunçoso, o título da obra era natural o suficiente por se inspirar numa tradução do francês *Histoire générale des civilisations*, de Maurice Crouzet, publicado pela mesma editora, a Difel. Na verdade, a expressão não dependia desse artifício, pois já era corrente muito antes disso. A editora Civilização Brasileira foi fundada em 1929, tendo Gustavo Barroso como um de seus três criadores, que depois se tornaria o teórico mais prolífico do integralismo na direita fascista. Em 1934, quando a Universidade de São Paulo foi fundada sob o governo de Getúlio Vargas, o Departamento de História incluiu desde o início uma cadeira de "Civilização Brasileira", sendo Alfredo Ellis seu primeiro ocupante, um conservador liberal sucedido em 1956 por Sérgio Buarque de Holanda como titular da cadeira. Naquela época, o comunista Ênio Silveira havia assumido a editora Civilização Brasileira e, em meados de 1960, criou uma revista de mesmo nome, importante veículo da esquerda combativa, encerrada pela ditadura em 1968.

mas não uma Grande Potência, já que não possui Forças Armadas para isso. O peso militar absoluto de uma nação – tropas, tanques, porta-aviões, aeronaves, mísseis – continua definindo o *status* dessa categoria. De 1945 para cá, todos os outros candidatos lutaram em guerras sob suas próprias bandeiras: a China na Coreia, na Índia e no Vietnã; a Rússia no Afeganistão e no Cáucaso; a Europa nos Bálcãs e no Oriente Médio; a Índia em Bengala, Ceilão e Caxemira; os Estados Unidos no Extremo Oriente, no Oriente Médio, nos Bálcãs, no Norte da África e no Caribe. O Brasil, em lugar nenhum. Seu Exército é insignificante se comparado ao desses Estados, mas o que lhe falta em força de propulsão externa é compensado em capacidade de ataque interno. Ao contrário do que acontece nesses outros países, o Exército brasileiro constitui uma força política dentro de seu próprio território. Sua grande vocação tem sido a repressão em casa, não o combate fora dela. Esta é a configuração que estrutura o período explorado nas páginas a seguir.

Afinal, nesses anos o Brasil também foi palco de um drama sociopolítico sem paralelo em qualquer outro Estado de grande magnitude. Em todos os outros lugares – Europa, Estados Unidos, Índia, Rússia, China –, a tendência da época era enrijecer o controle dos ricos sobre os pobres, do capital sobre o trabalho, e ampliar o abismo entre eles tanto no Estado quanto na sociedade, com oligarquias híbridas ou neoliberais. Só o Brasil seguiu outra direção, ao menos por algum tempo. Os doze anos de governo do Partido dos Trabalhadores (PT) fizeram do Brasil um país cuja importância política ultrapassava suas fronteiras: uma nação que servia de exemplo e inspiração em potencial para outras, algo inédito em sua história moderna. Não por acaso, essa também foi a primeira vez que o Brasil agiu como uma potência capaz de desempenhar um papel independente no cenário internacional. Seu desempenho nunca foi impecável, nem interna nem externamente. As limitações de suas tentativas e a fraqueza de suas realizações fazem parte dessa história. No entanto, o fato de o governo do PT ter chegado ao fim do modo como chegou diz tanto a seu favor quanto contra ele: é a prova de que, independentemente do que o governo petista tenha se tornado, o grau de seu afastamento das regras do período pareceu insuportável para as forças tradicionais do país. No período de 1964 a 1968, um governo considerado radical demais foi derrubado por um golpe militar, que instaurou uma ditadura. Meio século depois, entre 2016 e 2018, outro governo foi derrubado por um golpe parlamentar, que instaurou na Presidência um fervoroso admirador da ditadura e em cujo governo há mais ministros fardados que nos governos dos generais. Situação e regime já não são os mesmos. Ainda assim, fica claro que a curva geral desses cinquenta anos forma uma parábola. Esse arco dá forma à narrativa deste livro e serve de título para sua conclusão.

***

As primeiras versões dos capítulos 1 a 5 foram publicadas na revista *London Review of Books* como: "The Dark Side of Brazilian Conviviality", 24 de novembro de 1994; "The Cardoso Legacy", 12 de dezembro de 2002; "Lula's Brazil", 31 de março de 2011; "Crisis in Brazil", 21 de abril de 2016; e "Bolsonaro's Brazil", 7 de fevereiro de 2019. As datas sob os cabeçalhos dos capítulos referem-se ao tempo da composição. Quando os capítulos comportam mudanças de opinião quanto a processos ou pessoas, os eventos mais recentes lançando luz nova sobre os anteriores, deixei inalterados os últimos, como partes do quadro. Mesma coisa para as retomadas narrativas. Ao notar distanciamentos da convenção, o melhor crítico do livro na esfera da língua inglesa fez o seguinte comentário:

> Nas obras de história tradicional, tanto o autor como o leitor conhecem de antemão o ponto de chegada; ao passo que neste livro o fim é sabido do leitor, mas não do autor – gerando um senso mais visceral das mudanças de fortuna abruptas que caracterizam os últimos trinta anos no Brasil. Composta agora, uma obra una sobre o período quase que inevitavelmente endireitaria o caminho tortuoso da história recente, a bem do argumento, criando um sentimento falso de continuidade e antecipação.[6]

Os leitores julgarão o acerto dessas considerações.

Eu nunca teria me arriscado a escrever sobre o Brasil se não tivesse contado com conversas, conselhos e, em muitos casos, com a amizade de pessoas com as quais discuti o país durante todos esses anos. Numa lista incompleta, mas fazendo questão de citar alguns nomes em particular: Maria do Carmo Campello de Souza, Edgard Carone, Mario Sergio Conti, Roberto Fragale, Elio Gaspari, Marcus Giraldes, Eduardo Kugelmas, Lena Lavinas, Roberto Mangabeira Unger, Leôncio Martins Rodrigues, Juliana Neuenschwander, Chico de Oliveira, Leda

---

[6] Nick Burns, "The End of Brazilian History?", *The American Interest*, 28 out. 2019. Disponível em: <https://www.the-american-interest.com/2019/10/28/the-end-of-brazilian-history/>; acesso em: fev. 2020.

Paulani, Paulo Sérgio Pinheiro, Marcio Pochmann, Emir Sader, André Singer, Roberto Schwarz e Pedro Paulo Zahluth Bastos. Nenhum deles teria concordado com tudo o que escrevi sobre o Brasil, em alguns casos talvez com nada. No entanto, aprendi com todos eles. Não mais, porém, do que aprendi com o amigo mais antigo que tenho em São Paulo, Roberto Schwarz, crítico literário de uma argúcia política sem par na sua geração. A responsabilidade por quaisquer erros é toda minha.

Lançamento
1994

O Brasil tem hoje uma população e um produto interno bruto maiores que os da Rússia. Ainda assim, contra toda racionalidade, continua a ocupar uma singular posição marginal no imaginário histórico mundial contemporâneo. Nos últimos quinze anos, o país não deixou virtualmente nenhuma marca nas páginas da *London Review*. Em que pese o crescimento do turismo, as imagens que o mundo guarda dele continuam escassas: bandidos folclóricos em fuga, desfiles extravagantes no carnaval, triunfos periódicos no futebol. Em termos de influência cultural, enquanto a música e a literatura da América Latina se espalharam pelo mundo, a do Brasil encolheu. O balanço da salsa de há muito eclipsou o do samba, e a lista dos romancistas mais conhecidos omite qualquer nome oriundo da terra do mais inventivo praticante do gênero no século XIX, Machado de Assis. Hoje, é mais provável que leitores do hemisfério Norte formem uma imagem do Brasil a partir de alguma moda peruana do que de qualquer ficção local.

O fato de a maior sociedade do hemisfério Sul estar mentalmente fora do radar da maioria dos estrangeiros se deve em parte à sua história política recente. Desde os anos 1960, a América Latina protagonizou quatro grandes dramas que chamaram a atenção mundial. No Brasil, três deles foram ignorados ou abortados, e o quarto assumiu uma forma *sui generis*. A primeira vez que o continente estampou as manchetes internacionais foi com a eclosão da Revolução Cubana, quando o espectro dos movimentos de guerrilha assombrou Washington. O Brasil nunca esteve na linha de frente dessa turbulência. Comparados ao que se passou em países como Colômbia, Venezuela, Argentina e Peru, seus episódios de insurgência – quase todos urbanos – foram breves e logo se extinguiram. Já a sua ditadura militar começou mais cedo – em 1964, quase uma década antes das de Pinochet ou Videla – e durou mais tempo, passando de vinte anos. Os generais brasileiros sempre foram os mais hábeis da região: conseguiram atingir taxas recorde de crescimento nos anos 1970 e conduziram uma redemocratização cuidadosamente calibrada nos anos 1980, num processo controlado por eles do início ao fim.

Em 1984, manifestações gigantescas por eleições diretas explodiram nas grandes cidades, quando um Congresso domesticado se preparava para escolher seu novo presidente seguindo as diretrizes do alto-comando militar. O regime não cedeu, mas o medo de uma retaliação popular dividiu as elites civis que até então o apoiavam, e proprietários de terras do Nordeste – núcleo de seu sistema de alianças políticas – desertaram para a oposição. As Forças Armadas aguentaram a pressão das ruas, mas ao custo de perderem o controle do Congresso, onde uma "frente liberal" formada por latifundiários e mandachuvas locais, que até então funcionavam como escudeiros maleáveis do regime, abandonou o candidato oficial em apoio a Tancredo Neves, um político moderado que se apresentou como símbolo dos princípios constitucionais e da reconciliação.

Embora Tancredo nunca tenha sido um adversário particularmente mordaz da ditadura, nem tivesse chances de ser eleito num pleito direto, sua eleição indireta pelo Congresso foi consagrada pela opinião pública, em meio à enorme expectativa de que aquela fosse a vitória final da democracia sobre a tirania pretoriana. Sua morte inesperada na véspera da posse foi um balde de água fria na euforia popular, e quem assumiu seu lugar foi um vistoso ornamento da ditadura: José Sarney, oligarca beletrista dos latifúndios do Maranhão, escolhido como vice de Tancredo para garantir o apoio dos derradeiros baluartes do regime. Foi um imenso anticlímax ideológico, e o Brasil entrou na vaga de democratização da América Latina desnorteado e sem empolgação. Não houve descontinuidade abrupta de instituições ou pessoas que se comparasse à queda da junta militar na Argentina, ou à rejeição da autocracia no Chile.

Para compensar sua falta de legitimidade popular, Sarney formou um governo que, na prática, era até um pouco menos conservador do que a administração imaginada por Tancredo – uma manobra tipicamente brasileira. Mas seu mandato permaneceu fraco e errático. Quando assumiu o cargo, a inflação anual superava os 200%. Quando saiu, uma série de planos emergenciais e tratamentos de choque fracassados deixaram-na beirando os 2.000%. O fim dos anos 1980 foi um período de recessão econômica e de crescente tensão social. Em 1988, uma nova Constituição foi adotada, com mais salvaguardas democráticas que antes, mas, fora isso, incoerente e canhestra. Em 1989, a primeira eleição direta para presidente sob a sua égide rendeu uma disputa acirrada entre a esquerda, representada pelo ex-metalúrgico e líder sindical Luiz Inácio Lula da Silva, e a direita, representada por Fernando Collor de Mello, *playboy* demagogo oriundo de uma das famílias mais ricas e antigas do país. Graças ao apoio poderoso do império televisivo da Rede Globo, que detinha 70% da audiência nacional, e a seu carisma, que atraía os pobres e os desorganizados, Collor venceu com uma margem estreita. Em seu discurso de posse – escrito por José Guilherme Merquior, o intelectual liberal mais talentoso de sua geração, conhecido por ter sido diplomata em Londres –, Collor prometia um extermínio geral dos controles estatais. Suas bandeiras seriam a liberdade e a iniciativa individual, com a devida atenção aos mais desfavorecidos. A hora do neoliberalismo latino-americano – representado pela vitória de Salinas no México, de Menem na Argentina e de Fujimori no Peru – parecia ter chegado para o Brasil.

Mais uma vez, no entanto, a experiência típica do continente teve um curto-circuito no Brasil. Collor começou sua gestão reduzindo impostos, privatizando empresas públicas e cortando gastos burocráticos, mas a tentativa de conter a inflação por meio de um congelamento das contas bancárias foi ainda mais caótica do que as medidas de Sarney, prejudicando os bem de vida sem obter nenhuma contrapartida em estabilização econômica. Em seguida, uma rixa familiar em seu feudo alagoano trouxe à tona malfeitos de proporções descomunais mesmo para o tolerante padrão local: um caixa dois de 200 milhões de dólares, desviados para fins de clientelismo político e ostentação pessoal. A pilhagem descarada surpreendeu até alguns de seus partidários mais próximos. Isso porque toda a campanha de Collor se baseava na promessa de erradicar a corrupção pela raiz. Quando o volume de denúncias chegou a um ponto insustentável, Collor fez um pronunciamento na televisão, convocando o povo a abraçar sua batalha contra uma elite conspiradora e a demonstrar um apoio patriótico ao presidente vestindo verde e amarelo. No dia seguinte, as cidades se vestiram de preto. Em seis semanas, Collor estava fora do poder. Se a democratização brasileira foi ambígua e confusa, a liberalização econômica acabou em farsa. Quando Collor foi deposto, em 1992, o país parecia ter perdido novamente o bonde da história. Enquanto Argentina, Chile, México, Peru e Uruguai, sob a disciplina neoliberal, anunciavam recuperações econômicas elogiadas à larga, o Brasil soçobrava num lamaçal inflacionário aparentemente desgovernado.

Dois anos depois, o cenário de súbito parecia bem diferente. Apesar da espiral inflacionária da década anterior, e das fundas recessões de 1981 a 1983 e das posteriores, a economia brasileira continuou a se diversificar. Sem alarde, o país modernizou seu parque industrial, a produtividade aumentou e as exportações cresceram, o que redundou em uma balança comercial positiva e em reservas substanciais de divisas. Em meados da década de 1990, a importância objetiva do país na nova ordem global havia mudado. Mais rico e organizado que a Federação Russa de Iéltsin, o Brasil estava prestes a alcançar a categoria de grande potência: uma posição da qual o país nunca estivera próximo, apesar dos exageros retóricos. Pela primeira vez na história, o Brasil também havia encontrado um governante capaz de colocá-lo no mapa internacional. No ano seguinte, ao assumir a Presidência, Fernando Henrique Cardoso poderia ser tido como o líder mundial com a formação intelectual mais sofisticada dentre os chefes de Estado de sua época.

Na América Latina, dos tempos de Sarmiento ou Nabuco em diante, escritores e acadêmicos sempre desempenharam um papel importante no palco político. A ambição de Vargas Llosa de governar o Peru é um capítulo recente dessa tradição. O romancista Rómulo Gallegos foi o primeiro presidente eleito da Venezuela depois da Segunda Guerra Mundial. O atual ministro das Relações Exteriores da Argentina, Guido di Tella, notável historiador econômico, é membro de longa data do Saint Anthony's College, da Universidade de Oxford. Fernando Henrique Cardoso faz parte dessa tradição regional. Junto com Enzo Falletto, ele escreveu o mais influente livro de ciências sociais da América do Sul na década de 1960: *Dependência e desenvolvimento na América Latina*. Sua ascensão ao poder tem até um toque nacional ironicamente apropriado. O Brasil foi o único país em que o criador da sociologia enquanto disciplina, Auguste Comte, serviu de inspiração aos fundadores da República: jovens oficiais que se viram estimulados a derrubar o Império em 1889, e que deixaram como legado o lema positivista "Ordem e progresso", que ainda estampa a bandeira nacional. Um século depois, a mesma terra realizaria o sonho de Comte ao consagrar um governante-sociólogo.

Mas a realização desse sonho traz uma boa dose de ironia, já que o tipo de sociologia que fez a fama de FHC era a antítese do positivismo. Sua obra se enquadrava em um campo marxista cujo ponto de honra era um entendimento dialético da sociedade. Talvez isso parecesse corriqueiro na América Latina das décadas de 1960 e 1970. No entanto, a verdade é que ela aflorou de um ambiente bastante incomum, e foi justamente isso que abriu as portas para o início da carreira de Fernando Henrique. Filho de um general nacionalista, FHC nasceu numa época em que o oficialato se dividia entre anticomunistas e nacionalistas de esquerda. Ele estudou na Universidade de São Paulo (USP) no fim dos anos

1940 e logo começou a lecionar lá. Na época, era efetivamente um comunista, algo que, para proteger sua imagem, a imprensa brasileira não se deu ao trabalho de mencionar até depois das eleições. O Partido Comunista Brasileiro (PCB) era a única organização significativa da esquerda; portanto, não havia nada de inusual nessa aproximação. FHC saiu do partido por volta de 1956, mas continuou mantendo uma relação informal – fazia parte da *linha auxiliar*, como eram chamados seus simpatizantes. Mas havia algo mais constitutivo de sua personalidade do que essa filiação ao PCB: a instituição em que trabalhava.

A USP foi fundada em 1934 por um grupo de oligarcas liberais liderado pelo grande herdeiro da imprensa paulistana, Júlio de Mesquita Filho. Na época, o país sofria forte influência intelectual tanto da Alemanha quanto da Itália, reflexo não só da importância dessas duas comunidades de imigrantes, como também da presença cada vez maior do fascismo europeu, que inspiraria Getúlio Vargas na criação de seu autoritário Estado Novo, três anos depois. Decididos a montar uma instituição de alto padrão intelectual, os liberais paulistas queriam professores europeus em seu corpo docente. As cadeiras de matemática, ciências naturais e estudos clássicos foram entregues a italianos e alemães. Mas, para as ciências sociais e a filosofia, áreas que envolviam questões políticas, eles fecharam contrato com a França, por acreditar que os professores franceses defenderiam valores democráticos. Esse arranjo rendeu frutos históricos e fez com que uma série de intelectuais franceses que depois seriam conhecidos internacionalmente fossem dar aula na USP: Claude Lévi-Strauss, Fernand Braudel, Pierre Monbeig, Roger Bastide, Claude Lefort, Michel Foucault. A marca mais profunda deixada pelos franceses foi na filosofia, área em que um conjunto de professores excelentes formou uma geração de pensadores, recordada com brio no livro *Um departamento francês de ultramar*, de Paulo Eduardo Arantes*. No fim dos anos 1950, formara-se ali um meio intelectual cada vez mais interessado em Marx, como era de se esperar. Em 1958, um grupo de jovens intelectuais de diferentes disciplinas – incluindo FHC, da sociologia; Paul Singer, da economia; José Arthur Giannotti, da filosofia; e Roberto Schwarz, sociólogo que depois se dedicaria à teoria literária – começou um seminário sobre *O capital* que durou cinco anos e tornou-se lendário, tendo influenciado a atmosfera da faculdade por uma década.

Quando as Forças Armadas tomaram o poder, em 1964, os primeiros a serem perseguidos foram políticos e pessoas próximas a eles. Com os militares

---

* Ver Paulo Eduardo Arantes, *Um departamento francês de ultramar* (São Paulo, Paz e Terra, 1994). (N. E.)

em seu encalço, FHC preferiu ir para o Chile. Na universidade, a maioria de seus colegas continuou trabalhando com relativa tranquilidade. Foi um período em que a ditadura radicalizou a oposição intelectual sem, contudo, reprimi-la. Nesses anos, o campus da Faculdade de Filosofia, Ciências e Letras na rua Maria Antônia* era um lugar inesquecível: um prédio baixo e discreto perto do centro da cidade, com uma fachada sombria e um interior lúgubre, cercado de bares e lanchonetes onde a vida universitária continuava a fluir. Parecia um esconderijo mágico de ideias e paixões, sobretudo políticas. A conexão com a França continuava ativa. Para quem vinha de Londres, a cena lembrava uma versão tropical do *sixième* parisiense, embora em muitos aspectos tivesse mais vida. Em termos intelectuais, o seminário uspiano sobre *O capital* antecedeu o famoso seminário da École Normale. Foi um choque descobrir que a São Paulo de 1966 já estudava a matriz feuerbachiana do jovem Marx com muito mais propriedade acadêmica do que qualquer estudo publicado pela escola althusseriana, caso das *Origens da dialética do trabalho*, escrito por Giannotti**. O marxismo da rua Maria Antônia também era muito mais cosmopolita que o da rue d'Ulm. Se em Paris a Escola de Frankfurt ainda era uma ilustre desconhecida, em São Paulo já marcava uma presença significativa, bem como as tradições austromarxistas. Tudo isso misturado à incomparável sociabilidade brasileira, às rodadas de batidas tropicais servidas sobre balcões minúsculos, ao enigma de mulheres mais independentes do que as europeias, emancipadas das funções domésticas pela presença de empregadas, à sensação eletrizante de revoltas que viriam. Para um estudante estrangeiro, era uma combustão poderosa.

Em 1968, a oposição política à ditadura estava crescendo: manobras parlamentares, greves operárias, rebeliões universitárias, até ações armadas aqui e ali. Em outubro, houve uma batalha campal entre militantes que estudavam na USP e alunos do Mackenzie, a universidade particular conservadora em frente, na mesma rua Maria Antônia. Bombardeada pelo poder de fogo muito superior da direita, a faculdade foi incendiada, e um estudante morreu. Em seguida, o Exército mandou a cavalaria e fechou o prédio sem previsão de reabertura, colocando fim a uma era. Dois meses depois, o Ato Institucional nº 5 impunha medidas muito mais drásticas do que em 1964, endurecendo o poder militar

---

*   A Faculdade de Filosofia, Ciências e Letras (FFCL) da USP funcionou no conjunto de prédios na rua Maria Antônia de 1949 a 1968, quando foi transferida para o campus da Cidade Universitária sob o nome Faculdade de Filosofia, Letras e Ciências Humanas (FFLCH). (N. E.)

** Ver José Arthur Giannotti, *Origens da dialética do trabalho* (São Paulo, Difel, 1966). (N. E.)

pela década seguinte. FHC, que havia retornado ao Brasil poucos meses antes, foi aposentado compulsoriamente do cargo que acabara de assumir na USP. Mas soube aproveitar os anos que passou no exterior: com financiamento da Fundação Ford, ajudou a fundar o Centro Brasileiro de Análise e Planejamento (Cebrap), um centro de pesquisa sediado em São Paulo que levou adiante boa parte do espírito da Maria Antônia, com estudos coletivos sobre a sociedade brasileira sob o regime ditatorial. Nesse período, seu pensamento continuava fortemente influenciado pelo marxismo. Nos anos 1970, enquanto realizava trabalho empírico, Fernando Henrique debateu com Poulantzas a definição de classes sociais, esclarecendo usos apropriados ou inapropriados da categoria da dependência, de exército industrial de reserva, de marginalidade. Uma década depois, ele questionava se o conceito de hegemonia em Gramsci ainda era válido num momento em que o "parlamentarismo liberal democrático está desaparecendo como princípio de legitimidade nas próprias sociedades avançadas". Para ele, novas formas de dominação da "burguesia de Estado" exigiam novas formas de "controle de produção" que estivessem atentas às iniciativas e liberdades na articulação de uma "utopia socialista"[1].

Em meados da década de 1970, o regime militar, confiante de que o país estava livre da subversão, deu início a sua lenta abertura institucional. Rapidamente, porém, o partido de oposição criado pelo próprio regime – o MDB – passou a ganhar terreno como frente unida contra a ditadura. Em 1978, FHC candidatou-se ao Senado por uma sublegenda do partido em São Paulo, mas não ficou à vontade com o processo eleitoral e foi derrotado com facilidade, ficando em segundo lugar, logo atrás de Franco Montoro. No entanto, uma lei militar recém-instituída lhe garantiu a posição de suplente e, quatro anos depois, quando Montoro foi eleito governador, FHC assumiu sua cadeira. Foi uma entrada privilegiada no mundo da alta política, mas ele ainda tinha muito que aprender. Em 1985, quando ainda era senador, FHC concorreu à Prefeitura de São Paulo. Extremamente confiante na vitória, posou para fotos na véspera das eleições, já acomodado no gabinete de prefeito, provocou reações e perdeu as eleições. No ano seguinte, houve novas eleições para o Congresso. Àquela altura, o partido guarda-chuva ao qual havia se afiliado (o PMDB) deixara de ser oposição e fazia parte da base oficial do presidente Sarney. Graças ao Plano

---

[1] Fernando Henrique Cardoso, "Political Regime and Social Change: Some Reflections on the Brazilian Case", *Stanford-Berkeley Occasional Papers in Latin American Studies*, n. 3, 1981, p. 20-2.

Cruzado – que aparentemente vinha controlando a inflação por meio da emissão de uma nova moeda nove meses antes das eleições –, Sarney garantiu uma vitória esmagadora a seus aliados em todo o país, levando FHC de volta ao Senado com uma margem ampla.

Findas as eleições, o Plano Cruzado ruiu. Sarney perdeu toda a credibilidade, e o PMDB – que nunca passou de uma colcha de retalhos mal costurada – se desintegrou. Em 1988, quando era líder do PMDB no Senado, FHC abandonou a sigla com um grupo de colegas para fundar o Partido da Social Democracia Brasileira, o PSDB. Para ele, esse passo cristalizou uma evolução política. O PMDB era um partido abrangente, que incluía de comunistas camuflados a colaboracionistas minimamente arrependidos, o que fazia com que posições ideológicas geralmente permanecessem veladas ou indeterminadas. Mas, com o tempo, FHC passou a defender cada vez mais claramente uma estratégia política próxima à do euro-socialismo. O objetivo do PSDB era se tornar uma versão brasileira dos partidos de Felipe González ou de François Mitterrand. De início, o projeto de uma social-democracia modernista pareceu frágil. No primeiro turno das eleições presidenciais de 1989, o candidato do partido, Mário Covas, foi facilmente derrotado por dois rivais à esquerda – o sindicalista radical Lula, concorrendo pelo Partido dos Trabalhadores (PT), e o veterano populista Brizola. No segundo turno, o PSDB hesitou um pouco, mas apoiou Lula contra Collor. Mesmo assim, parte de seu eleitorado – sobretudo em São Paulo, onde a balança eleitoral era decisiva – optou por Collor, ajudando-o a se eleger.

Catapultado ao cargo por meio da televisão, o novo presidente carecia de base organizada no Congresso. No começo, Collor tentou governar o país com um grupo heterogêneo de pessoas escolhidas subjetivamente, em geral amadores sem histórico partidário. Quando ficou claro que seus indicados não haviam conseguido controlar a inflação, mudou de tática e tentou levar nomes de peso para o governo. O PSDB foi um dos grupos dos quais tentou se aproximar, mas, diante do convite para assumir cargos no governo Collor, a liderança do partido se dividiu. Fernando Henrique foi um dos que defenderam a entrada no governo. Um mês depois, o escândalo envolvendo denúncias de corrupção presidencial, que até então era apenas uma panela de pressão, explodiu. Quando o Congresso instituiu uma investigação formal contra ele, Collor se tornou um pária no cenário político. FHC escapou por pouco: se o inquérito não tivesse começado tão depressa, pagaria um preço altíssimo por ter aceitado trabalhar com Collor. O PSDB não teve grande destaque na investigação: as glórias pela exposição do presidente foram principalmente para o PT.

Mas uma estranha reviravolta fez com que o *impeachment* desse um belo empurrão na carreira de FHC. Collor selecionara para sua chapa um político interiorano dos cafundós de Minas, com o qual não tinha nada em comum e quem ele ignorou totalmente como vice-presidente. Esse indivíduo, Itamar Franco, com os olhos arregalados pela perplexidade, foi alçado de repente ao palácio do Planalto. Figura pálida e amorfa, ele nunca aspirara a alcançar o maior cargo político do país e tinha pouca noção do que fazer, embora tivesse instintos humanitários e fosse um homem honesto. Tímido e provinciano, precisava desesperadamente de apoio e conselhos. O PSDB se prontificou a ajudá-lo, e ele fez de Fernando Henrique ministro das Relações Exteriores. Itamar não demorou a ficar fascinado. Fernando Henrique era tudo o que Itamar não era. Extremamente bem-apessoado, ele combina uma autoridade natural com um charme refinado, cujo sorriso cintilante não disfarça, e sim transmite força interior e força de propósitos. Em poucos meses, esse príncipe cosmopolita, discreto e decidido, gozava de uma óbvia ascendência sobre um governante nervoso e desajeitado, que lembrava mais a figura de um cortesão como Buckingham ou Godoy, no século XVI ou XVII, que o integrante de um governo moderno.

Em maio de 1993, Itamar promoveu FHC a ministro da Fazenda, cargo mais poderoso do governo. A inflação brasileira continuava subindo em um ritmo que só era páreo para a Sérvia e o Zaire, e o novo ministro reuniu um grupo de economistas – velhos amigos – para formularem mais um plano de estabilização. Só que dessa vez tratava-se de uma formulação tecnicamente competente, que não se baseava em um controle de preços impossível de ser fiscalizado, promovia cortes reais nos gastos públicos e seria executado aos poucos, em vez de decretado da noite para o dia. Ainda mais importante: pela primeira vez o país detinha reservas internacionais significativas, capazes de sustentar uma moeda forte. As medidas iniciais não foram radicais e envolveram barganhas labirínticas no Congresso. Enquanto elas eram negociadas, os ânimos populares começavam a se voltar depressa contra o governo. Fora da bolha brasiliense, havia grande descontentamento popular com o *establishment* político. O esmagamento de Collor e a condição um tanto precária de Itamar criaram um vácuo político que apenas uma força de oposição parecia capaz de preencher: o partido de Lula.

As origens do PT remontam às greves de metalúrgicos que eclodiram no cinturão industrial de São Paulo no fim dos anos 1970. Foi lá que Lula fez sua fama como líder sindical, no mesmo ano em que Fernando Henrique – quinze anos mais velho que ele – concorreu ao Congresso pela primeira vez. Na época, os dois eram aliados. No entanto, da base dessa nova militância da classe trabalhadora surgiu a demanda para criar um partido político que não fosse a reedição do tradicional populismo de esquerda, nem pudesse ser absorvido ao aprisco do PMDB. Fundado em 1980, o PT queria desenvolver uma política independente para os trabalhadores brasileiros. Como seu impulso inicial veio de uma rebeldia sindicalista, e boa parte de sua inspiração social vinha de comunidades eclesiais de base da Igreja católica, o PT foi com frequência comparado ao Solidariedade (*Solidarność*). Essa era um analogia da qual o partido se orgulhava, embora ele tivesse um terceiro componente que não existia na Polônia: uma esquerda marxista que rompera com o stalinismo. No começo, o desempenho eleitoral do PT foi bastante modesto: em 1986, o partido ainda atraía apenas 7% do eleitorado. Três anos depois, no entanto, já dava para ver a vantagem que levava por conta da figura de seu líder. Filho de lavradores, Lula nasceu no Nordeste e migrou para São Paulo com a família, onde conseguiu emprego numa fábrica de parafusos aos catorze anos de idade. Era um autêntico herói da classe trabalhadora: modesto, de baixa escolaridade, corajoso em sua luta sindical e um orador fervoroso. Um homem com o qual milhões de excluídos podiam se identificar. Ter conquistado o segundo lugar no primeiro turno nas eleições de 1989 foi um avanço impressionante, mas que ainda assim se resumia a 16% dos votos. Foi o segundo turno contra Collor, quando conseguiu 43% dos votos, que consolidou Lula como uma figura nacional, com um alcance muito maior que o do PT.

Dois anos depois, a derrocada de Collor e o papel fundamental que o PT desempenhou no processo inevitavelmente lançaram holofotes sobre o oponente que quase o derrotara. Em maio daquele ano, as pesquisas mostravam que Lula tinha 40% das intenções de voto para as eleições presidenciais, que aconteceriam em outubro. Para muitos, parecia uma vantagem insuperável. Recém-saído do ministério para concorrer com o líder petista, Fernando Henrique detinha a preferência de não mais do que 16% dos eleitores. Cinco meses depois, o resultado se inverteu. Em outubro, Fernando Henrique derrotou Lula por ampla margem, 54% contra 27%. O que teria provocado essa virada estonteante? O fator fundamental: o sucesso da nova moeda – o real – adotada em julho. A mudança teve impacto instantâneo, assim como havia acontecido antes, quando o cruzado foi implementado. A inflação caiu de 47,4% para 1,5% em apenas oito semanas. Os países ricos estão acostumados a ver as políticas econômicas se ajustarem ao calendário eleitoral, com o afrouxamento do crédito ou a redução de impostos perto das eleições. Mas a vantagem eleitoral que esse tipo de ajuste consegue dar a quem já está no poder num país rico não se compara à vantagem que pode gerar em um país em desenvolvimento, sufocado pela hiperinflação e que, de repente, acorda com uma moeda estável.

Antes da reforma monetária, nenhuma economia era tão indexada como a brasileira. Introduzido pela ditadura na década de 1960 para encorajar a aplicação de longo prazo em títulos da dívida pública, o princípio de proteger ativos e rendas contra a inflação, por meio de sistemas de ajuste cada vez mais complicados e sutis, difundiu-se feito uma praga quando a inflação decolou, no fim da década de 1970. Em dado momento, qualquer conta bancária comum passou a contar com mecanismos para teoricamente protegê-la da espiral mensal de aumento nos preços. Esse foi um dos fatores que fez com que a hiperinflação brasileira durasse tanto tempo, e também que fosse relativamente tolerável. No entanto, a proteção só se aplicava a quem possuía uma poupança significativa. Ou seja, às classes médias e altas, que representam menos de um terço da população. Para os pobres, que dependiam de fontes precárias de renda, o dinheiro se desvalorizava do dia para a noite: era preciso gastar o salário num único dia para evitar que até o fim do mês ele perdesse metade de seu poder de compra. O carrossel monetário corria a uma velocidade apavorante. Qualquer política capaz de detê-lo, ainda que temporariamente, seria uma grande vitória – uma vez que o alívio causado era imediato e tangível em qualquer transação cotidiana –, o equivalente político a um *grand slam*.

A adoção do real foi, é claro, aclamada pelo setor bancário e empresarial como a restauração de uma moeda estável e da ortodoxia financeira. Já a classe média gostou de ter a sua vida simplificada. Mas foram os menos favorecidos – que representavam o grosso da população – que sentiram os efeitos da nova moeda de forma mais imediata. Cuidadosamente premeditado, o lançamento do real aconteceu no momento exato. Se tivesse sido lançado antes, correria o risco de se desmantelar sob as mesmas pressões que destruíram as tentativas anteriores de desinflacionar a economia brasileira. Se a nova moeda tivesse sido postergada, como queriam alguns membros mais caxias da equipe técnica que preparou o Plano Real, não teria dado seu belo empurrão na candidatura do ministro. Com uma plataforma eleitoral que mal mencionava o problema da inflação, o PT foi pego desprevenido pelo sucesso do real, sem nenhuma alternativa convincente para propor.

É provável que só o real tivesse bastado para garantir a vitória de Fernando Henrique: um mês após a introdução da nova moeda, ele já estava bem à frente de Lula. Acontece que o próprio FHC não confiava nesse efeito milagroso e tomou uma medida de segurança: antes do lançamento do real, fechou uma aliança com o principal cartel político da oligarquia nordestina, o Partido da Frente Liberal (PFL), cujos membros haviam abandonado a ditadura no último minuto, após vinte anos servindo como adorno ao regime. A região onde esse grupo exerce a sua influência parecia um mundo apartado do Centro-Sul industrial: um mundo de miséria, fome, doenças, desespero social e baixa expectativa de vida. Ali, o núcleo duro da camada dominante era formado por latifundiários de terras mal administradas. No entanto, o regime militar e seu epílogo sarneizista garantiram que Brasília financiasse a modernização comercial das capitais da região, formando novas frentes para as dinastias locais (o império Collor em Alagoas era exemplo disso) e uma geração de notáveis tecnicamente mais capazes.

Nessa região, os meios do poder político passaram progressivamente do capataz para a radiodifusão – hoje, todo clã que se preze tem a sua estação de rádio ou TV. A essência, porém, continua praticamente a mesma. No fim dos anos 1960, o que se via era um cenário namieresco* de famílias como a Rosado, no Rio Grande do Norte, tão numerosa que em determinado momento o patriarca já não tinha inspiração para os nomes dos filhos mais novos, passando a nomeá-los usando números. Mas fez isso com um toque de elegância: em francês. E foi assim que surgiram no Congresso dois deputados cujos nomes eram Dix-Huit Rosado e Vingt Rosado. Atualmente, quase metade da bancada de deputados do imenso estado do Pará é formada por parentes de um ex-governador (que hoje é senador).

Mas por que FHC faria uma aliança dessas, que chocou muitos de seus admiradores? Um dos motivos era a clientela eleitoral do PFL. Sua rede de chefes locais poderia assegurar um número de votos que poucos parceiros seriam capazes de garantir. E havia um cálculo mais amplo em mente. Um acordo com o PFL sinalizava a todos os setores do *establishment* brasileiro que Fernando Henrique seria uma barreira contra o avanço de Lula. Alguns desses setores eram muito mais poderosos do que qualquer clã nordestino, sobretudo o império Globo, no Rio de Janeiro, controlado pelo magnata da imprensa e ferrenho apoiador da ditadura Roberto Marinho, que durante os anos de chumbo foi agraciado com um domínio inquestionável da televisão brasileira. Naqueles anos, o ministro responsável por conceder essas licenças cruciais era Antônio Carlos Magalhães,

---

* Uma referência ao historiador britânico Lewis Namier, que usou o método da prosopografia (ou biografia coletiva) para estudar o sistema oligárquico parlamentar inglês no século XVIII. (N. E.)

membro da oligarquia baiana que viria a ser um dos mais importantes arquitetos do PFL. Ninguém melhor do que ele para convencer a máquina da Globo a sancionar Fernando Henrique. Quando o mesmo Roberto Marinho que havia catapultado a campanha de Collor se convenceu a apoiar Fernando Henrique Cardoso, um aparato televisivo digno de um Murdoch ou de um Berlusconi foi posto em ação. Rapidamente, órgãos mais decorosos, representantes da opinião empresarial e do *establishment* nacional seguiram o exemplo, a começar pelo jornal conservador *O Estado de S. Paulo*, da família Mesquita.

Quando questionado numa coletiva de imprensa sobre esses aliados, Fernando Henrique lançou uma resposta filosófica:

> As pessoas mudam. Política é transformação. Não se governa um país do tamanho do Brasil sem alianças. Se estamos falando sobre quem apoiou o regime militar, não havia duzentas pessoas com coragem para lutar contra a ditadura. Não se faz um governo com duzentas pessoas.

Na realidade, é claro que milhares de pessoas resistiram à ditadura. A referência tácita só pode ser aos governantes do país. Talvez a segunda frase seja a mais sugestiva – ela parece inócua a ponto de não fazer sentido, algo improvável numa fala de FHC, mas ressoa. Será que quando ele fala em "transformação" deveríamos ouvir o eco de um delicado cognato? O termo italiano *trasformismo* designa o processo político – muito comum em seu país de origem – por meio do qual pressões radicais são gradualmente absorvidas e invertidas pelas forças conservadoras, até servirem ao oposto de seus fins originais. Lampedusa* cunhou sua máxima mais expressiva.

Contudo, se na Itália o *trasformismo* geralmente se referia a uma alteração orgânica e molecular, que não modificava o núcleo essencial das coisas, na América Latina o fenômeno tendia a ser mais abrupto e volátil. Afinal, este é por excelência o continente das súbitas reconciliações políticas e das reviravoltas ideológicas. Anos antes, na vizinha Bolívia, o Movimento da Esquerda Revolucionária (MIR) havia se juntado ao general Banzer, ex-ditador de direita, numa coalizão para derrotar um centro desacreditado. O acordo de Fernando

---

* Referência ao escritor Giuseppe Tomasi di Lampedusa (1896-1957) e seu romance histórico sobre as grandes transformações da Itália durante o Risorgimento, *Il gattopardo* [O leopardo], em que Tancredi, sobrinho do príncipe Fabrizio, profere a famosa frase: "Se quisermos que tudo continue como está, é preciso que tudo mude". Giuseppe Tomasi di Lampedusa, *O leopardo* (trad. Maurício Santana Dias, São Paulo, Companhia das Letras, 2017), p. 31. (N. E.)

Henrique com o PFL faz parte dessa tradição pragmática. Acontece que, embora o Brasil tenha viradas de alianças tão surpreendentes quanto seus vizinhos, ali elas costumam ser menos frágeis. O lado escuro da cordialidade brasileira é a facilidade com que arranjos de conveniência se tornam afinidades sentimentais, unindo opositores de formas mais sutis e duradouras. Nesses amálgamas, não é difícil prever qual dos dois lados tende a transformar o outro. Historicamente, o conservadorismo brasileiro tem apresentado uma maleabilidade única e uma enorme capacidade de incorporar e desarmar os riscos ao *status quo*.

Para o momento, contudo, o pacto com a direita parecia ter valido a pena. Em agosto, já estava claro que – munido da repercussão da nova moeda, da aliança com a antiga elite e do apoio dos meios de comunicação de massa – Fernando Henrique era imbatível. A própria campanha foi monotemática. Um mês antes das eleições, o substituto de Fernando Henrique no Ministério da Fazenda, responsável por cuidar do Plano Real, teve uma conversa em *off* num estúdio de televisão na qual confidenciava ao entrevistador que estava manipulando as estatísticas de preços para corroborar a alegação de Fernando Henrique de que ele teria derrotado a inflação. A conversa foi captada por uma antena parabólica. "Não tenho escrúpulos", disse Rubens Ricupero. "O que é bom a gente fatura, o que é ruim a gente esconde." E prosseguiu: "O Fernando Henrique sabe disso, eu sou o grande eleitor dele. Para a Rede Globo, foi um achado. Em vez de terem que dar apoio ostensivo a ele, botam a mim no ar e ninguém pode dizer nada. [...] É uma solução, digamos, indireta, né?"[2]. A nova Constituição proibia expressamente qualquer intervenção do governo a favor de um candidato presidencial: Ricupero se gabava não só de um engano, mas de uma ilegalidade. É difícil imaginar um outro lugar no qual um candidato conseguisse sobreviver facilmente a tamanha indiscrição. No Brasil também, se fosse Lula que estivesse associado a um escândalo desse tipo, certamente ele pagaria o preço. Mas FHC contava com uma benevolência inabalável da imprensa e com um eleitorado predominantemente pouco instruído, e seu caminho rumo à vitória seguiu praticamente ileso. Uma pesquisa realizada na época mostrou que grande parte do eleitorado sequer sabia o significado da palavra "escrúpulo".

Culturalmente, esperava-se que o abismo entre os privilegiados e o "povão" – a grande massa da população – favorecesse Lula, que era filho de uma família pobre e analfabeta. Na prática, deu-se o oposto. O atarracado barbudo que

---

[2] Para a transcrição da entrevista do ministro Rubens Ricupero ao jornalista Carlos Monforte, ver *Folha de S.Paulo*, 3 set. 1994.

emocionava o público por onde passava com sua voz rouca de cansaço e emoção angariou uma parcela menor de destituídos do que a figura do contido e elegante, que transmitia autoridade enquanto definia quais deveriam ser as prioridades da nação em propagandas de televisão tão tecnicamente refinadas quanto as dos países do Norte (profissionais da equipe de Clinton foram contratados). Marcada por séculos de escravidão doméstica, a tessitura da sociedade brasileira continua sendo uma curiosa mistura do arraigadamente hierárquico com o notavelmente informal, uma combinação única que produz um tipo de deferência descontraída, não tensa. Para essa sensibilidade popular, as qualificações intelectuais de Fernando Henrique, extraordinárias sob qualquer parâmetro, implicavam um preparo para o governo que Lula claramente não tinha – e repórteres se encarregavam de relatar cada um dos seus menores erros de gramática.

A mensagem que cada candidato resolveu veicular também era bastante diferente. Lula centrou sua campanha nas mazelas sociais que faziam do Brasil a sociedade industrial mais desigual do mundo, tentando despertar nos eleitores a revolta pelas injustiças insuportáveis que os cercavam. Acontece que as pessoas muitas vezes não gostam de serem lembradas de sua própria miséria. Sabiamente, Victor Kiernan disse certa vez que os exploradores têm, em geral, mais consciência de classe do que os explorados, porque viver com a ideia constante da própria má fortuna é demasiado desencorajador – certo tipo de escapismo é quase uma necessidade existencial, enquanto contemplar poder e riqueza dá toda satisfação a quem os possui. Embora o que Lula dizia fosse a verdade, muitos a consideravam deprimente demais. Já Fernando Henrique não negava a desigualdade e o sofrimento, mas centrava sua campanha no vasto potencial do Brasil enquanto nação e no futuro brilhante que o povo teria caso o crescimento fosse retomado e seguisse o rumo certo. Também seria necessário promover reformas, mas a tônica era esperançosa, não indignada.

Todo esse apelo fez com que Fernando Henrique tivesse uma vitória esmagadora já no primeiro turno, obtendo quase o dobro de votos de Lula. Poucas vitórias eleitorais foram tão decisivas. Mas nem tudo eram flores. A coligação que elegeu Fernando Henrique era maior que a de Collor, pois incluía praticamente todas as forças sociais que haviam apoiado o ex-presidente mais a centro-esquerda, que o rejeitara. Mesmo assim – e considerando que o eleitorado havia crescido e que o voto era obrigatório –, Fernando Henrique obteve 34 milhões de votos, pouco menos do que Collor. Dezesseis milhões de eleitores preferiram descumprir a lei e não comparecer às urnas. Outros 14 milhões votaram nulo ou branco: três vezes mais que em 1989. Finda a apuração, ficou claro que o eleitorado estava dividido em três grandes grupos: os que votaram em Fernando Henrique (36%), os que não tinham preferência definida (33%) e os que votaram em outros candidatos (31%). A desilusão gerada por uma década de democracia desnorteada e a indiferença em relação a uma disputa cujo resultado parecia previsível demais impuseram limites à base governista da nova Presidência.

Fernando Henrique será empossado em janeiro e a prioridade imediata do governo é evitar que o real tenha destino semelhante ao das moedas que o precederam. O presidente não pode arcar com uma repetição do ciclo Sarney, ou Collor. Antes das eleições, as pressões inflacionárias foram taticamente contidas tanto pelo governo quanto pelo setor empresarial para ajudar na campanha. O presidente da Federação das Indústrias do Estado de São Paulo (Fiesp) pediu abertamente que as empresas não aumentassem os preços antes das eleições*. A taxa de câmbio está supervalorizada, o que afeta as exportações, e o crédito ao consumidor foi reduzido. Manter a estabilidade vai cobrar uma dose ainda maior de austeridade, mas seguir uma rota muito deflacionária certamente causaria conflitos com os sindicatos e tornaria inviável cumprir as promessas de campanha. O principal ponto do programa de Fernando Henrique era a promessa de investir 100 bilhões de dólares em projetos de infraestrutura, estimular o crescimento e gerar empregos sem aumentar os impostos. Imagina-se que as contas possam fechar por meio de um grande ingresso de capital estrangeiro e pela venda de empresas estatais. Também há promessas de reformas nas áreas de saúde, educação, agricultura, habitação e previdência – embora, em geral, sem metas de gastos. Esses tipos de dispêndio costumam ser bastante engessados. O Brasil é uma união federal em que o orçamento central está tão tomado por amortização de dívidas e obrigações legais que somente um quarto da despesa total é discricionária. O sistema fiscal é notoriamente caótico e regressivo e, embora a população economicamente ativa some 50 milhões de pessoas, apenas 7 milhões pagam imposto de renda. Fernando Henrique se comprometeu a tornar esse sistema mais equitativo, sem aumentar a receita total (cerca de 25% do PIB, muito abaixo dos níveis da Organização para a Cooperação e Desenvolvimento Econômico, a OCDE). Nesse aspecto, porém, ele permanece cautelosamente vago: é quase certo que uma reforma tributária dividiria a coalizão que o elegeu. Seu plano de governo diz que ele evitará "soluções simplistas".

---

*   Ver "Acordo entre empresários tenta manter estabilidade", *Folha de S.Paulo*, 9 set. 1994. Disponível em: <https://www1.folha.uol.com.br/fsp/1994/9/09/brasil/14.html>; acesso em: 21 set. 2019. (N. E.)

Conciliar as diferentes exigências desse programa será uma tarefa e tanto, mas o direcionamento geral da estratégia de Fernando Henrique é claro o suficiente. Na verdade, ele é bem parecido com aquilo que Jorge Castañeda – principal defensor latino-americano de uma esquerda pós-socialista – recomenda em *Utopia desarmada*[3]. Em linhas gerais, o esquema consiste em manter uma moeda forte e adotar uma desregulação moderada a fim de restaurar a confiança empresarial e preparar o terreno para o crescimento estável e o aumento da oferta de empregos. Enquanto isso, a venda de bens do Estado criará um fundo de compensação para investimento e reforma sociais. Na prática, é provável que a escala de privatização seja maior do que a que se admite hoje. Para cobrir os déficits de receita, talvez seja necessário algo como 50 bilhões de dólares, não 15 bilhões. Já o efeito desses recursos na criação de empregos deve ser menor que o previsto. O fenômeno do crescimento sem geração de emprego não é exclusivo dos países desenvolvidos: há algum tempo, ele é característica marcante da economia brasileira. Depois de subir de maneira contínua pelos últimos dez anos, o desemprego alcança hoje cerca de 12% da população, segundo as estimativas oficiais (ou seja, subestimadas). Admirador de Felipe González, Fernando Henrique aprendeu com a experiência espanhola o perigo de fazer promessas específicas demais. Por isso toma o cuidado de não estabelecer metas para a criação de empregos. Mas seu governo não pode tratar as questões sociais como um adendo opcional: ele ficará vulnerável se não houver melhoria significativa nesse aspecto. Para a zona rural, estabeleceu-se o modesto objetivo de assentar 280 mil famílias sem-terra em terrenos não produtivos. Porém, considerando seus aliados na elite agrária, nem isso está garantido. Não existe uma fórmula mágica para conciliar interesses do capital e do trabalho, dos donos de terra e dos camponeses, da classe média e da classe baixa, ainda mais numa sociedade tão polarizada como a brasileira. Estabilidade dos preços, crescimento acelerado e redistribuição de renda é uma tríade raramente atingida por qualquer governo, de qualquer lugar.

Além disso, é preciso notar a diferença de escala entre os problemas sociais que a nova administração tem pela frente e seus próprios recursos políticos. Desde a redemocratização, a Presidência brasileira é uma instituição que se afigura fragilizada. A Constituição de 1988 deu poderes maiores ao Congresso e reduziu a participação da União nas receitas públicas – mudanças que certamente restringem a liberdade de ação do Executivo federal. Mas a impressão de debilidade se deve menos ao cargo em si do que àqueles que o ocuparam.

---

[3] Ed. bras.: trad. Eric Nepomuceno, São Paulo, Companhia das Letras, 1994.

Sarney não foi eleito nas urnas, Collor não tinha apoio partidário, e Itamar era um substituto. O desempenho dos três ocultou a realidade de que, no Brasil, a autoridade do presidente é muito maior do que nos Estados Unidos, tanto do ponto de vista jurídico quanto político. No Brasil, as seis maiores empresas nacionais pertencem ao Estado. O presidente controla um imenso setor público, o que lhe confere uma capacidade de influenciar a economia que os residentes na Casa Branca desconhecem. Como a disciplina partidária é irrisória mesmo se comparada aos baixos padrões do Legislativo estadunidense, o presidente também não enfrenta nenhuma oposição organizada dentro do Congresso.

O Brasil sempre teve o sistema partidário mais fraco da América do Sul, e a nova Constituição o tornou ainda mais desintegrado. O resultado é um Congresso confuso e fragmentado, capaz de frustrar um presidente fraco que não consiga dominá-lo, mas que oferece poucas barreiras a um presidente forte, ou apenas recém-empossado. Fernando Henrique é um navegador experiente, que conhece os meandros do Legislativo. Assume o Executivo munido de um mandato majoritário, da força de sua personalidade e do amplo apoio do Congresso. Seu arbítrio enfrentará poucos obstáculos no primeiro ano de governo.

Há uma ironia aqui. Historicamente, o sistema presidencialista da América Latina é uma importação dos Estados Unidos, copiado da Constituição de 1787. É possível dizer que ele provocou mais danos ao sul do Rio Grande do que a Coca-Cola ou os fuzileiros navais. Pela primeira vez desde os tempos de Batlle no Uruguai, os latino-americanos começaram, nos últimos anos, a criticar esse modelo, apontando que ele seria um convite à autocracia e à demagogia e um obstáculo à constituição de um sistema político responsável, no que diz respeito a partidos e princípios. No Brasil, esse sentimento foi forte o suficiente para motivar uma grande discussão pública, que acabou gerando um referendo sobre qual seria a melhor forma de governo, realizado em 1993. A posição de Fernando Henrique e do PSDB foi justamente a de apontar para os custos e os perigos do presidencialismo e defender a adoção de um sistema parlamentar nos moldes dos países europeus, a fim de fortalecer a democracia brasileira. Já o PT, que antes defendia o parlamentarismo, mudou de lado por achar que Lula venceria as eleições. Hoje, o partido paga o preço desse oportunismo, enquanto Fernando Henrique, mesmo tendo exposto suas críticas a uma instituição poderosa demais, acabou tomando posse dela. Parece provável que no fim das contas a Presidência, em vez de perder poder, se fortaleça ainda mais. Antes mesmo de FHC começar o primeiro mandato, já se fala em revisar a Constituição para permitir um segundo mandato. Se a gestão de Fernando Henrique não for um sucesso, certamente não será por falta de influência executiva.

Se a "capacidade política", no termo de Gramsci, distingue o novo governante de seus predecessores, há um outro contraste que pode ser ainda mais significativo. Fernando Henrique se elegeu com uma plataforma moderada. A sua biografia de campanha insistia que ele "não é radical". É possível – talvez provável – que sua prática venha a ser ainda mais limitada do que suas promessas. Mesmo assim, ele ainda pode vir a contar com a lealdade dos mais pobres. Afinal, faz três décadas que o Brasil está submetido a uma série ininterrupta de governantes brutais ou frívolos, e nenhum deles – salvo o mais recente, que foi um substituto fora dos padrões – teve a menor sensibilidade para com os pobres e os oprimidos. Em seu auge, o regime militar governou com firmeza e habilidade, mas nunca foi querido: seus anos mais prósperos, sob a liderança de Médici, foram o período de maior medo. Os civis que sucederam os generais acabaram se revelando mentirosos e desonestos, sem a menor competência. Num contexto tão deplorável, qualquer democrata minimamente decente está destinado a brilhar. Já faz muito tempo que o povo brasileiro – uma nação sentimental – não sente nenhum afeto por seu presidente. Uns poucos gestos de preocupação genuína farão toda a diferença. Milhões de pessoas continuam em uma situação tão desesperadora que mesmo as medidas populares mais básicas já podem gerar uma gratidão duradoura. Os críticos de Fernando Henrique na esquerda se iludem ao acreditar que o presidente eleito vai ignorar essas medidas. Tanto a compaixão quanto o cálculo contribuem para que ele não as ignore.

Mas os aliados reacionários que garantiram sua vitória tampouco podem ser ignorados. Há um precedente ilustre para o tipo de malabarismo que Fernando Henrique precisa realizar agora. A longa ascendência de Getúlio Vargas sobre a política brasileira (1930-1954) se baseou num duplo apoio: o tradicional coronelismo da zona rural e o populismo industrial das cidades grandes, materializados nos dois partidos desiguais criados sob seus auspícios depois da Segunda Guerra Mundial, o Partido Social Democrático (PSD), unindo as elites latifundiárias, e o Partido Trabalhista Brasileiro (PTB), reunindo sindicatos paternalistas. Hoje, o peso relativo das sociedades rural e urbana mudou completamente, e os mecanismos do controle político já não são os mesmos. A intimidação nos sertões diminuiu, e o controle estatal sobre os sindicatos praticamente desapareceu. Redes pessoais de proteção e dependência perderam terreno para os poderes da propaganda e da televisão. Mas ainda é possível descrever o esquema de hegemonia a partir de dois grandes grupos de apoio. A coalizão de Fernando Henrique, reunindo PFL e PSDB – um partido dominante no Nordeste, outro emergente no Centro-Sul –, tem clara semelhança com a fórmula getulista. A título de nostalgia, sua coalizão inclui até os despojos contemporâneos do antigo PTB.

Mas a analogia não passa daí. O paternalismo da era Vargas e seu epílogo sob Kubitschek (1956-1961) ficaram no passado, assim como o tipo de nacionalismo com que eles se identificavam. Fernando Henrique vai desmantelar muitas empresas estatais que os dois construíram. "O Brasil não é mais um país subdesenvolvido", diz a primeira frase de sua proposta de governo. A afirmação é bastante simplista, mas o Brasil hoje não só abarca uma parte moderna, de fato, como a dinâmica desse setor é estruturalmente dominante no país. Nesse sentido, talvez seja mais apropriado traçar um paralelo entre as administrações de Fernando Henrique e de Roosevelt, nos Estados Unidos dos anos 1930. Franklin Delano Roosevelt também contou com o apoio da oligarquia mais retrógrada do país, os democratas *bourbons*, do Sul – fundamentais para seu sistema geral de governo, mas contidos num enclave regional dentro de uma ordem política que, de resto, se baseava na lealdade das massas urbanas. Fernando Henrique expressou algumas vezes sua admiração pelo New Deal, e a atmosfera de sua Presidência – cercada por todo tipo de assessores reformistas – talvez se assemelhe à daquele período. O modelo de Roosevelt, é claro, delineia o máximo possível de poder e sucesso históricos.

Há um obstáculo fundamental na tentativa de tornar essa ambição realidade. Roosevelt não tinha nenhum oponente significativo à esquerda. Na política americana, um partido comunista respeitoso ou um John L. Lewis espinhoso eram notas marginais. No Brasil, em contrapartida, o PT é um ator decisivo nas disputas nacionais, e mesmo alguns de seus inimigos o descrevem como o único partido de verdade no país, com uma genuína adesão das massas. Há um pouco de mito nisso. O PT alega ter mais de meio milhão de filiados, mas o número real de membros gira em torno dos 70 mil. Já o compromisso e a disciplina de seus militantes são inquestionavelmente superiores aos de qualquer outro partido, muitos dos quais não passam de legendas de aluguel. Por trás dos militantes há uma multidão de eleitores – assim, no dia da eleição, cerca de 17 milhões de pessoas votaram em Lula, não em Fernando Henrique. O partido é menos popular do que isso, tendo angariado cerca de 12% dos votos para o Congresso. Mas a força máxima do PT está nas suas raízes sindicais. O partido nasceu como um veículo para a organização dos trabalhadores, numa época em que os sindicatos independentes ainda eram poucos e fracos. Hoje, a Central Única dos Trabalhadores (CUT) – entidade próxima ao partido – conta com

2 mil sindicatos e 16 milhões de membros. O crescimento recente se concentrou no interior, onde os sindicatos rurais têm visibilidade e simbolismo, mas pouco poder de mobilização. Já nas cidades, as entidades ligadas à CUT têm uma força impressionante: há sindicatos para todos os tipos de trabalhadores, da Polícia Federal ao setor bancário, de petroleiras a empresas automobilísticas, de estaleiros a hospitais, passando pelos setores público e privado, industrial e de serviços.

Que papel esse movimento trabalhista vai desempenhar sob o novo governo? Na Argentina, Menem não precisou se esforçar muito para esmagar as federações sindicais peronistas, que, em seu auge, foram muito mais poderosas do que qualquer organização sindical no Brasil. Ele também não teve dificuldade alguma em cooptar o principal partido de oposição, a União Cívica Radical (UCR), para apoiar uma reforma da Constituição com o objetivo de permitir sua própria reeleição. O grande triunfo do neoliberalismo argentino – implementado por um governante com credenciais peronistas – suscita a pergunta: será que a mesma evolução, *mutatis mutandis*, poderia ocorrer no Brasil, onde o programa de estabilização já deve bastante ao exemplo argentino? Há um abismo moral entre as personalidades de Menem e Fernando Henrique Cardoso. Mas a lógica de suas políticas pode convergir quando Fernando Henrique vier a enfrentar a resistência dos sindicatos – o que está fadado a acontecer. Mesmo assim, é improvável que o resultado seja o mesmo. O sindicalismo brasileiro pode ter menos experiência e tradição que o argentino, mas não foi desmoralizado por 35 anos de estagnação econômica e retrocesso e se mantém independente do presidente. Uma vitória taxativa sobre eles é improvável. Mas é plausível que o governo consiga criar alguma divisão e confusão nas fileiras oposicionistas. No Congresso, Fernando Henrique terá muitas oportunidades de jogar a direita contra a esquerda – contando com o apoio do PFL para aprovar medidas neoliberais, enquanto apela à boa vontade do PT para as reformas sociais. A ala moderada do PT – que inclui muitos de seus melhores quadros – sempre esteve próxima à ala progressista do PSDB. Quando chegar a hora, é bem capaz que Fernando Henrique, que não tem base própria na organização sindical, tente rachar o partido e incorporar essa ala em sua coalizão. Ao fazer isso, ele de fato atualizaria a fórmula getulista.

Ainda é muito cedo para dizer quais as chances de algo assim acontecer. O PT não é uma organização particularmente coesa e coerente em termos ideológicos: é um partido cheio de fissuras em potencial. Ao mesmo tempo, é um partido democrático, que aprendeu a duras penas o valor da organização popular de base, do debate genuíno, e que se orgulha de sua autonomia. Os próximos anos colocarão o PT à prova. O Brasil foi o único país do mundo a produzir um novo partido da classe trabalhadora de dimensões clássicas desde a Segunda Guerra Mundial. O surgimento do PT desafiou não só uma tendência global – o declínio da política trabalhista em todo o mundo capitalista na década de 1980 –, mas também um padrão nacional: a longeva inexistência de partidos sérios no maior país da América Latina.

Hoje muitos acreditam que a era dos partidos de massa está chegando ao fim. Se fosse assim, o Brasil teria perdido o *momentum* e jamais conheceria um partido nesses moldes; em vez disso, anteciparia a política eletrônica do futuro. Segundo essa lógica, o PT seria uma excentricidade extemporânea, fadada a passar. O destino do Solidariedade, com o qual o PT foi tantas vezes comparado, é um alerta do que pode acontecer. Mas tudo ainda está em jogo. O governante mais promissor e a oposição mais desafiadora da década de 1990 ainda precisam se enfrentar. Pode-se dizer com segurança que Fernando Henrique será o melhor presidente que o Brasil já teve. Contudo, o sentido que esse elogio vai adquirir – tendo em mente seus predecessores – vai depender mais de seus adversários do que de seus aliados.

Fernando Henrique
2002

Por duas décadas – mais ou menos desde a Guerra das Malvinas e o fim das ditaduras militares que haviam se tornado, em toda parte, um sinônimo de brutalidade contrarrevolucionária –, a América do Sul se viu em grande medida esquecida pela política global. A democratização reciclada, a dívida e a dependência ofereciam poucos conflitos e consequências comparáveis aos dramas no Leste Europeu ou na Rússia, no Oriente Médio, no Extremo Oriente, ou mesmo os conflitos locais na América do Norte. A Crise dos Mísseis em Cuba, àquela altura, parecia algo de outro século. Hoje, há novamente abalos nessa lendária margem da arena mundial. Numa ponta do continente, a Argentina passa por uma crise social que é a versão neoliberal do declínio do comunismo na União Soviética, em meio ao maior calote da dívida da história. Na outra, a Venezuela se equilibra com dificuldade, um dia depois do outro, à beira da guerra civil. Até ontem, eram as duas sociedades mais ricas da região. Entre esses dois extremos, aviões de combate dos Estados Unidos cruzam o céu da Colômbia enquanto em terra guerrilheiros bombardeiam o palácio presidencial; populações indígenas exasperadas conduzem um coronel radical ao poder no Equador, onde o dólar – a milhares de quilômetros de Washington – foi adotado como moeda oficial; e, na Bolívia, chegam perto de eleger como presidente um dos seus – um militante agricultor de coca (que é a outra moeda corrente da região). Sob governantes fracos, no Peru e no Paraguai, cresce o sentimento de indignação. Em toda parte, a crise econômica recrudesce.

Nesse cenário, a arrebatadora vitória eleitoral, no Brasil, de um ex-metalúrgico atarracado, oriundo de uma família de 22 pessoas no sertão nordestino, que perdeu um dedo mindinho em um acidente de trabalho, que não se submete às normas da língua culta no discurso, ou aos poderes estabelecidos, no governo, é o estrondo mais forte da região. Com uma população beirando os 180 milhões, mais que a soma de todo o restante do continente, o Brasil se sobressai entre seus vizinhos, ainda que historicamente nunca os tenha liderado. Se o novo governo mudará esse quadro é uma das muitas incertezas provocadas pela conquista de Lula. E, no âmbito da política interna, esse triunfo levanta também outras questões. Em primeiro lugar, que tipo de veredito sobre a gestão de Fernando Henrique Cardoso, cujos oito anos de governo terminam em janeiro, essa vitória suscita? Lula fez uma campanha fortemente crítica ao desempenho do atual governo, e mesmo o candidato da situação evitou se associar demasiada e comprometedoramente ao atual mandatário. Ao mesmo tempo, as pesquisas de opinião sugerem que o prestígio pessoal de Cardoso se mantém relativamente elevado, e não há dúvida de que muitos brasileiros – sobretudo, mas não exclusivamente, da classe média – acreditam que ele tenha sido o governante mais capaz que o país já teve.

Os defensores do presidente que está de saída podem elencar uma série de conquistas inegáveis, ainda que exageradas nas celebrações oficiais. A hiperinflação foi controlada logo no início de seu mandato, beneficiando inequivocamente as camadas mais pobres da população. O analfabetismo foi reduzido, a taxa de mortalidade infantil decresceu e houve alguma redistribuição de terras. E, embora nenhum desses avanços tenha sido espetacular – o Brasil está bem atrás do México no primeiro e no terceiro quesitos, e atrás da Argentina e do Chile, no segundo –, pode-se dizer que o balanço das conquistas sociais é positivo. Tampouco o governo fica a dever na frente de reformas administrativas. Em certos aspectos, o aparelho de Estado passou por uma modernização genuína, tornando-se menos opaco e mais eficiente. Os níveis de corrupção, embora ainda altos, caíram. A informação estatística é um pouco mais confiável, os controles orçamentários são mais rígidos, as trocas de favores regionais diminuíram. Tudo isso contribuiu para minar as oligarquias arcaicas do Nordeste, as mesmas forças que ajudaram Fernando Henrique a se eleger, mas que acabaram tendo seu poder solapado no governo dele – no longo prazo, essa talvez seja a mudança mais importante do período.

Seria um erro desprezar essas conquistas, mas elas representam pouco quando comparadas aos danos causados pelas políticas macroeconômicas do governo. A característica determinante da Presidência de Fernando Henrique foi seu neoliberalismo *light*, como diriam os brasileiros. Tratava-se, na realidade, do mesmo tipo de neoliberalismo que predominou na década de 1990 em todo o mundo capitalista desenvolvido, quando as doutrinas da terceira via ou do novo centro – implementadas por Clinton, Blair, Schroeder – procuraram se distanciar ostensivamente das versões mais duras do neoliberalismo, inauguradas por Reagan e Thatcher na década anterior, mas, na prática, deram continuidade ao programa original – por vezes inclusive o aprofundando, só que agora o associando a concessões sociais e a uma retórica mais branda. Durante todo esse período, a dinâmica fundamental do neoliberalismo persistiu, inabalada: seus dois princípios centrais – a desregulamentação dos mercados e a privatização dos serviços (ou das indústrias, quando ainda públicas) – estabeleceram os parâmetros de bom comportamento em política econômica. Nos Estados Unidos, o gosto amargo do governo de Bill Clinton deixou um número suficientemente grande de eleitores demasiado nauseados para conduzir Al Gore ao poder. O maior legado do governante democrata nos Estados Unidos consistiu na revogação da Lei Glass-Steagall – que estabelecia restrições à especulação bancária –, na desregulamentação das empresas de telecomunicação e na bolha econômica que estourou logo após sua saída: Enron, Tyco e WorldCom foram marcas de sua despedida.

Num país em desenvolvimento, as coisas se deram necessariamente de outra forma. Convencido de que o Brasil não seria capaz de financiar o crescimento com sua poupança interna, e de que as estatais eram celeiros de incompetência e corrupção, Fernando Henrique manteve o câmbio sobrevalorizado, leiloou o setor público e escancarou as portas da economia – apostando nas importações para segurar a inflação e no investimento estrangeiro para modernizar a infraestrutura e a indústria. O Brasil é um país imenso, com um grande mercado interno e recursos abundantes. O capital estrangeiro afluiu conforme previsto – 150 bilhões de dólares ao fim de seu mandato. No entanto, pouco ou nada foi feito para dinamizar a economia nacional, cujas taxas de investimento continuaram agonizantes durante todo o seu governo. Atraídas principalmente por ativos baratos e taxas de juros altíssimas, as operadoras estrangeiras arremataram as estatais, adquiriram empresas locais e, sobretudo, compraram títulos da dívida pública. Os déficits comerciais dispararam, as taxas de juros foram conduzidas a patamares ainda mais altos, a fim de garantir a entrada de divisas e o valor da moeda local, e os níveis de dívida, de tão altos, tornaram-se por demais vulneráveis à falta de confiança, desencadeando enormes fugas de capital a cada turbulência nos mercados financeiros internacionais – México em 1995, Ásia oriental em 1997, Rússia em 1998, Argentina em 2001 – e um inevitável colapso da taxa de câmbio. Os repetidos socorros financeiros do Fundo Monetário Internacional (FMI) apenas aprofundaram o poço de dívidas para o qual o país era conduzido. Quando Fernando Henrique assumiu o poder, a balança comercial estava positiva, e a dívida pública correspondia a cerca de 28% do PIB; no fim desse ano, ela alcançou a marca de 56%, a maior parte com vencimentos de curto prazo*. Durante seu mandato, a taxa de crescimento do Produto Interno Bruto (PIB) *per capita* foi de mísero 1% ao ano. Os resultados da variante brasileira do neoliberalismo são visíveis: estagnação agravada, salários reais em queda, desemprego sem precedentes e uma carga de dívidas alarmante.

O regime fracassou segundo seus próprios parâmetros. A conquista original do governo – a estabilização monetária – encontra-se em ruínas: a moeda hoje vale um quarto do que valia no início do Plano Real. As taxas de juros são as mais altas do mundo, e o país encara bem de perto uma moratória. Crimes violentos assombram como nunca as grandes cidades. A desigualdade social continua sendo uma das mais acentuadas do planeta. A relação de dependência – em todos os seus sentidos deletérios – com os países centrais é incomparavelmente maior hoje do que quando Fernando Henrique, num passado agora distante, era um sociólogo que propunha uma teoria crítica sobre o problema.

Na periferia do capitalismo, a lógica do modelo neoliberal põe qualquer país que o adote à mercê de movimentações imprevisíveis nos mercados financeiros do centro; desse modo, as desventuras de FHC foram, em ampla medida, a crônica de um fiasco anunciado. Mas o seu governo foi também excessivamente cauteloso e incompetente. A taxa de câmbio era insustentável desde o início, supervalorizada com objetivos demagógicos, e não se aventou a possibilidade de adotar nem algum nível modesto de controle de capital – algo que mesmo o neoliberalismo dependente ainda permite, e que ajudou a proteger a economia chilena das terríveis devastações que o Brasil viria a sofrer. De modo geral, a ideia de que a chave para atrair com sucesso o capital estrangeiro seria a desregulamentação e a privatização *à outrance* era extraordinariamente ingênua e provinciana. Durante os anos em que Fernando Henrique conduzia o Brasil para seu atual beco sem saída, a China atraía investimentos internacionais produtivos numa escala que apequenou o *hot money* no Brasil, mantendo ao mesmo tempo um controle rígido de capital e uma moeda não conversível, de modo a atingir as taxas de crescimento do PIB mais altas do mundo. Não faltam, é verdade, problemas graves na China, para não falar das desigualdades e injustiças; no

---

* Informação disponível em: <http://www.ipeadata.gov.br/ExibeSerie.aspx?serid=38388>; acesso em: set. 2019. (N. E.)

entanto, o contraste entre desenvolvimento vigoroso, de um lado, e dependência paralisante, de outro, não poderia ser mais nítido.

Por que Fernando Henrique insistiu em seguir um caminho nitidamente desastroso durante tanto tempo, quando sua lógica já tinha ficado clara desde a primeira crise cambial, no início de 1995? Uma possível explicação poderia estar no pacto político com a velha ordem que o levou ao poder – proprietários de terras do Nordeste, banqueiros e magnatas da mídia do Rio de Janeiro e de São Paulo. Um dos princípios da sua estratégia para chegar ao poder era *pas d'ennemis à droite* [não ter inimigos à direita]. Hoje, embora ele mesmo diga o contrário, seus admiradores no exterior – como revela qualquer edição da revista *The Economist* – não hesitam em descrever seu governo como de centro-direita. Segundo essa interpretação, um estadista e intelectual respeitado de esquerda tornou-se prisioneiro de alianças conservadoras das quais nunca conseguiu se libertar. Tal visão, no entanto, apresenta uma leitura equivocada das oligarquias tradicionais do país, que nunca foram doutrinariamente inflexíveis – seus instintos são totalmente pragmáticos ou "fisiológicos", como dizem os brasileiros – e com frequência foram prejudicadas em consequência do excesso de desregulamentações. Uma resposta melhor provavelmente está na relação de Fernando Henrique com Pedro Malan, seu ministro da Fazenda, e, por meio deste, com o FMI e os Estados Unidos num sentido mais amplo.

A dependência psicológica dos governantes em relação a um tecnocrata, nessa área crucial para os governos contemporâneos, tem se tornado um padrão cada vez mais comum. Na vizinha Argentina, a relação entre Carlos Menem e Domingo Cavallo oferecia um exemplo ainda mais patente disso. As duas duplas, a brasileira e a argentina, eram bem diferentes. Cavallo tinha um lado demoníaco – que se revelava também na audácia e na energia –, de que Malan, com sua velada mediocridade, carecia por completo. Menem, completamente ignorante em matéria econômica, permitiu que Cavallo instituísse a insanidade suprema de um mecanismo regulador que garantisse a paridade do peso com o dólar. Ao mesmo tempo, ele tinha razões para desconfiar do ministro como potencial rival, e, em algum momento, os dois acabaram se distanciando. Fernando Henrique, por outro lado, provavelmente teria gostado que Malan o sucedesse; com um preparo infinitamente maior que o do presidente argentino, continuava sendo um sociólogo, cujo senso de especialização acadêmica certamente pesou na escolha de um economista profissional. A estabilização original de 1994 foi fruto do trabalho de Malan e sua equipe, e Fernando Henrique devia tudo àquela conquista. Essa dívida moral tornou difícil para o chefe de Estado demitir Malan junto com Gustavo Franco, o novato arrogante que empossara como presidente do Banco Central, quando, do ponto de vista político e do interesse próprio, era o que deveria ter feito. Quando a taxa de câmbio artificialmente inflacionada do Plano Real por fim sucumbiu, Franco foi removido do cargo. Malan, no entanto, permaneceu, e o país continuou sua marcha para dentro do túnel da dívida.

A incapacidade de Fernando Henrique para se separar de seu principal assessor se devia, de resto, a outro fator, ainda mais decisivo. Malan, íntimo do FMI, desfrutava da confiança dos Estados Unidos. Esses foram os anos em que Stanley Fischer, agindo como caixeiro-viajante de Robert Rubin e Lawrence Summers, ofereceu linhas de segurança e distribuiu empréstimos do FMI desprezando os estatutos da instituição, de acordo com o valor político que os regimes vigentes no mundo tinham para Washington. Os dois principais beneficiários dessa generosidade foram o Brasil e a Rússia, países grandes e estratégicos o suficiente para que seus governos, simpatizantes dos interesses norte-americanos, conquistassem favores especiais, não importando quão deficientes fossem seus desempenhos econômicos. Iéltsin e Fernando Henrique foram ambos resgatados de dificuldades eleitorais por injeções de dinheiro na hora decisiva, dado que Washington queria mantê-los no poder. Em Moscou, o fiador dessas transações era Anatoly Chubais. Em Brasília, Malan. Enquanto seu ministro da Fazenda continuasse no cargo, Fernando Henrique poderia contar com o tratamento especial do Fundo e do Tesouro americano.

Esse vínculo, de todo modo, correu como bola de bilhar sobre régua de cálculo. Para Fernando Henrique, os Estados Unidos passaram a ser, em todos os sentidos, o ponto central de referência externa. Originalmente, sua formação cultural fora muito mais europeia que norte-americana – afinal de contas, ele havia sido um intelectual marxista de destaque nos anos 1960 e, ainda na década de 1980, comparava suas ideias às da social-democracia espanhola. Mas nos anos de exílio do sociólogo, e em sua volta ao Brasil, uma mudança significativa aconteceu. A contribuição de fundações americanas tornou possível o centro de pesquisas que ele ajudou a fundar em 1969; e, quando afinal entrou na arena política, Fernando Henrique não escondeu sua crença de que o Brasil precisava de uma versão local do Partido Democrata, cujo esboço ele acreditou ver na ampla frente de oposição à ditadura daquela época, o MDB. No período em que foi presidente, uma década e meia depois, o poder dos Estados Unidos no mundo, depois da vitória na Guerra Fria, tinha crescido fortemente, dando origem a uma hegemonia global nunca antes vista.

Ideologicamente, Fernando Henrique havia se adaptado a essa supremacia muito antes de chegar ao Palácio do Planalto. Como presidente, salvo por alguns conflitos esporádicos quanto ao nível de tarifas comerciais ou disputas sobre patentes – assuntos para adidos comerciais –, o que se viu foi um alinhamento mais ou menos completo com Washington em todas as questões internacionais relevantes. A rigor, o Brasil praticamente nem tinha política externa que valesse ser debatida. Em termos históricos, isso não chegava a ser novidade: o regime militar dos anos 1960 e 1970, que demonstrava alguma noção de geopolítica e mantinha uma relação com a África bastante diferente da dos Estados Unidos, havia sido uma exceção nesse aspecto. No entanto, Fernando Henrique chegou ao poder prometendo que o Brasil desempenharia um papel no mundo proporcional ao tamanho de sua recém-fundada democracia. Uma vez no gabinete presidencial, entretanto, ele agiu como um governante de Honduras – incapaz de criar coragem sequer para fazer uma visita cerimonial a Havana, aonde até José María Aznar e Jimmy Carter foram. Seu contemporâneo Guido di Tella, ministro das Relações Exteriores na Argentina durante o governo Menem, acadêmico igualmente ilustre e cativante, certa vez descreveu publicamente a política externa de seu país com a seguinte concisão: "Temos relações carnais com os Estados Unidos. O resto do mundo não conta". Fernando Henrique é incapaz desse tipo de opinião afiada da tradição hispânica – o português é uma língua mais edulcorada –, mas sua prática diplomática foi a mesma. A principal diferença estava na pretensão retórica. No exterior, ele será lembrado principalmente por encontros fátuos em Nova York, Florença e Berlim, em que se discutia solenemente a terceira via e nos quais Clinton e Blair confabulavam com companheiros e subalternos, para escárnio crescente até mesmo da imprensa que lhes era favorável. A empáfia cômica dessas ocasiões contribuiu mais para o descrédito de Fernando Henrique do que ele poderia ter imaginado: para alguém com seu passado, elas eram o equivalente intelectual dos comerciais de pizza estrelados por Mikhail Gorbachev*.

Dentro do Brasil, é claro, tudo isso pesou muito pouco. No país, Fernando Henrique continuou a ser amplamente respeitado por um outro aspecto de sua gestão. Aos olhos dos admiradores, sua maior conquista civilizatória foi a consolidação da democracia brasileira. Cortês com seus oponentes, detentor de

---

* Em 1997, Gorbachev estrelou um comercial internacional da Pizza Hut. Filmado em Moscou, o anúncio mostra o ex-líder soviético sendo homenageado por implementar mudanças que possibilitaram, entre outras coisas, levar a rede Pizza Hut para a Rússia. (N. E.)

uma conduta constitucional, afirma-se que ele presidiu uma nação que se tornou mais madura em termos políticos e firme no apego aos valores de liberdade e civilidade. A pacífica alternância de poder, com a posse de Lula em janeiro, depois de uma eleição livre de calúnias ou episódios de maior agressividade, representará o toque final no legado mais duradouro que deixará ao país. Uma vida democrática normal finalmente fincou raízes num solo há muito envenenado pela herança brasileira da escravidão, da oligarquia rural, da demagogia populista e – não menos importante – da tirania militar.

Esse tipo de elogio aos anos de Cardoso, que já se tornou corriqueiro, diz mais sobre a identidade do Brasil que sobre a democracia. Os impérios tendem a dar a seus povos uma mentalidade acentuadamente autocentrada e provinciana: destino do qual os brasileiros foram tão incapazes de escapar quanto os britânicos ou os norte-americanos. Pois a verdade – óbvia demais em qualquer perspectiva comparativa – é que a preservação local da democracia não é mérito particular de Fernando Henrique, uma vez que ela nunca foi seriamente ameaçada depois que os generais deixaram o poder, e longe de ser um feito nacional notável, é uma trivialidade regional. Todas as outras sociedades latino-americanas que passaram por ditaduras militares nos anos 1960 e 1970 – Argentina, Chile, Uruguai – se comportaram da mesma maneira sob governantes incolores, conservadores ou, ainda, corruptos e autocráticos. De Aylwin a Frei e a Lagos, no Chile, de Sanguinetti a Lacalle e a Batlle, no Uruguai: nada de singular. Até Menem – é difícil imaginar um temperamento menos democrático – passou o poder a Fernando de la Rúa de forma tão rotineira quanto Fernando Henrique passará a Lula.

Para muitos brasileiros, ainda é difícil lembrar que o país tem vizinhos. Confrontados com a experiência comum a todo o continente, os partidários de FHC reconhecerão que, de fato, em termos formais, a legalidade constitucional foi respeitada em todo o Cone Sul, e que nesse sentido o governo de Fernando Henrique pode não parecer particularmente notável. Contudo, continuará o argumento leal ao presidente: a qualidade da democracia brasileira melhorou substancialmente durante sua Presidência. Comparado com os anos caóticos e turbulentos de Sarney, Collor e Itamar, seu governo foi um modelo de conduta racional e diálogo pacífico, familiarizando os brasileiros com novos padrões de decência política e confiança mútua, o que se mostra benéfico para todos os interlocutores. Em um período de apenas oito anos, é um feito notável, que contribui bastante para civilizar a sociedade brasileira.

Como essa alegação será avaliada? Não há dúvida de que a política brasileira se tornou mais calma e previsível no governo de Fernando Henrique nem de que as convenções da Nova República, cuja Constituição data de 1988, ancoraram-se mais firmemente aos costumes e aos hábitos. Nesse sentido, pode-se até dizer que a marca registrada dessa Presidência foi a estabilização política, não a monetária – aquela claramente sobreviveu à queda desta última. Porém, basta olharmos rapidamente as estatísticas ou os relatos na imprensa sobre a criminalidade crescente para entendermos os limites da nova civilidade. Enquanto a troca de cortesias acontecia nas cúpulas do poder, a violência ardia como nunca nas praias e nas ruas. Em outubro, uma semana antes do segundo turno das eleições, o *Jornal do Brasil* estampou na primeira página da edição de segunda-feira: "Tiroteios em ônibus, restaurante e escola. Oito mortos. Um dia normal no Rio". Em uma única manhã, houve disparos de metralhadora numa esquina da avenida Atlântica, na turística praia de Copacabana; na pequeno-burguesa Niterói, do outro lado da baía; e nas favelas da Zona Norte. Espectadores anglófonos logo terão uma ideia desses pesadelos com o lançamento do filme *Cidade de Deus*[1], baseado no romance de Paulo Lins. É improvável que pensem que o país está sendo civilizado.

Mas não é apenas o contraste entre os acordos de elite, de um lado, e a miséria popular, de outro, que faz a conversa sobre uma transformação dos costumes políticos brasileiros parecer enviesada. Algo ideologicamente mais incisivo também está em questão. Quando se fala do efeito civilizador do governo Fernando Henrique, na verdade, alude-se em geral a como ele diminuiu o potencial de conflito na democracia brasileira, ao estabelecer os parâmetros de um consenso em que toda opinião significativa discordante é desqualificada de antemão como excêntrica e anacrônica: trata-se da versão local de *la pensée unique* [o pensamento único]. Naturalmente, dentro desse curral conformista, em que os chavões neoliberais são tidos como verdades absolutas, as conversas são muito polidas. Contudo, se olharmos para as estruturas institucionais de poder, surge um quadro diferente. No Brasil, os partidos geralmente são pouco mais que rótulos aplicados sobre conveniências pecuniárias; alianças com finalidades duvidosas, estabelecidas entre os parceiros mais incongruentes, são aceitas como fatos naturais; e deputados trocam de "time" com desenvoltura semelhante à dos jogadores de futebol. Antes de se tornar presidente, e até um pouco depois de assumir o cargo, Fernando Henrique falava da necessidade urgente de uma

---

[1] Dir. Fernando Meirelles e Kátia Lund, O2 Filmes, 2002, 135 min.

reforma política – que tornasse o sistema partidário mais coerente e organizado a partir de diferenças substantivas – como condição fundamental para melhorar a vida democrática no Brasil.

Após oito anos, que balanço se pode fazer? Não houve mudança. No poder, Fernando Henrique preferiu manter a promiscuidade amorfa vigente, que aumentava a margem de atuação de sua habilidade para negociações de corredor e manobras no Congresso. A "reforma" que ele impôs acabou sendo o exato oposto da esperada: a aprovação de uma emenda constitucional que permitia sua própria reeleição. Em termos políticos, certamente esse foi o pior ato de seu governo – e terá as consequências mais duradouras. Tal decisão o coloca na companhia de Fujimori e Menem, cujos exemplos ele seguiu, como mais um egoísta cheio de si responsável por degradar as tradições legais e as perspectivas democráticas de seu país. A América Latina sempre sofreu com a desgraça do presidencialismo superpoderoso – historicamente, o pior tipo de importação dos Estados Unidos –, agravado pela falta do sistema de pesos e contrapesos típico do hemisfério Norte, o que acabou formando um terreno fértil para todo tipo de demagogia e autocracia. Ao menos os oligarcas liberais do século XIX e seus sucessores no século XX entendiam por que era necessário limitar os mandatos a um único termo. No Brasil, nem a ditadura dos anos 1960 e 1970 interferiu nessa regra, demonstrando autodisciplina coletiva suficiente para passar o bastão de um militar a outro a cada cinco anos.

Além da vaidade, não havia razões para Fernando Henrique insistir na reeleição. Malan ou Serra poderiam perfeitamente ter continuado seu regime em 1998, quando teriam sido eleitos sem dificuldade. Ao insistir numa mudança tão fundamental, e por motivos tão insignificantes, Fernando Henrique deu um golpe triplo na democracia brasileira. Em primeiro lugar, por ter recorrido à corrupção para conseguir o que desejava. Votos de deputados do Acre foram comprados para garantir a maioria legislativa necessária, transação depois desmentida pelo seu principal beneficiário com uma frase para a posteridade: "Pode ser que alguém tenha vendido o voto, mas o governo não comprou". Em segundo lugar, ao reforçar os poderes de um Executivo que já gozava de amplas capacidades para garantir apoio e intervir no Legislativo, intensificando a personalização da política – no pior dos sentidos – ao redor do presidente. Por fim, talvez o aspecto mais funesto, pela hipocrisia com que Fernando Henrique orquestrou a campanha por sua permanência, dizendo à nação, repetidas vezes, que o desejo espontâneo do Congresso de permitir um segundo mandato não lhe dizia respeito e que, por isso, manteria neutralidade total em relação àquela questão. Mentir de forma tão descarada é um ato de desprezo, mostrando de maneira bastante clara as realidades cínicas por trás da fachada de uma democracia brasileira "melhorada".

Se houve um único momento decisivo, de virada, no governo de Fernando Henrique, pode-se dizer que foi esse. Para compreender o declínio a que a política brasileira foi conduzida depois disso, basta observar a qualidade da propaganda eleitoral que inundou o país no segundo semestre deste ano. No fim, a reeleição acabou se voltando contra o próprio Fernando Henrique. Se ele tivesse deixado o cargo em 1998, a percepção geral sobre o seu desempenho teria sido muito melhor do que a que fica em 2002 – embora a lógica de sua gestão estivesse já clara o bastante no primeiro mandato. Ao se aferrar ao poder, porém, ele garantiu que será lembrado por sua miopia econômica. Fernando Henrique sairá à mexicana – como López Portillo ou Carlos Salinas –, conseguindo protelar a avaliação de suas políticas até estar fora do cargo, mas provavelmente incapaz de proteger sua reputação do que virá depois. Diferentemente dos ex-presidentes mexicanos, ele nunca obteve vantagem financeira por sua posição. O Tesouro não foi saqueado. Porém, também diferentemente deles, não proporcionou ao país um efetivo período de crescimento.

Isso não significa dizer que a história o considerará um fracasso. É muito cedo para concluir isso, pois sua própria má gestão econômica poderia, paradoxalmente, ser um sucesso político de longo prazo, uma vez que a dívida que ele deixou como legado vai impor restrições tão sérias a seu sucessor que FHC tem boas razões para presumir, como ele mesmo afirma, que suas políticas sobreviverão a seus mandatos. O tamanho da dívida pública tampouco é a única herança a limitar as ações de seus sucessores. A força ideológica do tipo de senso comum econômico que ele passou a representar continua amplamente dominante (talvez até intacta) no Brasil e, junto com ela, encontra-se a personalização do poder fortalecida em seu mandato. Desse modo, assim como Margaret Thatcher pode considerar Tony Blair sua conquista mais duradoura – em um processo de transformação da oposição numa versão atualizada de seu próprio governo –, Fernando Henrique poderia se orgulhar de ter, no fim das contas, estabelecido no Brasil uma ordem neoliberal que, durante algum tempo, será irreversível.

Aparentemente, Lula pareceria um candidato improvável para o papel que Cardoso lhe legou. No entanto, a América Latina está repleta de exemplos de políticos ou partidos que vencem as eleições com plataformas fortemente opostas ao neoliberalismo, mas que, uma vez no poder, implementam políticas neoliberais em geral mais drásticas que as dos predecessores. Carlos Andrés Pérez foi o primeiro a cumprir esse arco narrativo, na Venezuela: após uma campanha veemente contra a dívida externa e a austeridade, impôs um pacote de medidas prescrito pelo FMI tão brutal que desencadeou uma série de rebeliões populares duramente reprimidas – o *caracazo* de 1989 –, isso numa sociedade que, na época, tinha uma renda *per capita* substancialmente maior que a do Brasil hoje. No mesmo ano, Fujimori derrotou Mario Vargas Llosa no Peru atacando sua ortodoxia financeira com um fervor que excedia qualquer discurso atual do Partido dos Trabalhadores (PT) para, em seguida, arquitetar uma versão particularmente corrupta e cruel da mesma ortodoxia. Na Argentina, a trajetória de Menem foi essencialmente a mesma.

Nenhuma dessas figuras era exatamente representante da esquerda, e na Europa, por exemplo, vemos esse ciclo acontecendo da mesma maneira tanto na esquerda quanto na direita. O caso da França é o mais eloquente. Jacques Chirac chegou ao poder em 1995 condenando *la pensée unique* – expressão popularizada por ele – dos anos de François Mitterrand. Uma vez eleito, Chirac nomeou o correligionário Alain Juppé como primeiro-ministro, e seu governo imediatamente tentou impor reformas neoliberais controversas, que incitaram as greves de 1995. Temendo perder a maioria parlamentar, Chirac dissolveu a Assembleia Nacional e convocou eleições legislativas antecipadamente em 1997, de modo a tomar a esquerda de surpresa; contudo, o resultado do pleito consagrou Lionel Jospin como novo primeiro-ministro, numa base de alianças da oposição que confiou em sua promessa de fazer o oposto do antecessor. Quatro anos depois, Jospin havia privatizado mais que todos os governos anteriores juntos, e sua candidatura à Presidência pelo Partido Socialista foi veementemente rejeitada nas urnas. Repetidas vezes, as promessas políticas não passaram de confetes eleitorais.

Analisar esses precedentes não significa dizer que o Brasil está fadado a repetir o mesmo ciclo. A chegada de Lula à Presidência marca uma mudança política potencialmente bem mais profunda e auspiciosa que qualquer rotação no gabinete francês. O simbolismo de um ex-metalúrgico que conquista o cargo máximo do Executivo numa das sociedades mais desiguais do planeta fala por si. Apesar de ter havido outros presidentes brasileiros de origem relativamente humilde, todos chegaram ao topo por meio de educação militar ou civil. Lula, líder sindical quando estava na faixa dos vinte anos, continua sendo culturalmente um operário que nasceu numa família pobre e rural, cresceu na região industrial do ABC, em São Paulo, comete erros na norma culta do português e tem baixo nível de escolaridade. Longe dos holofotes, com um leve tom de ironia, ele disse certa vez: "Eu e Bush devemos ser os presidentes mais ignorantes do mundo". Como seu colega norte-americano, ele tem um lado preguiçoso, além de ter adquirido uma considerável dose de astúcia. Ao longo de sucessivas campanhas presidenciais, Lula aprimorou um tipo de simpatia viril capaz de seduzir os eleitores de classe média e desarmar os oponentes, além de eletrizar as massas. Vê-lo diante do microfone no Canecão, no Rio de Janeiro, nos últimos dias de campanha, cercado de compositores, cantores, atrizes e escritores – o trabalho cortejando a cultura –, explicando para a multidão que já comparecera a muitos encontros políticos na cidade, mas que nunca pôde passear descalço na areia das praias como qualquer outra pessoa, equivalia a assistir a um espetáculo de teatro tão profissional quanto qualquer outro naquele ambiente.

Tudo isso encoraja a mitificação. A cultura brasileira é tão sentimental quanto cínica – os dois atributos andam juntos, como seria de esperar –, e a imprensa local hoje vive um frenesi biográfico, como se as origens sociais fossem um guia para a conduta política. O exemplo de Walesa deveria servir de alerta contra excessos desse tipo. Dito isso, continua sendo verdade que Lula personifica a experiência das dificuldades do povo e da luta social como nenhum outro governante no mundo. Seu vínculo com os pobres o diferencia. Eles são seu eleitorado principal, e Lula vai se atentar à avaliação que receberá deles enquanto estiver no poder. Além do mais, o presidente recém-eleito encabeça o único novo partido de massas que foi criado a partir do movimento trabalhista desde a Segunda Guerra Mundial: uma organização que, em tamanho, influência e relativa coesão, supera qualquer outra na América Latina. Depois de vencer as eleições municipais em várias das maiores cidades do Brasil – Belém, Porto Alegre, Recife, São Paulo –, o PT, que afirma ter 300 mil membros, embora os critérios não sejam rigorosos, é hoje uma organização muito mais moderada do que na década de 1980. No entanto, o partido ainda tem uma forma relativamente livre, sem um aparelho burocrático plenamente centralizado, e conta com muitos militantes que não abandonaram seu passado radical. Por fim, há o sentimento de massa expresso na própria eleição presidencial. Os miseráveis do território brasileiro – classificados oficialmente como "pobres e indigentes", que representam quase metade da população – deram a Lula uma parcela imensa de votos. Nas cidades do Rio de Janeiro e de Salvador, que têm grandes quantidades de negros e pardos na população, obteve maioria esmagadora no segundo turno: 81% e 89%, respectivamente. Lula está cercado por um clima de expectativa popular de que nenhum presidente da Nova República desfrutou em início de mandato. A esperança de que o país fique livre da miséria dos últimos anos não vai desaparecer da noite para o dia.

No entanto, em contraste com essa onda de sentimentos, é preciso considerar as restrições objetivas que se imporão ao presidente e ao partido. Em primeiro lugar, e sobretudo, há o cenário de devastação econômica deixado por Malan e Fernando Henrique. Já antes de assumir o poder, a liderança do PT se amarrou – em alguns casos, com prazer quase masoquista – ao leito procrustiano montado pelo FMI: um "superávit primário" de 3,75% do PIB, que vai não só eliminar qualquer aumento significativo nos gastos sociais, mas provavelmente também deve infligir uma retração severa a esse setor, com o intuito de ganhar a confiança dos credores estrangeiros e evitar que as taxas de juros subam ainda mais.

Ao mesmo tempo, a mobilização social continua acanhada, mantendo-se em níveis muito inferiores aos dos anos 1980 – um dos efeitos da era Fernando Henrique foi o enfraquecimento das energias coletivas necessárias para enfrentar situações críticas. Nesse aspecto, a escala da vitória de Lula nas urnas é uma bênção ambígua. No segundo turno, ele obteve 52 milhões de votos, derrotando Serra por 61% a 39%. Em parte, esse resultado foi um tributo à incansável peregrinação de Lula aos rincões mais remotos do país – algo que nenhum outro candidato tentara. Foi também produto de relações públicas edulcoradas e de uma campanha eleitoral igualmente enjoativa, orquestrada em torno do *slogan* "Lulinha paz e amor" e projetada em comerciais televisivos de um descaramento sem inibições, criados por um influente marqueteiro com um histórico de sucessos em campanhas da direita. As propagandas políticas brasileiras são mais longas que as norte-americanas, abrindo espaço para uma argumentação mais séria, mas também para um sentimentalismo extremamente manipulador. Em todos esses aspectos, Lula superou Serra, inclusive no dinheiro despendido. Seu gesto característico era o chamado com a mão – de garotas atraentes, estrelas do esporte, pessoas do povo – convidando o espectador, ao som de uma música animada, para entrar no ritmo e na onda em nome do espírito de campanha. Quando Lula conquistou a liderança nas pesquisas de opinião, o império Globo começou a sorrir para ele, e os cofres da campanha passaram a acumular dinheiro vindo de bancos e empresas, tornando-o, paradoxalmente, o candidato mais bem financiado de todos. Esse tipo de apoio nunca se dá de graça.

De resto, por mais que o presidente tenha muito poder, a legislação precisa passar pelo Congresso, onde pela primeira vez o PT é o partido com maior representação, mas diluída num conjunto fragmentado, no qual ocupa menos de um quinto dos assentos. O voto nacional em Lula foi o dobro do voto em seu partido, que não conseguiu eleger governador nos estados mais importantes. O desequilíbrio entre Executivo e Legislativo se acentuará ainda mais por causa dos amplos poderes de nomeação do presidente, que podem acabar absorvendo muitos militantes do PT – há cerca de 20 mil cargos a ser distribuídos. Para sua chapa eleitoral, Lula escolheu um milionário paternalista da indústria têxtil, filiado a um pequeno partido de ascendência evangélica, e ganhou com isso o apoio de um bom número de oligarcas insatisfeitos ou oportunistas do Nordeste. A fim de conseguir uma maioria viável no Congresso, ele já havia sido forçado a ampliar esse tipo de aliança. O presidente do PT, José Dirceu – que, de volta ao Brasil após exilar-se em Cuba durante a ditadura militar, atuou clandestinamente por uma década –, sem dúvida vai controlar essa frente com a mão da experiência. Ainda assim, seria ingenuidade deduzir que a nova Câmara promoverá uma legislação muito radical.

Além dessas desvantagens, existe também o peso da tradição cultural que recairá sobre os agentes de qualquer renovação. Muito mais que a Itália, que apresentou o conceito ao mundo, o Brasil é por excelência o país do *trasformismo*: a capacidade que a ordem estabelecida possui de abraçar e inverter as forças da mudança até que se tornem indiscerníveis daquilo que deveriam combater. A carreira de Fernando Henrique, ex-marxista que se tornou um pilar da centro-direita, tem sido a expressão típica dessa cultura, da qual ele é tanto marca quanto instrumento. Não será um obstáculo para o *establishment* aceitar o histórico plebeu de Lula. A hierarquia social sempre se uniu tranquilamente à informalidade acolhedora no Brasil, e não há razão para pensar que, sem as devidas precauções, o apoio hoje recebido dos bancos não possa se tornar, amanhã, a castração de um intruso. As condições retóricas para esse resultado já estão prontas. O bordão "paz e amor" de Lula é, antecipadamente, parte de um vocabulário de incorporação e derrota. Uma causa pode sobreviver a um *slogan*, mas, sem opções melhores que essa, as pressões objetivas logo esmagarão os desejos subjetivos.

Nesse sentido, os programas de governo – ao contrário dos lemas de campanha – tornam-se decisivos. O que o novo governo propõe para o país? Se considerarmos suas perspectivas de maneira estática, será difícil evitar o pessimismo. Como oposição, o que não tem faltado ao PT é criatividade. O orçamento participativo de Porto Alegre, onde os eleitores escolhem como serão feitos os gastos públicos na cidade, é uma invenção amplamente admirada no exterior. Os economistas do PT foram os primeiros a chamar atenção para a lógica neoliberal de Malan e a prever suas consequências fatais. De modo geral, no entanto, está claro que nem o partido nem o presidente possuem alternativa à ortodoxia reinante, como ficou explícito com a adesão pré-eleitoral às diretivas do FMI. Por outro lado, numa perspectiva histórica, as inovações políticas reais na América Latina raramente seguiram esquemas preconcebidos. Da grande crise que abalou o continente em 1929 surgiu um conjunto de respostas pragmáticas e intuitivas: essencialmente, diferentes formas de populismo com base na substituição de importações – o getulismo no Brasil, o peronismo na Argentina, o Movimento Nacionalista Revolucionário (MNR) na Bolívia –, as quais foram criativas e eficazes na época. As doutrinas da Comissão Econômica para a América Latina e o Caribe (Cepal) derivadas do pensamento econômico de Raúl Prébisch – que mais tarde foram associadas a essas formas de populismo – cristalizaram-se *post factum*, em vez de guiar os atores de antemão. Hoje, mais uma vez a América do Sul enfrenta uma crise de proporções continentais. Por que o Brasil, ou algum de seus vizinhos, não haveria de encontrar novamente saída para o impasse de maneira semelhante, com engenhosas soluções locais *ad hoc*?

A diferença, é claro, está no grau maior de integração de economias, sociedades e culturas latino-americanas com a ordem global do capital, comandada pelo Norte. O entrosamento material e ideológico dos agentes e dos processos nacionais com as estruturas internacionais que os perpassam e modelam não se compara em nada com a situação na Grande Depressão, quando a América Latina teve de se virar sozinha depois da quebra de Wall Street. Nesse sentido, os requisitos programáticos para romper com a camisa de força atual parecem muito maiores. No entanto, se as economias centrais entrassem numa queda em espiral – se os Estados Unidos seguissem a trajetória do Japão na última década –, aí, sim, enquanto o império cuidasse de suas questões internas, a periferia ganharia novas possibilidades de invenção improvisada. Por enquanto, dedos cruzados.

Lula
2011

Ao contrário do conhecido ditado inglês – de espírito estoico, ainda que se preste a desculpar os insucessos –, nem toda vida política termina em fracasso. Na Europa do pós-guerra, basta pensar em Adenauer, De Gasperi ou, talvez de maneira mais impressionante, Franco. Mas é verdade que, em condições democráticas, ser mais popular ao término do que no início de um prolongado período no poder é raro. Ainda mais raro – aparentemente até mesmo inédito – é que tal popularidade seja reflexo não de moderação e distensão na condução do governo, mas de uma radicalização. Hoje, existe apenas um governante no mundo que pode reivindicar tal conquista: o ex-operário que, em janeiro, deixou a Presidência do Brasil com uma aprovação de 80% dos cidadãos. Por qualquer critério que se use, Luiz Inácio Lula da Silva é o político mais bem-sucedido de seu tempo.

Esse sucesso se deve muito a um excepcional conjunto de talentos: uma mescla de sensibilidade social afetuosa e frio cálculo político, ou – como sua sucessora Dilma Rousseff formulou – avaliação racional e inteligência emocional, para não falar no jovial bom humor e no charme pessoal. Mas todas essas características individuais não deixam de ser, desde a origem, inseparáveis de um movimento social maior. Vindo ele mesmo da mais profunda pobreza do Brasil, a ascensão de Lula de operário no chão da fábrica a líder do país nunca foi apenas um triunfo individual: o que a tornou possível foi o mais notável movimento sindicalista do último terço de século, criando o primeiro – e até agora único – partido político moderno do Brasil, que se tornou o veículo de sua escalada. Juntos, desde o início uma personalidade carismática e uma organização com dimensões nacionais formaram uma combinação de trunfos formidáveis.

Ainda assim, o sucesso de Lula estava longe de ser um resultado previsível. Eleito em 2002, seu governo partiu de um início melancólico e logo se aproximou de um iminente desastre. Seu primeiro ano de mandato, dominado pelo legado econômico de seu predecessor, reverteu praticamente toda a esperança sobre a qual o Partido dos Trabalhadores (PT) havia sido fundado. Ao fim do governo de Fernando Henrique Cardoso, a dívida pública – metade da qual avaliada em dólares – tinha dobrado, o déficit de então era duas vezes a média da América Latina, as taxas de juros nominais estavam acima dos 20%, e a moeda havia perdido metade de seu valor na corrida eleitoral[1]. A Argentina havia acabado de declarar o maior calote da história e, aos olhos do mercado financeiro, o Brasil parecia à beira do mesmo precipício. Para restaurar a confiança dos investidores, Lula nomeou uma equipe econômica indiscutivelmente ortodoxa para o Banco Central e o Ministério da Fazenda, que elevou ainda mais a taxa de juros e fez cortes no investimento público a fim de atingir um superávit primário maior do que o exigido pelo próprio Fundo Monetário Internacional (FMI). Para os cidadãos, os preços e o desemprego subiram, enquanto o crescimento do Produto Interno Bruto (PIB) caiu pela metade. No entanto, justamente aquilo que representava um remédio amargo para os militantes era um néctar oferecido aos detentores de títulos da dívida pública: o fantasma do calote foi banido. O crescimento voltou em 2004, com a recuperação das exportações. Ainda assim, a dívida pública continuava crescendo, e a taxa de juros elevou-se mais uma vez. Partidários do governo anterior, que remoíam as críticas de Lula a Cardoso, chamaram a atenção, triunfantes, para a continuidade entre os dois. Para o PT, não havia muito do que se gabar.

Se isso já era bastante desanimador, o pior ainda estava por vir. Na primavera de 2005, o líder de um dos menores partidos do Congresso (havia então uma dezena deles), pressionado depois que um de seus homens de confiança foi filmado recebendo propina, reagiu com a revelação de que o governo comprava o voto de deputados aliados de modo sistemático, pagando-lhes 30 mil reais ao mês, de modo a assegurar a maioria na Câmara.

O encarregado da operação era o chefe da Casa Civil, José Dirceu; o dinheiro era proveniente de fundos ilegais controlados pelo PT e distribuídos por seu tesoureiro, Delúbio Soares. Poucas semanas depois dessa bomba, um assessor

---

[1] Ver Aline Diniz Amaral, Peter Kingstone e Jonathan Krieckhaus, "The Limits of Economic Reform in Brazil", em Peter Kingstone e Timothy Power (orgs.), *Democratic Brazil Revisited* (Pittsburgh, University of Pittsburgh Press, 2008), p. 145-6.

do irmão de José Genoino, presidente do PT, foi preso ao tentar embarcar em um voo com 200 mil reais em uma mala e 100 mil dólares escondidos na cueca. Um mês mais tarde, o chefe da campanha de candidatura de Lula à Presidência, Duda Mendonça, confessou que sua campanha havia sido financiada por caixa dois proveniente de recursos doados por bancos e empresas, em violação à lei eleitoral, e que ele mesmo havia sido recompensado por seus serviços com depósitos secretos numa conta nas Bahamas. Em seguida, foi a vez de um dos confidentes políticos mais próximos de Lula, o ex-líder sindical Luiz Gushiken, que, sob fogo cruzado pela suspeita de desviar fundos de pensão tendo em vista fins políticos, ver-se forçado a renunciar ao cargo de chefe da Secretaria de Comunicação. E, num cenário ainda mais tenebroso, pairava o assassinato não solucionado, no início de 2002, de Celso Daniel, prefeito do reduto petista de Santo André; para esse caso, a hipótese mais difundida é a de que tenha sido execução política, relacionada a subornos recebidos de empresários do setor de transportes[2].

A exposição de uma ampla rede de corrupção por trás da conquista de Lula, embora tenha sido um choque desmoralizador para grande parte da própria base do PT, pode ser posta em perspectiva histórica – como prontamente o foi por seus partidários. O financiamento ilegal de campanhas por doadores secretos em troca de favores sempre foi prática generalizada na política brasileira: o presidente do principal partido da oposição, o Partido da Social Democracia Brasileira (PSDB), foi alvo da mesma acusação e teve de renunciar ao mandato de deputado em meio a um escândalo semelhante. A compra de votos no Congresso não era novidade. Era sabido que Fernando Henrique tinha molhado a mão de deputados do Acre para garantir a mudança constitucional que lhe permitiu concorrer a um segundo mandato. O Legislativo brasileiro de muito vinha sendo um covil de venalidade e oportunismo. Ao fim do primeiro mandato de Lula, de um terço a dois quintos dos deputados no Congresso tinham mudado de partido[3]; até o fim do segundo, mais de um quarto dos membros de ambas

---

[2] Parece não haver ainda estudo brasileiro bem fundamentado a respeito dos escândalos de 2005-2006, sendo a maioria parcial e superficial. Para um comentário sóbrio, ainda que relativamente breve, em inglês, ver Richard Bourne, *Lula of Brazil: the Story So Far* (Berkeley, University of California Press, 2008), p. 176-95, que é também o estudo mais equilibrado do tema, em qualquer língua, até o momento.

[3] Para uma estimativa inferior (31%), ver Fabiano Santos e Márco Grijó Vilarouca, "Political Institutions and Governability from FHC to Lula", em Peter Kingstone e Timothy Power (orgs.), *Democratic Brazil Revisited*, cit., p. 77. Para estimativa superior (38%) – 195 de um total de 513 deputados –, ver *The Economist*, 14 abr. 2007.

as Casas estava indiciado ou enfrentava acusações[4]. Atualmente, deputados e senadores estão pressionando por salários de mais de 33 mil reais ao mês. Em 2002, Lula havia sido eleito com 61% dos votos, mas o PT tinha menos de um quinto dos assentos no Congresso, onde o governo teve de encontrar aliados para conseguir a maioria parlamentar. Dirceu queria fazer um acordo com o maior partido de centro, o Partido do Movimento Democrático Brasileiro (PMDB), mas isso significaria conceder à legenda ministérios importantes. Lula preferiu costurar uma colcha de retalhos com os partidos menores, cujo poder de barganha era mais fraco. No entanto, naturalmente esses parlamentares esperavam alguma participação nos espólios, e assim o mensalão – a propina mensal – foi arquitetado para atendê-los.

No que diz respeito às quantias envolvidas, a corrupção da qual o PT se beneficiou, e sobre a qual governou, foi provavelmente mais sistemática que a de qualquer antecessor. Em termos absolutos, os custos das eleições brasileiras perdem apenas para as dos Estados Unidos – e, em termos proporcionais à renda nacional, podem excedê-los por larga margem. Em 1996, Clinton gastou 43 milhões de dólares para assumir a Casa Branca; em 1994, Fernando Henrique gastou 41 milhões de dólares para garantir o Palácio do Planalto, em um país com um PIB *per capita* inferior a um sexto daquele dos Estados Unidos[5]. Ao contrário de seu antecessor, que por duas vezes ganhou no primeiro turno como o candidato da situação e comandou uma grande quantidade de aliados – ou, no jargão brasileiro, "fisiológicos" – e representantes no Congresso, Lula já havia sido derrotado três vezes quando concorreu à Presidência no fim de 2002, sendo membro de um partido tradicionalmente recebido com a mais profunda desconfiança por todos que eram economicamente relevantes no país. Para superar essas dificuldades, recursos extraordinários se fizeram necessários, para os quais garantias extraordinárias tiveram de ser dadas, no âmbito público e no privado[6]. Do mesmo modo, com um pequeno grupo de deputados e um grupo

---

[4] *The Economist*, 10 jul. 2010.
[5] Ver David Samuels, "Money, Elections and Democracy in Brazil", *Latin American Politics and Society*, v. 43, n. 2, 2001, p. 27-48. Fernando Henrique superou os gastos de Lula em mais de vinte vezes em 1994 e dezoito vezes em 1998. No Legislativo, em 1994, eleger um deputado custava em média 530 mil dólares nos Estados Unidos e 132 mil dólares no Brasil – no contexto estadunidense, esse valor equivaleria a cerca de 800 mil dólares.
[6] Parte do dinheiro do caixa dois provavelmente também foi usada para fins internos, de modo a garantir o domínio da Articulação, a corrente interna do PT encabeçada por Dirceu. Ver David Samuels, "Brazil: Democracy under Lula and the PT", em Jorge Domínguez e Michael

ainda menor de aliados espontâneos na legislatura, o PT foi levado ao suborno em maior escala para obter maiorias temporárias no Congresso.

Talvez se possa falar em uma espécie de prêmio de risco de um partido dos trabalhadores, tanto no combate à inflação quanto nas trocas corruptas – ou seja, a necessidade de satisfazer o FMI com um superávit primário ainda maior do que normalmente se exigiria para manter a economia no prumo; e a necessidade de extrair e distribuir dinheiro sujo a fim de obter cargos e exercer o poder. Ao menos esta seria a justificativa tomada pelos defensores do partido. Na prática, o atenuante mais característico foi apontar a probidade pessoal; em alguns casos, o histórico heroico daqueles encarregados dos desembolsos feitos em nome de fins organizacionais, não individuais. Dirceu, arquiteto do PT moderno e estrategista da vitória de Lula, havia trabalhado clandestinamente no país por anos depois de voltar do exílio em Cuba. Genoino foi um guerrilheiro na selva, preso e torturado pelos generais. Gushiken ainda levava uma vida modesta de ex-sindicalista. Eles agiram desinteressadamente, sem vantagens pessoais, pela causa.

Tais apelos não comoveram a mídia. Invariavelmente hostil ao PT, a imprensa brasileira passou a cobrir em grande escala o escândalo do mensalão, sem poupar nenhuma conjectura letal nem nenhum detalhe prejudicial. Seu alvo agora estava exposto. Não havia como negar que o PT sempre afirmara ser uma força política que pairava acima do pântano das práticas tradicionais, um inimigo sem medo da corrupção enraizada, não um praticante obstinado delas. Não demorou para que até mesmo a distinção entre má conduta institucional e degeneração individual fosse desfeita de forma espetacular. A figura mais poderosa no governo era o ministro da Fazenda, Antonio Palocci, um ex-prefeito do interior de São Paulo que tinha sido a inspiração por trás da "Carta ao povo brasileiro", documento de compromisso eleitoral de Lula ao empresariado, e principal negociador das transações por debaixo dos panos do PT com bancos e construtoras durante a campanha. Médico por formação, sem nenhuma habilidade especial em economia, os laços confidenciais com os mais diversos fundos e a ortodoxia no cargo fizeram dele a garantia de negócios sigilosos no governo e um ídolo da imprensa financeira, no país e no exterior. Negócios obscuros em seu feudo municipal de Ribeirão Preto vinham sendo assunto de boatos havia tempos, embora pudesse ser sustentado que fossem apenas uma forma de reabastecer os cofres do partido.

Shifter, *Constructing Democratic Governance in Latin America* (Baltimore, John Hopkins University Press, 2008), p. 168.

No início de 2006, então, veio à tona que uma mansão isolada, à beira do lago em Brasília, havia sido alugada por um de seus assessores de Ribeirão Preto. Lá, em cenas à Buñuel, as feições pálidas do ministro da Fazenda – ele parece um batedor de carteiras de alguma pintura seiscentista retratando o submundo da época – puderam ser vislumbradas ao entrar de limusine na mansão, cujos cômodos eram mobiliados apenas com camas e uma ou outra mesa de apoio para bebidas e dinheiro. Lá, além do ministro, entravam e saíam discretamente lobistas e conhecidos, que desfrutavam de prostitutas e festas e trocavam informações e favores. Quando a notícia desse bordel foi divulgada, os cínicos disseram que não havia razão para surpresa, pois a própria capital não passava de uma versão ampliada dele. Palocci, que não estava em posição de assumir essa linha de defesa, tentou desesperadamente abafar o caso. Lula também, comparando-o efusivamente a Ronaldinho, como "a estrela que o time não pode perder"[7], tentou por todos os meios salvá-lo, em vão. Com sua queda, em março de 2006, a lista dos principais políticos do *entourage* de Lula havia sido praticamente passada a limpo.

O alvoroço em relação a esses escândalos na mídia foi ensurdecedor. No Congresso, a oposição pressionou pela instalação de uma CPI atrás da outra. Líderes do PSDB começaram a falar no *impeachment* de Lula, por cumplicidade na corrupção praticada por seu séquito. Sentindo-se encurralado por essa onda de ataques, que ele a comparou à que levou Getúlio Vargas ao suicídio no Palácio do Catete em 1954, Lula começou a falar em privado sobre apelar para o povo nas ruas caso seus inimigos persistissem na tentativa de depô-lo. Na realidade, a chance de isso acontecer era pequena, uma vez que tanto Cardoso como Serra – prefeito de São Paulo pelo PSDB, derrotado por Lula nas eleições para a Presidência em 2002, mas otimista com a possibilidade de se tornar novamente o candidato presidencial de seu partido – decidiram que seria melhor deixar um candidato gravemente ferido no cargo do que correr o risco de ver surgir um adversário mais forte e intransigente caso ele fosse expulso.

Raramente um cálculo político foi tão errado. Sitiado pela mídia e severamente criticado pelo Congresso, Lula pôde contar com duas reservas de emergência que não apenas salvaram sua posição, como a transformaram. A primeira foi a volta do crescimento econômico sustentado. Depois de um período considerado como a pior estagnação do século – um crescimento médio anual de 1,8% na década de 1990, aproximando-se de não mais de 2,3% em oito anos

---

[7] *Veja*, 24 nov. 2005.

de FHC –, o PIB cresceu a um ritmo médio de 4% de 2004 a 2006. O salto deveu-se essencialmente à boa situação internacional. Esses foram os anos em que a demanda chinesa por duas das exportações mais valiosas do Brasil, soja e minério de ferro, decolou, em meio a um aumento exorbitante no preço das *commodities*. Nos Estados Unidos, onde as taxas de juros eram mantidas artificialmente baixas pelo FED para impedir que a bolha financeira estourasse, o *Greenspan Put* criou um fluxo barato de capitais disponível para o Brasil. À medida que os negócios melhoraram e a criação de empregos cresceu, o clima no país mudou. Poucos eleitores estavam dispostos a questionar se o crédito por aquela melhora, reivindicado por Lula, cabia ao mandatário. Além disso, com a recuperação, o Estado passou a recolher receitas maiores. Isso se tornaria um ponto decisivo para o outro trunfo do governo.

Desde o início, Lula havia se comprometido a ajudar as pessoas da camada social a que ele pertencera. Um acordo com os ricos e poderosos seria necessário, mas a miséria tinha que ser enfrentada de modo mais firme que até então. Sua primeira tentativa, o programa Fome Zero, que deveria garantir o sustento mínimo a cada brasileiro, foi um fiasco devido à má administração. Em seu segundo ano, no entanto, consolidando vários programas parciais preexistentes e expandindo sua cobertura, Lula lançou o programa que está agora indelevelmente associado a ele: o Bolsa Família, um projeto de depósitos mensais de dinheiro para as mães dos estratos de menor renda, desde que comprovado que elas enviem os filhos à escola e tratem da sua saúde. Os pagamentos são muito baixos – atualmente na casa dos 35 reais por criança, ou uma média de 70 reais por mês –, mas eles são feitos diretamente pelo governo federal, impedindo a malversação local, e agora atingem mais de 12 milhões de famílias, ou seja, um quarto da população. O custo efetivo do programa é uma ninharia[8], mas seu impacto político tem sido enorme. Não apenas porque ajuda, ainda que modestamente, a reduzir a pobreza e a estimular a demanda nas regiões mais carentes do país, mas também devido à mensagem simbólica do programa: a de que o Estado se preocupa com todos os brasileiros como cidadãos com direitos sociais, não importando quão miseráveis ou oprimidos. A identificação popular de Lula com essa mudança tornou-se o mais inabalável de seus trunfos políticos.

---

[8] Marcelo Neri, "Income Policies, Income Distribution, and the Distribution of Opportunities in Brazil", em Lael Brainard e Leonardo Martinez-Diaz (orgs.), *Brazil as an Economic Superpower? Understanding Brazil's Changing Role in the Global Economy* (Washington, Brookings Institution Press, 2009), p. 242; *The Economist*, 31 jul. 2009.

Do ponto de vista material, a sucessão de aumentos substanciais do salário mínimo teria importância muito maior. Eles começaram na mesma época em que os escândalos de corrupção vieram à tona. Em 2005, um aumento em termos reais equivalente ao dobro do ano anterior foi decretado. No ano eleitoral de 2006, o aumento foi ainda maior[9]. Em 2010, o aumento acumulado em cinco anos havia sido de 50%. Pouco acima de 500 reais por mês, este valor permanecia bem abaixo da renda de praticamente todo trabalhador que tivesse um emprego formal. No entanto, como as aposentadorias são indexadas ao salário mínimo, seu aumento constante beneficiou pelo menos 18 milhões de pessoas diretamente. O Estatuto do Idoso, aprovado no governo Lula, consolidou os ganhos das pessoas nessa faixa etária[10]. Indiretamente, também incentivou os trabalhadores do setor informal, não cobertos pelos índices oficiais, que compõem um terço da força de trabalho brasileira, a usar o salário mínimo como referência para melhorar o que eles poderiam ganhar de seus empregadores. Os efeitos desses aumentos foram potencializados com a introdução do crédito consignado – empréstimos para gente que até então sequer possuía conta bancária, com pagamentos automáticos retirados do salário mensal ou das aposentadorias[11]. Juntos, transferências condicionais de renda, salários mínimos mais elevados e a instituição de novas linhas de crédito engendraram não apenas um crescimento sustentado do consumo popular, como também uma expansão do mercado interno que, por fim, depois de uma longa estiagem, propiciou a criação de mais empregos.

Combinados, o crescimento econômico mais rápido e a distribuição de renda mais ampla levaram à maior redução da pobreza na história brasileira. De acordo com algumas estimativas, o número de pobres caiu de cerca de 50 milhões para 30 milhões num intervalo de seis anos, e o número de miseráveis foi reduzido pela metade[12]. Metade dessa dramática transformação pode ser atribuída ao crescimento, e a outra metade a programas sociais – financiados, é

---

[9] O valor do salário mínimo era equivalente a 240 reais em 2003, 260 reais em 2004, 300 reais em 2005, 350 reais em 2006. Ver Nelson Barbosa e José Antônio Pereira de Souza, "A inflexão do governo Lula: política econômica, crescimento e distribuição de renda", em Emir Sader e Marco Aurélio Garcia (orgs.), *Brasil, entre o passado e o futuro* (São Paulo, Boitempo, 2010), p. 65 e 75.

[10] O Estatuto foi aprovado no fim de 2003.

[11] De 2001 a 2006, o empréstimo para consumidores medido em porcentagem do PIB dobrou. Ver Wendy Hunter e Timothy Power, "Rewarding Lula: Executive Power, Social Policy, and the Brazilian Elections of 2006", *Latin American Politics and Society*, v. 49, n. 1, 2007, p. 15.

[12] *The Economist*, 3 jul. 2010. Estimativas de Marcelo Neri (FGV) e Ricardo Paes de Barros (Ipea).

claro, pelas maiores receitas oriundas do crescimento. Ademais, esses programas não se limitavam a auxiliar a renda. Desde 2005, os gastos do governo com a educação triplicaram, e o número de estudantes universitários dobrou. Durante os anos 1990, o ensino superior no Brasil havia deixado em grande parte de ser função pública, com três quartos de todos os estudantes indo para universidades privadas que desfrutavam de isenção fiscal. Astutamente, essas instituições foram, então, obrigadas, em troca da isenção, a oferecer vagas para estudantes de famílias pobres ou não brancas que, de outra maneira, nunca teriam a chance de ir além do ensino fundamental, mas que puderam contar com essas bolsas para ingressar no ensino superior. Apesar da má qualidade do ensino – péssimo, muitas vezes – em algumas dessas instituições, a esperança de melhoria fez com que o programa, com milhões de estudantes inscritos até o presente, fosse um grande sucesso popular, por vezes comparado ao efeito democratizante do GI Bill of Rights* nos Estados Unidos do pós-guerra.

Em 2006, nem tudo isso havia sido realizado. Mas mais do que o suficiente já tinha sido feito para proteger Lula dos golpes desferidos por seus adversários. A opinião popular não era de todo indiferente à corrupção – no auge do mensalão, seus índices de popularidade caíram de modo acentuado. Ainda assim, comparadas às melhorias consideráveis na qualidade de vida, as propinas não importavam tanto. No primeiro semestre, o jogo havia virado de tal maneira que Serra, observando as pesquisas de opinião, decidiu que não tinha chance contra Lula e deixou que um rival desafortunado de seu partido fosse derrotado na eleição presidencial daquele ano, quando Lula venceu o segundo turno com os mesmos 61% de quatro anos antes. Dessa vez, porém, a composição social dos votantes era diferente. Enojada com o mensalão, grande parte do eleitorado de classe média que havia apoiado Lula em 2002 o abandonou, enquanto os pobres e os idosos votaram nele em maior número que antes[13]. Sua campanha também adotou um tom diferente. Quatro anos antes, quando seu objetivo

---

*   Pacote de benefícios criado pelo governo estadunidense, que oferece assistência financeira para o ingresso no ensino superior aos veteranos do serviço militar, instituído pela primeira vez em 1944. (N. T.)

[13] Sobre a importância dos idosos na guinada eleitoral em favor de Lula, ver Simone Bohn, "Social Policy and Vote in Brazil", *Latin American Research Review*, v. 46, n. 1, 2011, p. 64-6. Boa parte dos novos votos em 2006 veio de pessoas com mais de sessenta anos, para quem o voto em Lula dobrou. Aos benefícios materiais que os idosos receberam desde 2003 deve ser acrescentado, sem dúvida, o fator psicológico identificado por André Singer – medo de instabilidade, que por razões óbvias tende a ser acentuado entre pessoas mais velhas. Enquanto em 1989 os idosos eram o grupo etário que menos apoiou Lula,

tinha sido tranquilizar os eleitores indecisos, os assessores venderam a imagem de Lula como o arauto de "paz e amor" para o país. Em 2006, o tom era menos adocicado. Deixando de lado os lapsos de conduta do PT, dos quais, é claro, ele não tinha ciência, o presidente lançou um contra-ataque agressivo às privatizações do governo anterior, que haviam enriquecido alguns à custa da nação e que continuariam caso seu oponente fosse eleito. Longe de qualquer continuidade, havia um abismo entre seu governo e o de Fernando Henrique Cardoso: nem uma única empresa estatal havia sido privatizada no governo Lula. A alienação de bens públicos, muitas vezes sob condições tenebrosas, nunca foi popular no Brasil. A mensagem acertou o alvo em cheio.

Estimulado pelo sucesso socioeconômico e por uma vitória política ainda mais contundente, o segundo mandato de Lula foi muito mais confiante que o primeiro. Agora, ele não era apenas o dono indiscutível da afeição popular, na condição de primeiro presidente a levar um mínimo de bem-estar para uma grande parcela de seu povo, como também controlava totalmente sua própria administração. Seus dois principais ministros haviam deixado o governo. Quanto a Palocci – para Lula, "mais que um irmão" –, talvez o presidente se lamentasse intimamente, mas o ex-ministro já não era necessário para acalmar os ânimos dos investidores estrangeiros. De Dirceu, um virtuose do frio cálculo político e das intrigas, ele nunca havia gostado e, de certa maneira, o temia. A eliminação de ambos o liberou para comandar sozinho em Brasília. Quando surgiu o primeiro teste, no meio de seu segundo mandato, Lula soube enfrentá-lo com segurança. Foi nesse momento que ele declarou que a quebra de Wall Street em 2008 pode ter sido um tsunami para os Estados Unidos, mas no Brasil ela estava mais para "marolinha". A frase foi tratada pela imprensa como prova de ignorância econômica, imprudência e irresponsabilidade.

Ocorre que Lula se mostrou tão certeiro quanto as suas palavras. Medidas anticíclicas foram prontamente adotadas e se mostraram eficazes. Apesar da queda na arrecadação de impostos, o governo aumentou as transferências de renda; as reservas compulsórias dos bancos foram reduzidas; o investimento público subiu e o consumo das famílias foi estimulado. As práticas bancárias locais também ajudaram na superação da crise[14]. Controles rígidos, que mantiveram os

---

em 2006 foram aquele que mais o apoiou; a segurança oferecida durante seu mandato foi, sem dúvida, crucial para essa mudança.
[14] Ver Nelson Barbosa e José Antônio Pereira de Souza, "A inflexão do governo Lula", cit., p. 84-95.

multiplicadores da base monetária bem abaixo dos níveis dos Estados Unidos, e uma maior transparência deixaram os bancos brasileiros em melhor forma que os norte-americanos, protegendo o país dos piores efeitos da debacle financeira. Mas, em essência, foi a política de Estado vigorosa e orquestrada que manteve a economia saudável. O otimismo de Lula se mostrou funcional: orientados a não ter medo, os brasileiros saíram às ruas e consumiram, e a demanda foi sustentada. No segundo trimestre de 2009, o capital estrangeiro estava fluindo de volta para o país e, ao fim do ano, a crise cessou. Com o segundo mandato de Lula se aproximando do fim, a economia apontava para um crescimento de mais de 7%, e a própria natureza parecia favorável a seu governo, dada a descoberta de enormes jazidas de petróleo no litoral entre os estados do Espírito Santo e de Santa Catarina.

A essa sucessão de bons augúrios internos vieram se associar elogios e reconhecimento estrangeiro ao Brasil. A posição internacional do país raramente, talvez nunca, correspondeu a seu tamanho ou importância em potencial. Fernando Henrique tinha se associado aos Clinton e aos Blair do Norte, mas tais companhias apenas lhe diminuíram a estatura, transformando-o num porta-voz de menor calibre para as bobagens da terceira via. Diplomaticamente, a diretriz de seu governo foi a fidelidade aos Estados Unidos. Desde o início, Lula tomou outro rumo. Sem confrontar Washington, deu prioridade à integração regional, promovendo o Mercosul e se recusando a ignorar Cuba e Venezuela. O mais notável integrante do ministério de Lula, o titular da pasta das Relações Exteriores, Celso Amorim, logo passou a liderar uma frente de países em desenvolvimento para impedir as tentativas euro-americanas de impor novos acordos de "livre-comércio" – livre para Estados Unidos e União Europeia – por meio da Organização Mundial do Comércio (OMC) em Cancún. Como ele educadamente se expressou: "Cancún será lembrada como a conferência que assinalou o surgimento de um sistema de comércio multilateral menos autocrático"[15]. Se Washington e Bruxelas ainda não conseguiram, oito anos depois, impor sua vontade sobre o mundo menos desenvolvido na natimorta Rodada de Doha, o crédito se deve, antes de tudo, ao Brasil.

Em seu segundo mandato, Lula avançaria ainda mais na tarefa de colocar o país no cenário mundial. A essa altura, ele já era um estadista cortejado em todas as regiões do mundo, e que não precisava se submeter, pelo menos exteriormente, às opiniões da "comunidade internacional". Em parte, essa mudança

---

[15] "The Real Cancún", *Wall Street Journal*, 25 set. 2003.

se devia à importância crescente do Brasil como potência econômica[16]. Mas também era reflexo do prestígio de Lula como o governante mais popular – em ambos os sentidos do termo, político e social – de sua época. A consagração da nova posição conquistada pelo país se deu com a realização da primeira cúpula dos Brics em 2009, reunindo os chefes de Estado das quatro potências – Brasil, Rússia, Índia e China – na antiga Sverdlovsk, com uma proposta de moeda de reserva global. No ano seguinte, Lula recebeu a cúpula dos Brics no Brasil. Na teoria, as quatro maiores potências fora do império euro-americano pareceriam representar, senão uma alternativa a ele, ao menos uma baliza a sua área de atuação. No entanto, é notável que, embora não seja uma grande potência militar, ao contrário dos demais, o Brasil é até agora o único dos quatro a ter desafiado a vontade dos Estados Unidos sobre assuntos de importância estratégica – Lula não apenas reconheceu a Palestina como Estado, como se recusou a integrar o bloqueio ao Irã, chegando a convidar Ahmadinejad a visitar Brasília. Para o Brasil, fazer isso foi praticamente uma declaração de independência diplomática. Washington se enfureceu, e a imprensa local ficou transtornada com essa quebra de solidariedade atlântica. Quanto aos eleitores, poucos se importaram. Sob Lula, o país emergiu como potência global. Ao fim do governo, sua impressionante popularidade era um reflexo não apenas das melhorias de ordem material, mas também do orgulho coletivo em relação à nação.

Se esse é o relato patente desse governo, como ele deve vir a ser interpretado historicamente? Há três pontos de vista contrastantes no Brasil. Para Fernando Henrique e seus seguidores, ainda dominantes na intelligentsia e na mídia, Lula encarna as tradições mais retrógradas do continente, sendo seu governo apenas uma variante do populismo demagógico de um líder carismático, que despreza tanto a democracia quanto a civilidade, comprando as massas com caridade e bajulação. No Brasil, esse foi o legado desastroso de Vargas, ditador que voltou ao poder por voto popular como "pai dos pobres" e cometeu um suicídio melodramático quando a face criminosa de seu regime foi exposta. Na Argentina, o reinado de Perón tinha sido ainda mais desastroso e corrupto. Igualmente manipulador e autoritário, embora numa escala mais mesquinha, o lulismo

---

[16] Em 2008, o Brasil – tradicionalmente assolado por dívidas – se tornou pela primeira vez credor internacional, e em 2009 suas reservas em moeda estrangeira chegaram a 250 bilhões de dólares, boa parte em títulos do governo dos Estados Unidos, o que colocava o país na posição de quarto maior credor desse país. Ver Riordan Roett, *The New Brazil* (Washington, Brookings Institution Press, 2011), p. 116; Larry Rohter, *Brazil on the Rise: the Story of a Country Transformed* (Nova York, Palgrave Macmillan, 2010), p. 139.

é – no veredito de Fernando Henrique – "uma espécie de subperonismo"[17]. O elemento de rancor partidário nessa descrição não é nenhum mistério; ter sido tão ofuscado na estima popular por Lula foi um duro golpe para seu antecessor. Contudo, exposta de maneira mais moderada, a analogia básica não é tão incomum assim e pode ser ouvida tanto dos que respeitam a memória de Vargas quanto daqueles que o detestam.

Historicamente, no entanto, as comparações com Vargas – para não falar de Perón – erram o alvo. As diferenças nas formas de governar entre eles e Lula são fundamentais. Não que os grandes nomes do populismo no Brasil e na Argentina fossem tão parecidos assim. A retórica de Vargas era paternalista e sentimental, a de Perón, exaltada e agressiva, e a relação de cada um com as massas era bem distinta. Vargas construiu seu poder incorporando ao sistema político trabalhadores recém-urbanizados como beneficiários passivos de seus cuidados, com uma legislação trabalhista protecionista e uma sindicalização emasculada de cima para baixo. Perón os galvanizou como combatentes ativos contra o poder oligárquico, com uma mobilização das energias do proletariado em uma militância sindical que sobreviveu a ele. Um apelou às imagens lacrimosas do "povo", o outro conclamou a ira de *los descamisados* – os *sans-culottes* locais (sem camisas, em vez de calças).

O estilo de governo de Lula não tinha nada a ver com isso. Sua ascensão ao poder teve por base um movimento sindical e um partido político muito mais modernos e democráticos do que qualquer coisa jamais imaginada por Vargas ou Perón. Porém, à época em que ele ganhou a Presidência, na quarta tentativa, o PT tinha sido reduzido em grande parte a uma máquina eleitoral. Uma vez no poder, Lula não mobilizou nem mesmo incorporou o eleitorado que o aclamara. Nenhuma conformação estrutural nova modelou as forças populares. A marca de seu governo foi, pelo contrário, a desmobilização. Os sindicatos organizavam mais de 30% da força de trabalho formal na década de 1980, quando Lula fez seu nome como o mais talentoso dos líderes sindicais. Hoje, eles representam 17%. O declínio precedeu o período de Lula no cargo, mas não foi alterado por ele. Até mesmo a contribuição sindical, que remonta à legislação de cunho fascista do Estado Novo, cuja dedução e distribuição de cotas por parte do Estado foi vista pelo PT durante muito tempo, e com razão, como mecanismo para destruir os alicerces do ativismo sindical – e cuja abolição foi uma das principais exigências do início dos anos 1980 –, se manteve

---

[17] Ver Fernando Henrique Cardoso, "Para onde vamos?", *O Estado de S. Paulo*, 1º nov. 2009.

intocada. Por outro lado, tampouco as formas de clientelismo características do populismo clássico foram reproduzidas. O Bolsa Família é administrado de forma impessoal, livre dos sistemas capilares do clientelismo. O paradigma de governo é bastante distinto.

A segunda interpretação sobre como os anos Lula passarão para a história aponta para um paralelo diferente. O cientista político André Singer, porta-voz de Lula no primeiro mandato, mas uma mente independente e original, propôs uma análise notável do lulismo baseada na psicologia dos pobres brasileiros[18]. Eles formam, argumenta Singer, um subproletariado que compreende quase metade (48%) da população, movido por duas emoções principais: a esperança de que o Estado possa mitigar a desigualdade e o medo de que os movimentos sociais gerem desordem. Na leitura de Singer, a *instabilidade* é um fantasma apavorante para os pobres, seja qual for a forma que assuma – luta armada, inflação dos preços ou greves operárias. Enquanto a esquerda não foi capaz de compreender isso, a direita conseguiu capturar seus votos para o conservadorismo. Em 1989, Lula conquistou todos os demais segmentos do eleitorado, mas Collor, brandindo o perigo da anarquia, arrebatou os pobres e obteve uma vitória confortável. Em 1994 e 1998, o controle da inflação levado a cabo por Fernando Henrique garantiu-lhe margem ainda maior de voto popular. Em 2002, Lula finalmente entendeu que não eram apenas empreiteiros e banqueiros que precisavam de garantias de que ele não faria nada excessivamente radical no poder, mas – e de modo ainda mais crucial – camelôs e moradores das favelas. Foi somente em 2006, no entanto, que se consolidou uma completa reversão de alianças: a classe média o abandonou, enquanto o subproletariado votou nele em massa, como nunca antes. Quando concorreu pela primeira vez ao cargo, em 1989, Lula conquistou 51,7% do eleitorado na próspera região Sul do país e 44,3% no Nordeste faminto; em 2006, ele perdeu no Sul com 46,5% e arrebatou o Nordeste com 77,1% dos votos[19].

A ortodoxia econômica do primeiro mandato de Lula e a cautela menor, mas contínua, de seu segundo mandato eram, portanto, mais que simples

---

[18] Ver André Singer, "Raízes sociais e ideológicas do lulismo", *Novos Estudos*, v. 28, n. 3, nov. 2009, p. 83-102.

[19] Para a apuração regional dos votos, ver Wendy Hunter, *The Transformation of the Workers' Party in Brazil, 1989-2009* (Cambridge, Cambridge University Press, 2010), p. 170. Historicamente, como apontou Victor Nunes Leal já em 1949 em seu célebre estudo *Coronelismo, enxada e voto* (4. ed., São Paulo, Companhia das Letras, 2012), todos os governos, uma vez no poder, tenderam a aumentar seus votos no Nordeste. Mas a escala do triunfo de Lula nessa região, repetida por Dilma em 2010, ultrapassa em muito esse efeito tradicional.

concessões ao capital. Elas respondiam às necessidades daquela parcela de pobres que, por não contar com emprego formal, não pode se defender da inflação e repudia as greves ainda mais que os ricos, como uma ameaça à vida cotidiana. Assim, vindo depois de Fernando Henrique, Lula cortou a inflação ainda mais, enquanto também estimulava o consumo popular, tornando-se o pioneiro de uma "nova via ideológica" com um projeto que unia a estabilidade de preços à expansão do mercado interno. Desse modo, sugere Singer, ele demonstrou sensibilidade tanto ao temperamento das massas quanto à cultura política do país, ambas marcadas, cada uma à própria maneira, pela duradoura tradição brasileira de recusa ao conflito.

Também Vargas, até que se visse finalmente sitiado, tinha incorporado essa característica. Lula pode, portanto, ser de fato considerado um herdeiro de Vargas em certos aspectos – sua capacidade de lidar com as preocupações de capital e trabalho, de explorar as circunstâncias externas favoráveis em prol do desenvolvimento interno, de afirmar os interesses nacionais e, acima de tudo, de se conectar com as massas até então desarticuladas –, oferecendo uma potente mistura de autoridade e proteção que o "pai dos pobres" havia conseguido outrora. Contudo, suas raízes populares, de imigrante pobre do Nordeste, e seu inegável compromisso democrático, conferiram-lhe legitimidade e credibilidade muito maiores enquanto defensor do povo, algo que um fazendeiro rico do Sul, que deixara a miséria das massas rurais essencialmente intocada, jamais poderia conseguir. Lula nunca se enxergou como descendente de Vargas. O presidente com quem ele se identificava era Kubitschek, o construtor de Brasília, outro otimista que nunca fizera inimigos deliberadamente.

Para Singer, no entanto, cabe a comparação de Lula com um governante muito mais famoso, na verdade. Lula teria se tornado o Roosevelt brasileiro? O golpe de gênio de Franklin Delano Roosevelt foi transformar o cenário político com um pacote de reformas que acabou por elevar milhões de trabalhadores em dificuldades e funcionários em apuros, além daqueles que perderam o emprego em função da crise, à condição de ocupantes da classe média norte-americana do pós-guerra. Qualquer partido capaz de pôr em marcha uma mobilidade social ascendente em tal escala dominaria a cena por longo tempo, assim como os democratas fizeram enquanto o New Deal esteve em vigor, embora, com o passar do tempo, a oposição viesse a se ajustar à mudança e voltasse a competir no mesmo plano, como Eisenhower fez em 1952. Promovendo mudanças comparáveis, as vitórias de Lula em 2002 e 2006 podem ser mapeadas com uma semelhança extraordinária às vitórias de Roosevelt em 1932 e 1936: primeiro, em grande maioria, depois em avalanche, as classes populares se voltaram para o presidente, enquanto a elite se posicionou contra ele. A partir dessa perspectiva, seria possível prever, então, um ciclo político brasileiro igualmente longo, fundamentado na mesma dinâmica de ascensão social[20].

As comparações especulares com Roosevelt não são novidade no Brasil. Fernando Henrique também gostava de comparar seu projeto com o da grande coalizão democrata arregimentada no Norte. Lula pode ter se aproximado mais disso, mas os contrastes entre o New Deal e sua administração, ainda assim, são evidentes. As reformas sociais de Roosevelt foram implementadas sob pressão de baixo para cima, em uma onda explosiva de greves e sindicalização. A mão de obra organizada se tornou uma força formidável de 1934 em diante, algo que ele precisava controlar na mesma medida em que a cortejava. Nenhuma militância parecida sustentou nem desafiou Lula – as tentativas dos sem-terra nesse sentido foram muito frágeis, e o MST foi facilmente marginalizado por ele. Por outro lado, enquanto Roosevelt enfrentou uma recessão profunda, que o New Deal nunca superou de fato, e foi salvo do fracasso apenas pelo início da Segunda Guerra Mundial, Lula se beneficiou do *boom* das *commodities*, numa época de prosperidade crescente. Diferindo em sorte, eles diferem também completamente em estilo: o patrício que se regozijou com o ódio de seus inimigos e o trabalhador braçal dificilmente poderiam formar contraste mais acentuado. Embora o resultado final de seus governos tenha sido o mesmo, parece quase não haver relação imediata entre suas causas e seus efeitos.

Contudo, em pelo menos um aspecto se poderia encontrar uma semelhança maior. A força da animosidade contra Roosevelt em círculos conservadores, crescente até a deflagração da Segunda Guerra Mundial, ultrapassava em muito o impacto das políticas reais de sua administração. Muito da mesma anomalia se repetiu no Brasil, onde a aversão de Lula ao conflito não encontrava reciprocidade. Quem tirava suas impressões a respeito do governo Lula da imprensa econômica internacional teria um choque ao se deparar com o tratamento dado a ele na mídia brasileira. Praticamente desde o início, *The Economist* e *Financial Times* ronronaram satisfeitos com as políticas pró-mercado e a concepção construtiva da Presidência de Lula, frequentemente contrastada com a demagogia e a irresponsabilidade do regime de Chávez na Venezuela: nenhum elogio era demasiado para o estadista que colocara o Brasil no curso inabalável

---

[20] Para essa análise, ver André Singer, "A história e seus ardis – o lulismo posto à prova em 2010", *Folha de S.Paulo*, 19 set. 2010; e "O lulismo e seu futuro", *piauí*, n. 49, out. 2010, p. 62-6.

da estabilidade e da prosperidade capitalistas. O leitor da *Folha* ou do *Estadão*, para não falar da revista *Veja*, vivia em um mundo diferente. Em geral, em suas colunas, lia-se que o Brasil estava sendo mal governado por um grosseiro aspirante a caudilho, sem a menor compreensão de princípios econômicos ou respeito pelas liberdades civis, uma ameaça permanente tanto à democracia quanto à propriedade privada.

A dose de veneno dirigida a Lula tinha pouca ou nenhuma relação com qualquer coisa que ele estivesse de fato fazendo. Por trás disso, havia outras queixas, mais profundas. Para a mídia, a popularidade de Lula significava perda de poder. Tradicionalmente, desde o fim do governo militar, eram os donos da imprensa e da televisão que, na prática, selecionavam os candidatos e determinavam o resultado das eleições. Se o caso mais célebre foi o apoio dado a Collor pelo império Globo, a coroação de Fernando Henrique pela imprensa, antes mesmo de ele ter lançado sua candidatura, não foi menos impressionante. O relacionamento direto de Lula com as massas rompeu esse ciclo, minando a capacidade dos veículos de comunicação de dar forma à cena política. Pela primeira vez, um governante não dependia dos proprietários da mídia, e por isso ele virou alvo de seu rancor. A ferocidade das campanhas que se seguiram contra Lula não se sustentaria, no entanto, sem um público receptivo. Esse público se encontrava nas classes médias tradicionais, sobretudo, mas não exclusivamente, nas grandes cidades, principalmente em São Paulo. A razão para a hostilidade direcionada a Lula por esse estrato social não era a perda de poder efetivo, algo que essa classe nunca teve, mas de *status*. Não apenas o presidente agora era um ex-operário sem instrução, cuja gramática surrada já era lendária, mas sob seu governo empregadas domésticas, porteiros e trabalhadores braçais – praticamente qualquer tipo de ralé – passaram a adquirir bens de consumo que eram até então privilégio dos instruídos – além de se comportarem de modo insolente no dia a dia. Para boa parte da classe média, tudo isso era profundamente irritante: a ascensão de sindicalistas e funcionários significava seu rebaixamento. O resultado tem sido um surto agudo de "demofobia", como o colunista Elio Gaspari, um crítico espirituoso dessa tendência, apelidou a reação[21]. A mistura de mal-estar e rebaixamento político entre os editores e proprietários dos meios de comunicação com o ressentimento social de seus leitores resultou quase sempre numa bizarra ladainha acrimoniosa de antilulismo, estranha a qualquer senso objetivo de interesse de classe.

---

[21] Ver Elio Gaspari, "A demofobia ajuda Lula, como ajudou Vargas", *O Globo*, 26 set. 2006.

Pois, em vez de ter gerado qualquer dano às classes proprietárias (ou aos que detinham *status*), esse foi um governo que as beneficiou bastante. Nunca o capital prosperou tanto como no governo Lula. Basta mencionar o mercado de ações. Entre 2002 e 2010, a Bovespa superou todas as outras bolsas de valores do mundo, subindo vertiginosos 523%[22]; ela agora representa o terceiro maior complexo de mercado de futuros, *commodities* e títulos do mundo. Esses gigantescos lucros especulativos foram revertidos para uma burguesia moderna, habituada a jogar com o preço das ações. Para o setor mais numeroso e avesso ao risco da classe média, as altíssimas taxas de juros geraram rendimentos mais que satisfatórios em aplicações bancárias. Se é verdade que os gastos com transferência de renda dobraram desde a década de 1980, os dispêndios com a dívida pública triplicaram. Gastos anuais com o Bolsa Família representam apenas 0,5% do PIB. Rendimentos oriundos da dívida pública alcançam a exorbitante cifra dos 6-7%[23]. A receita fiscal no Brasil é superior à da maioria dos outros países em desenvolvimento, na faixa dos 34% do PIB, principalmente por causa dos compromissos sociais instituídos com a Constituição de 1988, no ponto mais alto da democratização do país, quando o PT era ainda uma força radical em crescimento. Ainda assim, os impostos continuaram assombrosamente regressivos. Aqueles que vivem com menos de dois salários mínimos perdem metade de sua renda para o Tesouro, enquanto aqueles com mais de trinta perdem um quarto[24]. No campo, o desmatamento de vastas áreas para o estabelecimento do agronegócio moderno continuou em ritmo acelerado sob o governo Lula e deixou a concentração latifundiária ainda maior do que meio século antes[25]. O mercado imobiliário urbano seguiu na mesma direção.

Os relatórios oficiais, apoiados em várias análises estatísticas e endossados por agências benevolentes e jornalistas estrangeiros, registram não apenas uma

---

[22] Ver "Uma era de ouro para a Bolsa", *O Globo*, 4 out. 2010; e "The New Brazil", suplemento do *Financial Times*, 29 jun. 2010, p. 30.

[23] Marcio Pochman e Guilherme Dias, "A sociedade pela qual se luta", em Emir Sader e Marco Aurélio Garcia (orgs.), *Brasil*, cit., p. 116-7.

[24] *The Economist*, 14 abr. 2007.

[25] O agronegócio é atualmente responsável por mais de 34% do PIB. Cerca de 1,6 milhão de latifundiários, donos de grandes áreas aráveis, são responsáveis por 76% da produção. Cerca de 2,5 milhões de pequenos proprietários, por sua vez, são responsáveis por meros 7%. Até mesmo as versões mais otimistas admitem que "a ocupação do cerrado não foi um processo pacífico; foi violento e injusto, com grandes prejuízos às populações nativas e imigrantes nordestinos". Ver Geraldo Barros, "The Challenges in Becoming an Agricultural Superpower", em Lael Brainard e Leonardo Martinez-Diaz (orgs.), *Brazil as an Economic Superpower?*, cit., p. 85.

enorme redução da pobreza no Brasil nesses anos – sobre a qual não resta absolutamente nenhuma dúvida –, mas uma diminuição significativa da desigualdade, com o índice Gini caindo de astronômicos 0,58 no início do mandato de Lula para meros 0,538 no fim[26]. Segundo tais estimativas, da virada de 2005 em diante, os rendimentos dos 10% mais pobres da população parecem ter crescido quase seis vezes mais que a taxa para os 10% mais ricos. E o melhor de tudo: cerca de 25 milhões de pessoas passaram à categoria da nova classe média brasileira, daí em diante representando a maioria da nação[27]. Para muitos analistas, nacionais e estrangeiros, essa foi a transformação mais promissora do governo Lula. É a *pièce de résistance* ideológica de relatos elogiosos dos propagandistas entusiastas, como Michael Reid, editor da seção de América Latina da revista *The Economist*, ansioso para apresentar a nova classe média no Brasil como o farol de uma democracia capitalista estável, em meio a uma "batalha pela alma" de um "continente esquecido" contra agitadores perigosos e extremistas[28]. Boa parte dessa aclamação se baseia em um artifício estatístico, segundo o qual qualquer pessoa com uma renda entre 300 e mil reais por mês – miséria sob outros critérios – é classificada como pertencendo à "classe média", enquanto, de acordo com o mesmo esquema, a classe mais alta – a superelite da sociedade brasileira, abrangendo apenas 1% da população – tem quase o dobro da média da renda mundial[29]. Marcio Pochmann, diretor do principal instituto de pesquisa de economia aplicada do Brasil, observou de modo incisivo que uma descrição mais precisa da tão incensada nova classe média seria apenas uma classe de "trabalhadores pobres"[30].

De modo geral, a crença de que a desigualdade no Brasil tem diminuído significativamente só pode ser recebida com ceticismo, já que não apenas se baseia em dados de renda nominal que – de acordo com as regras estatísticas

---

[26] "Primeiras análises: distribuição de renda entre 1995 e 2009", *Comunicados do Ipea*, n. 63, 5 out. 2010, p. 4.

[27] Ver Marcelo Neri, "Income Policies, Income Distribution, and the Distribution of Opportunities in Brazil", em Lael Brainard e Leonardo Martinez-Diaz (orgs.), *Brazil as an Economic Superpower?*, cit., p. 232; e "Primeiras análises", *Comunicados do Ipea*, cit., p. 16.

[28] Ver Michael Reid, *Forgotten Continent: the Battle for Latin America's Soul* (Londres e New Haven, Yale University Press, 2007). Para uma crítica incisiva, ver Tony Wood, "Latin America Tamed?", *New Left Review*, n. 58, jul.-ago. 2009, p. 135-48.

[29] Agradeço a Leda Paulani pela discussão sobre o caráter de "Alice no País das Maravilhas" de tais classificações.

[30] Ver Marcio Pochmann, *O mito da grande classe média: capitalismo e estrutura social* (São Paulo, Boitempo, 2014), p. 49.

de praxe – excluem os que estão na parte superior da curva, ou seja, os super-ricos, como, de modo ainda mais fundamental, ignoram a supervalorização e o ocultamento de ganhos financeiros no estrato mais alto da sociedade. Como o próprio prestigiado estudo *Declining Inequality in Latin America* observa, a propósito de pesquisas em domicílio, "os rendimentos vinculados à propriedade são flagrantemente subestimados": "se os altos rendimentos ignorados pelas pesquisas experimentarem um aumento relativo grande o suficiente, então a verdadeira dinâmica da desigualdade total pode exibir uma tendência ao crescimento, mesmo quando as estimativas baseadas em pesquisas domiciliares mostrarem resultado oposto"[31]. Assim, estima-se que, no Brasil, entre 10 mil e 15 mil famílias recebam a maior parte dos 220 bilhões de reais de pagamentos anuais da dívida pública (o custo do Bolsa Família é de 11 bilhões a 17 bilhões de reais), enquanto executivos em São Paulo ganham mais do que ganhariam em Nova York, Londres ou Hong Kong, e o número de milionários se multiplicou como nunca na última década[32]. A explosão do mercado de ações por si só deveria servir de alerta contra qualquer ingenuidade nesse terreno. Os ricos sabem muito bem que não faltou manteiga no seu pão. Ao contrário dos "monarquistas econômicos" atacados por Roosevelt, que detestavam o New Deal, a maior parte dos financistas e empresários brasileiros tem apoiado calorosamente o governo Lula. O capital não só tem sido mais lúcido sobre ele que a verdadeira classe média, como se sente mais confortável com ele do que com qualquer um dos governos anteriores. O que não deixa de ser lógico, uma vez que seus lucros nunca foram tão altos.

Para uma terceira interpretação do lulismo, precisamente isso deve estar no cerne de uma análise realista de seu sistema de governo. Em uma série de artigos iconoclastas, o sociólogo Chico de Oliveira desenvolveu uma visão em praticamente todos os pontos antitética à de André Singer, com quem mantém uma relação amigável, apesar de suas diferenças políticas – um dos fundadores históricos do PT, Chico de Oliveira abandonou o partido, descontente, logo depois que Singer ingressou no governo. Oliveira não contesta a caracterização

---

[31] Luis López-Calva e Nora Lustig (orgs.), *Declining Inequality in Latin America: A Decade of Progress?* (Washington, Brookings Institution Press, 2010), p. 16 e 85. A respeito desse padrão, Ricardo Barros, Mirela de Carvalho, Samuel Franco e Rosane Mendonça afirmam: "Os *surveys* com foco no Brasil não são exceção". Ver "Markets, the State and the Dynamics of Inequality in Brazil", em *Declining Inequality in Latin America*, cit., p. 134.

[32] Para a comparação de salários de altos executivos – executivos-chefes e diretores – nessas cidades, ver "Top Whack – Executive Pay in Brazil", *The Economist*, 29 jan. 2011.

feita por seu colega da psicologia dos pobres nem as melhorias em sua qualidade de vida levadas a cabo por Lula. O subproletariado é como Singer o descreve: sem ressentimento em relação aos ricos, satisfeito com o crescimento modesto e gradual de seu padrão de vida. Todavia, sua análise estreita o foco em demasia na relação entre Lula e a massa de seu eleitorado. Faltam dois parâmetros fundamentais para a compreensão do lulismo. O primeiro é o momento na história mundial do capital em que ele chegou ao poder[33]. A globalização eliminou a possibilidade de um projeto inclusivo de desenvolvimento nacional, do tipo buscado há tempos pelo Brasil. A terceira revolução industrial, baseada em avanços moleculares e digitais que apagam as fronteiras entre ciência e tecnologia, exige investimentos em pesquisa e impõe patentes que não permitem transferências imediatas de seus resultados para a periferia do sistema – e menos ainda em um país como o Brasil, onde a taxa de investimento, mesmo no auge do desenvolvimentismo de Kubitschek, na década de 1950, nunca superou meros 22% do PIB, e os investimentos em pesquisa e desenvolvimento permanecem ainda hoje irrisórios.

Assim, em vez de um maior avanço industrial, as consequências para o Brasil da mais recente onda da revolução tecnológica têm sido a transferência do local privilegiado de acumulação na economia – das fábricas para as transações financeiras e a extração de recursos naturais, com um crescimento muito rápido do setor bancário, onde os lucros são maiores, e dos setores da mineração e do agronegócio para a exportação. A primeira mudança é uma involução, retirando investimentos da produção; a última, uma regressão, levando o Brasil de volta ao passado, aos ciclos de dependência de produtos primários para o crescimento. Todavia, para chegar a um acordo com o capital, foi à dinâmica desses setores que o governo Lula teve de se ajustar. Então, eis aqui o segundo parâmetro. O resultado desse quadro seria a transformação das estruturas a partir das quais o lulismo surgiu: o partido e os sindicatos, que, depois de 2002, se transformaram no aparato de poder em que ele se apoiava. A liderança da Central Única dos Trabalhadores (CUT), a principal organização sindical do Brasil, foi encarregada de gerir o maior fundo de pensão do país. Os quadros do PT colonizaram a administração federal, uma vez que o presidente no Brasil detém o direito de nomeação de mais de 20 mil empregos muito bem pagos, muito mais do que qualquer forma de empreguismo jamais permitiu a algum líder do Executivo

---

[33] Ver Francisco de Oliveira, "O ornitorrinco", em *Crítica à razão dualista/O ornitorrinco* (São Paulo, Boitempo, 2003).

nos Estados Unidos. Assim, completamente desconectado da classe trabalhadora, esse estrato de dirigentes e militantes foi sugado para dentro do vórtice da financeirização, que engole o mercado e a burocracia sem fazer distinção. Sindicalistas se tornaram os administradores de algumas das maiores concentrações de capital do país, em um cenário de lutas ferozes pelo controle ou expansão entre predadores concorrentes. Militantes se transformaram em funcionários, desfrutando, ou abusando, das vantagens que os cargos lhes oferecem.

À medida que uma nova lógica de acumulação se interligava com uma nova incrustação de poder, uma camada social híbrida se formou – Oliveira fez uma comparação famosa entre essa camada e um ornitorrinco, uma anomalia do reino animal –, cujo hábitat natural seria a corrupção. A base eleitoral de Lula viria a se sedimentar entre os pobres não organizados da economia informal, e ele não poderia ser censurado por isso nem pelo neopopulismo de seu relacionamento com eles, inevitável também para Chávez e Kirchner. Mas entre o líder e as massas encontrava-se um mecanismo de governo que havia se deformado. Faltava à análise de Singer a percepção desse lado obscuro do lulismo. O que ele conquistou foi uma espécie de hegemonia às avessas[34]; se para Gramsci o conceito de hegemonia em uma ordem social capitalista descrevia a ascendência moral dos ricos sobre as classes trabalhadoras, de modo a garantir o consentimento dos dominados à própria dominação, no lulismo os dominados inverteram a fórmula, obtendo o consentimento dos dominadores para liderar a sociedade e ratificando, ao mesmo tempo, as estruturas de sua própria exploração. A analogia mais apropriada não seriam os Estados Unidos do New Deal, mas a África do Sul de Mandela e Mbeki, onde as iniquidades do *apartheid* foram derrubadas, e os donos da sociedade eram negros, mas o domínio do capital e suas misérias continuaram tão implacáveis quanto antes. O destino dos pobres no Brasil havia sido uma espécie de *apartheid*, e Lula deu um fim a isso. Ainda assim, o progresso equitativo ou inclusivo continuaria fora de alcance.

Para muitos, mesmo gente próxima a Chico de Oliveira do ponto de vista político e ideológico, a imagem é exagerada, como se o lado obscuro do lulismo, em si mesmo difícil de ser negado, tivesse se tornado na representação do sociólogo um eclipse total. Como essa análise foi recebida pelo PT? Praticamente

---

[34] Para o desenvolvimento da análise de Oliveira, ver "Hegemonia às avessas", *piauí*, n. 4, jan. 2007, e "O avesso do avesso", *piauí*, n. 37, out. 2009; ambos os textos foram republicados em Francisco de Oliveira, Ruy Braga e Cibele Rizek (orgs.), *Hegemonia às avessas* (São Paulo, Boitempo, 2010), p. 21-7 e 369-76. Em inglês, ver Francisco de Oliveira, "Lula in the Labyrinth", *New Left Review*, n. 42, nov.-dez. 2006, p. 5-22.

sem nenhuma resposta. Em parte, como se diz com frequência, Oliveira é tão querido e respeitado pessoalmente que ninguém – salvo Delúbio e Dirceu, que o processaram por difamação antes de serem indiciados – quer entrar em disputas com ele. Uma cordialidade bem brasileira. Mas então o que dizer da análise muito mais favorável de Singer? Ela também não suscitou praticamente nenhuma reação. Transmutado em uma máquina de votos, o PT manteve a maioria de seus militantes e aumentou sua já gigantesca quantidade de filiados – o partido afirma ter em torno de 1,3 milhão de membros, dos quais 500 mil votaram em sua última eleição interna. Ao longo do tempo, sua composição social mudou com seu eleitorado, que se transferiu, senão no mesmo ritmo (o partido obteve apenas 17% dos votos, seu índice mais elevado, para a Câmara dos Deputados em 2010), na mesma direção da popularidade de Lula, cujo apoio minguou na classe média e se elevou entre os pobres[35]. Nesse processo, porém, o PT acabou perdendo a ala intelectual e se encontra, em linhas gerais, vazio de ideias. Quando o partido surgiu, na virada da década de 1980, a intelligentsia brasileira era um fermento vital nos movimentos de massa contra a ditadura e desempenhou um papel crucial na vida política que se seguiu à saída dos militares. Uma década depois, quando Fernando Henrique assumiu a Presidência, os intelectuais se dividiram em dois campos radicalmente opostos: aqueles que apoiaram seu governo e aqueles que se opuseram a ele. O PT era o partido dos oponentes e desfrutava o talento de uma ampla gama dos intelectuais mais importantes do país. Passados dez anos, com Lula no poder, a desilusão havia se estabelecido. *Faute de mieux*, a maioria de suas antigas estrelas ainda vota no PT, com o objetivo de manter a direita longe do poder, mas o engajamento acabou. E, ao que tudo indica, o partido também pouco se importa.

---

[35] Em 1996, 30% dos simpatizantes do PT tinham uma renda de mais de dez salários mínimos, enquanto outros 40% tinham uma renda de menos de dois salários mínimos. Em 2010, o primeiro grupo respondia por 4% do total de simpatizantes, e o segundo, por 85%. Ver André Singer, "A segunda alma do Partido dos Trabalhadores", *Novos Estudos*, v. 29, n. 3, nov. 2010, p. 95. Para Singer, dado "o paradoxo de que, no Brasil, o proletariado é de classe média, pela simples razão de que sob ele existe uma vasta parcela da população aquém da possibilidade de participação na luta de classes", o PT é agora o "partido dos pobres", ibidem, p. 100. Para a evolução do PT como organização política, ver David Samuels, "From Socialism to Social Democracy: Party Organization and the Transformation of the Workers' Party in Brazil", *Comparative Politics*, nov. 2004, p. 999-1.024. Samuels chama atenção tanto para a mudança de natureza de sua base nos sindicatos, hoje muito menos industrial e mais ligada ao funcionalismo público que nos anos 1980, quanto para a persistência de sua estrutura interna relativamente democrática.

Mas será que isso teria, de fato, alguma relevância? Na década de 1960, a cultura brasileira reluzia – não apenas antes do regime militar, mas também sob a ditadura: o futebol ainda não tinha sido expatriado, havia a bossa nova, o teatro experimental, o cinema novo, um marxismo local capaz de rivalizar com qualquer outro na Europa, filosofia, sociologia, literatura, *Kulturkritik*. No entanto, quando o país emergiu da ditadura, as duas forças que tinham transformado o cenário cultural do mundo rico, ao Norte, estavam remodelando também o do Brasil: de um lado, a academia moderna, com burocratização das carreiras e especialização das áreas; de outro, a moda moderna e a indústria do entretenimento, mercantilizando tudo o que encontrasse pela frente. Profissionalização, comercialização: nenhuma cultura escapou de seu jugo. Com elas, inevitavelmente, vem a despolitização. Mas a extensão dessa despolitização varia de forma bastante considerável de uma sociedade para outra. Comparado ao Brasil de cinquenta ou trinta anos atrás, o declínio da energia política na vida cultural do país é palpável. Comparada à Europa, a gramática do imaginário continua vividamente política.

Em parte, isso se deve à simples continuidade de pessoas e ideias de uma época anterior, mesmo num contexto universitário mais monótono, ainda que mais eficiente, que o do passado. O decano da história literária brasileira, Antonio Candido, a pedra de toque moral e intelectual da esquerda, ainda é uma presença, aos 93 anos de idade. Na geração seguinte, Roberto Schwarz é o melhor crítico dialético do mundo desde Adorno; Chico Buarque, talvez único em sua versatilidade como autor de canções, peças de teatro e romances; Chico de Oliveira, a mente da sociologia mais original da América Latina; Emir Sader, raro pensador político radical de visão continental. Figuras mais jovens, como Singer e Pochmann, ainda são produtos da fase final da luta contra a ditadura. Nas artes, formas explosivas continuam a ser produzidas, ainda que agora muito mais suscetíveis à neutralização ou à degradação em entretenimento – por exemplo, o romance de Paulo Lins, *Cidade de Deus*, reduzido a uma experiência cinematográfica *pulp* por um especialista em propaganda televisiva; e José Padilha, despencando das verdades amargas retratadas no documentário *Ônibus 174* para filmes de ação comerciais. Mas a bocarra do mercado não é irresistível. A última granada literária, o romance escabroso *Pornopopeia*, de Reinaldo Moraes, que tem o mercado diretamente como alvo, pode ser de digestão mais difícil.

A mudança de época encontrou seu barômetro no que é hoje a melhor publicação periódica do país. A revista *piauí*, mensal, foi lançada em outubro de 2006, quando Lula seguia rumo a seu segundo mandato. Seu editor, Mario Sergio

Conti, originalmente da esquerda trotskista, dirigiu nos anos 1990 a revista *Veja*. Abandonando-a no fim da década, usou uma licença sabática para escrever um relato completo e de dentro sobre como a mídia brasileira primeiro impulsionou Collor à Presidência e depois o depôs – tendo o próprio Conti publicado na *Veja* o furo-chave que o derrubou. *Notícias do Planalto*[36], com sua força narrativa concentrada, um vasto panorama dos personagens de cima e de baixo, denso e detalhado, e de desenlace dramático à altura, pode ser lido como uma pesquisa documental de Balzac. Sem poupar ninguém – proprietários, comentaristas ou repórteres –, ele quebrou o tabu fundamental da imprensa: cão não come cão. Ocasionalmente, admitem-se queixas retrospectivas de jornalistas sobre os donos da mídia. Mas fazer uma galeria de exposição dos próprios jornalistas? A observação sarcástica do poema de Humbert Wolfe continua proibida[37]. Antes do lançamento do livro-reportagem, o magnata Roberto Civita, chefe do império midiático a que a *Veja* pertence e que desejava Conti de volta a seus estábulos, concordou com certa relutância em deixá-lo experimentar um periódico mais ambicioso intelectualmente, dirigido a um número reduzido de leitores, sem acreditar que isso lhe daria algum dinheiro. Os preparativos para o projeto foram iniciados, mas, quando Civita leu *Notícias do Planalto*, mandou cancelá-lo no mesmo instante.

Cinco anos mais tarde, Conti, então trabalhando como correspondente em Paris, conheceu por amigos em comum o herdeiro de uma das maiores fortunas bancárias do Brasil, João Moreira Salles, diretor de cinema de temperamento mais seletivo que seu irmão mais velho e mais conhecido, Walter, autor de sucessos medianos de bilheteria, como *Central do Brasil* e *Diários de motocicleta*. O retrato que João fizera dos bastidores da campanha de Lula em 2002, *Entreatos*, é uma obra-prima de ambiguidade, que pode ser lida tanto como tributo à vitalidade e à afabilidade do candidato quanto como um *trailer* perturbador da corrosão do poder que estava a caminho. Moreira Salles, que também pensava em lançar uma revista, tinha ouvido falar da ideia de Conti e, discutindo o assunto, não só concordou em financiá-lo como – num acordo incomum para o milionário proprietário de uma revista – também em trabalhar sob a direção de Conti. Ele insistiu apenas para que a revista fosse editada no Rio, a fim de contrabalançar a

---

[36] São Paulo, Companhia das Letras, 1999.
[37] *You cannot hope/ to bribe or twist,/ thank God! The/ British journalist./ But seeing what/ the man will do/ unbribed, there's/ no occasion to.* [Não espere conseguir/ subornar ou subverter/ graças a Deus! O/ jornalista britânico./ Mas ao ver o que/ o homem sem suborno/ pode fazer,/ nem será preciso tentar.] Humbert Wolfe, "Over the Fire", da obra *The Uncelestial City* (Londres, Victor Gollancz, 1930), p. 30.

centralização excessiva do meio intelectual em São Paulo que se seguiu à transferência da capital para o interior do país. A publicação que surgiu desse arranjo é tratada às vezes como uma espécie de *New Yorker* tropical. No entanto, embora certamente estilosa o bastante, ela difere da publicação norte-americana não só no projeto gráfico – a revista brasileira é impressa em papel fosco, em grande formato –, mas também no espírito, como o título indica. Piauí, um dos estados mais pobres do Nordeste, é sinônimo de um provincianismo atrasado, escolhido por ser a antítese irônica de Manhattan. Fazendo jus à falta de consciência sobre sua reputação, o governador do estado logo visitou a revista, acompanhado de uma comitiva substancial, e, numa cena tipicamente brasileira, agradeceu efusivamente os editores por terem conferido tão merecida distinção.

Sob o verniz de mundanismo que ainda afeta, o que a *New Yorker* oferece hoje é principalmente um conformismo sentencioso. A *piauí* é mais mordaz e indefinível. Basta comparar o retrato efusivo do presidente dos Estados Unidos oferecido pelo editor da primeira (*Introito*: "Isto é como tudo começou, a história que mudou a América..."; *Desfecho*: "Obama, que curvara a cabeça em prece, abriu um largo sorriso... E três vezes todos nós dissemos amém"[38]) com a cobertura letal da elite brasileira oferecida pela última. A *piauí* transformou o perfil factual, impassível, em uma arte muito mais prejudicial a seus alvos que a difamação jamais poderia ser. Cardoso, Dirceu e Serra estão entre suas vítimas, assim como o ministro da Justiça de Lula, Márcio Thomaz Bastos, e o vice-presidente de Dilma, Michel Temer[39]. No mesmo tom imperturbável, a revista escavou alguns dos episódios e nichos mais feios da vida pública: rixas financeiras, falcatruas no Congresso e disparates jurídicos.

Duas reportagens se destacam como gravuras tranquilas da equidade e da justiça brasileiras. Em uma obra de arte em miniatura, Moreira Salles detalhou o destino do caseiro que testemunhou Palocci entrar em seu bordel à beira do lago, em Brasília[40]. Com 24 anos de idade, vindo do Piauí e ganhando 370 reais

---

[38] Ver David Remnick, *The Bridge: the Life and Rise of Barack Obama* (Nova York, Vintage, 2010), p. 3 e p. 578.

[39] Para perfis de Cardoso, Dirceu, Thomaz Bastos e Serra, ver a coletânea de Humberto Werneck (org.), *Vultos da República: os melhores perfis políticos da revista piauí* (São Paulo, Companhia das Letras, 2010). Cardoso diz candidamente, a respeito de seu mandato: "O neoliberalismo venceu. Ao contrário do que pensam, contra a minha vontade" (ibidem, p. 13). Sobre Temer, ver Consuelo Dieguez, "A cara do PMDB", *piauí*, n. 45, jun. 2010.

[40] Ver João Moreira Salles, "O caseiro: Francenildo dos Santos Costa", *piauí*, n. 25, out. 2008, republicado em Humberto Werneck (org.), *Vultos da República*, cit., p. 69-118. Há um paralelo surpreendente com a história do motorista cujo testemunho selou o destino de Collor,

por mês, Francenildo dos Santos Costa teve seu sigilo bancário quebrado pelo presidente da Caixa Econômica Federal, um certo Jorge Mattoso, que acabara de sair de uma reunião no Palácio do Planalto em busca de evidências de que o testemunho do rapaz tinha sido comprado pela oposição. A violação do sigilo bancário é crime no Brasil. Uma hora depois, Mattoso entregou os extratos bancários do caseiro pessoalmente a Palocci, em sua residência, mostrando que 20 mil reais haviam sido depositados na conta de Francenildo. Palocci determinou à Polícia Federal que investigasse o caseiro por suspeita de suborno e falso testemunho. Quando se soube que o dinheiro havia sido depositado pelo pai do rapaz, o proprietário de uma empresa de ônibus que até então vinha se recusando a reconhecê-lo, a fim de afastar qualquer chance de um processo de investigação de paternidade, ele teve de ser liberado, e a polícia então indiciou criminalmente Palocci e Mattoso. Palocci foi obrigado a se demitir de seu cargo de ministro, mas o procurador-geral da República reduziu as acusações contra ele, e, quatro anos depois, o Supremo o absolveu por cinco votos a quatro. Hoje, esse sujeito desprezível se encontra novamente no poder, agora como chefe da Casa Civil da atual presidente. O rapaz que ele tentou incriminar nunca mais conseguiu emprego na cidade.

O que dizer do Supremo Tribunal Federal que absolveu Palocci? Daumier teria grande dificuldade em retratá-lo. Supostamente preocupado apenas com questões de natureza constitucional, o Supremo se ocupa – se é que podemos usar essa palavra – de cerca de 120 mil casos por ano, ou trinta por dia para cada membro da corte. Advogados negociam com os ministros privadamente e, ao receberem vereditos favoráveis, são conhecidos por – à vista de todos – se abraçarem e providenciarem jantares suntuosos para os magistrados responsáveis por esses vereditos. Dos onze membros atuais do Tribunal, oito deles nomeados por Lula, dois foram condenados por crimes em tribunais comuns. Um deles, nomeado por Collor, seu primo, entrou para a história jurídica ao garantir imunidade a um acusado antes de seu julgamento, mas foi salvo da expulsão por seus pares para "preservar a honra da corte". Outro, amigo de Fernando Henrique, apoiou o golpe militar e não podia sequer se gabar de ter diploma em direito. Um terceiro, ao dar um voto decisivo na absolvição de Palocci, recebeu um agradecimento pessoal do próprio presidente, por ter assegurado a "governabilidade". Eros Grau, recém-aposentado, condenado de certa feita por tráfico de

---

outra vítima desafortunada da *omertà* da classe política. Ver Mario Sergio Conti, *Notícias do Planalto*, cit., p. 592-602, p. 618-20 e p. 681-2.

influência, é o favorito de Lula; apelidado de "Cupido" pelos colegas e autor de um romance pornográfico de quinta categoria, tentou conseguir a nomeação de um colega para a corte em troca de um voto para enterrar o mensalão[41].

Cenas como essas não são vestígios de um antigo regime oligárquico, mas parte integrante da nova ordem democrática e popular, impossibilitando qualquer complacência com as perspectivas futuras dessa ordem sem sua completa anulação. A criminalidade política e judicial do Brasil, embora repulsiva, ainda é – como seus defensores tratarão de dizer – consideravelmente menor que na Índia, na China ou na Rússia, potências dos Brics, com as quais agora é praxe compará-lo. E a corrupção nem é uma grande preocupação das massas, como a eleição presidencial do ano passado demonstrou mais uma vez – embora não tenha passado despercebida nas urnas e tenha sido parcialmente responsável por empurrar o pleito para um segundo turno. A vitória de Dilma Rousseff certamente foi, por extensão, o maior triunfo eleitoral de Lula. Figura pouco conhecida da população até poucos meses antes, sem nunca ter se apresentado aos eleitores nem demonstrar qualquer traço carismático, Dilma obteve nas urnas, tão logo foi escolhida por ele, apuração muito próxima à de Lula, com uma maioria retumbante de 56% no segundo turno: 3 milhões de votos a menos do que ele conseguira em 2006, 3 milhões a mais que em 2002. No Congresso, onde o PT pela primeira vez se tornou o maior partido, e no Senado, onde também obteve grande crescimento, ela comanda uma maioria da qual o próprio Lula nunca desfrutou: o apoio de mais de dois terços da legislatura em cada casa.

Dilma deve sua ascensão ao vácuo de poder nas proximidades da Presidência, provocado pelos escândalos que eliminaram Palocci e Dirceu como sucessores de Lula. Após a queda dos dois, ela contava com três vantagens sobre qualquer outro possível candidato. Ela não era um produto do PT, no qual ingressou apenas em 2000; como não tinha nenhuma base no partido, do qual Lula, ao menos publicamente, manteve distância uma vez no Planalto, não representava nenhuma ameaça a ele. Dilma era competente em algo que Lula não era: na administração. Como ministra de Minas e Energia, ela havia assegurado que o país não sofresse mais os apagões que tanto tinham prejudicado Fernando Henrique em seu segundo mandato. Por fim, era uma mulher, a quem seria muito mais fácil envolver com seu próprio carisma do que teria sido com um homem. Um colega havia descrito o relacionamento deles, quando ela se tornou a chefe da Casa Civil,

---

[41] Ver a série devastadora de reportagens de Luiz Maklouf Carvalho, "*Data venia*, o Supremo", e "O Supremo, *quosque tandem?*", *piauí*, n. 47-8, ago. e set. 2010, p. 36-46 e 34-41.

como não muito diferente de uma relação entre pai e filha[42]. Na verdade, eles são contemporâneos – ela é apenas dois anos mais nova que Lula –, mas a campanha conjunta que eles fizeram em 2010 teria sido muito mais complicada com um candidato do sexo masculino.

Em suas trajetórias, para não falar de temperamento, os contrastes entre eles são bastante evidentes. Dilma vem de uma família de classe média alta. Seu pai era um comunista búlgaro que emigrou para a América Latina nos anos 1930 e prosperou no ramo imobiliário em Belo Horizonte. Matriculada em boas escolas locais, com aulas particulares de francês e piano em casa, tinha dezessete anos quando os militares tomaram o poder. Aos dezenove, já estava na clandestinidade revolucionária, realizando ações armadas na cidade e em seus arredores. Após a mudança para o Rio em 1968, Dilma se envolveu em um dos ataques mais famosos da época – a expropriação de um baú contendo 2,5 milhões de dólares da amante de Adhemar de Barros, o mais corrupto de todos os governadores de São Paulo. Em 1970, ela foi detida em São Paulo, torturada e presa por três anos. Em seguida, mudou-se para Porto Alegre, onde seu marido, antes companheiro na clandestinidade, havia sido preso.

Quando a ditadura abrandou, no fim dos anos 1970, ela conseguiu um emprego na Fundação de Economia e Estatística (FEE) do Rio Grande do Sul, reingressou na vida política filiando-se ao partido liderado pelo principal rival de Lula à esquerda na década de 1980, Leonel Brizola, e gradualmente ascendeu até se tornar secretária estadual de Energia, Minas e Comunicações, nomeada por um governador do PT. Lula notou que ela era tecnicamente capaz, em 2002, e a levou para Brasília como ministra de Minas e Energia. Com origem política na guerrilha, não no mundo sindical, Dilma, embora bastante controlada, tem um temperamento mais explosivo que o de Lula. Observando a forma como cada um deles lidava com as disputas do setor energético, uma das principais testemunhas comentou: "Ele as contempla como espectador de um jogo de pingue-pongue; o estilo dela é arremessar a raquete"[43]. Ninguém duvida de sua firmeza.

De suas convicções atuais, não podemos ter tanta certeza. Dilma ganhou destaque no governo Lula durante a fase mais radical de sua administração, portanto,

---

[42] Ver Luiz Maklouf Carvalho, "As armas e os barões" e "Mares nunca dantes navegados: Dilma Rousseff da prisão ao poder", em Humberto Werneck (org.), *Vultos da República*, cit., p. 161-2. Essas são as melhores análises de sua carreira até o momento.

[43] Luiz Pinguelli Rosa *dixit*. Pinguelli Rosa presidiu a Eletrobras quando Dilma ocupava a pasta de Minas e Energia.

na percepção neoliberal ela está associada aos perigos de um estatismo e um nacionalismo insidiosos. Não há dúvida de que ela defendeu vigorosamente os direitos de soberania do Estado brasileiro sobre os enormes depósitos submarinos de petróleo no litoral, dos quais as multinacionais e o capital nacional não tiram os olhos. Ela prometeu não apenas a expansão dos programas habitacionais e de infraestrutura iniciados no governo Lula, mas também cobertura melhor de saúde para a população. Em sua posse, desviou-se do protocolo ao homenagear seus companheiros de luta contra a ditadura que pereceram durante a batalha. Porém, ao restituir o poder de Palocci como chefe da Casa Civil e substituir Amorim como ministro das Relações Exteriores por um diplomata complacente com Washington, ela organizou seu ministério de maneira a tranquilizar os empresários e os Estados Unidos, de modo que tenham pouco a temer da nova administração[44]. Ao conter aumentos do salário mínimo e manter as elevadas taxas de juros, prometendo controles mais rígidos sobre os gastos públicos, suas primeiras medidas não parecem diferentes das políticas ortodoxas dos primeiros anos de Lula no poder.

Poderia o mesmo tipo de trajetória, curvando-se rumo à radicalização em uma fase subsequente, se repetir? Ou o estoque de reformas disponíveis estaria esgotado? Por consenso, um crescimento constante do PIB de pelo menos 4,5% ao ano é necessário para estender as conquistas sociais do governo Lula. Embora para os padrões chineses ou indianos essa seja uma meta modesta, ela ultrapassa a média do desempenho brasileiro neste século. Apesar de próspera até o momento, a economia segue ameaçada por três graves problemas subjacentes. Suas reservas de poupança continuam extremamente baixas, somando apenas 17% do produto nacional, o que significa menos da metade do índice da Índia, e um terço do da China; assim, o investimento se encontra estagnado em menos de 20%, e os gastos com pesquisa e desenvolvimento, em 1% do PIB[45]. As taxas de juros brasileiras, por outro lado – atualmente em torno de 11% –, há tempos são as mais altas das grandes economias. Concebidas para reduzir a inflação e

---

[44] "Os investidores ficarão atentos a Antonio Palocci, que coordenou a adoção de políticas pró-mercado no governo Lula, do qual foi o primeiro ministro da Fazenda"; "Se Dilma Rousseff o escolher como ministro-chefe da Casa Civil, ou, no cenário ideal, reconduzi-lo ao Ministério da Fazenda, ficará muito bem-vista aos olhos do mercado", *The Economist*, 6 nov. 2010. Naturalmente, em sua cobertura do Brasil, os correspondentes da revista não disseram uma palavra a respeito dos *déboires* de Palocci no Lago Sul.

[45] Para dados comparativos, ver Martin Wolf, "Must Try Harder", *Financial Times*, suplemento "The New Brazil", 29 jun. 2010, p. 11.

atrair o capital estrangeiro necessário à complementação da poupança interna, essas taxas, ao se combinarem com a entrada de divisas via exportação e com as medidas de afrouxamento monetário nos Estados Unidos, têm impulsionado o real a alturas perigosas: a moeda brasileira duplicou de valor em relação ao dólar no governo Lula.

Por fim, o comércio brasileiro está se tornando cada vez mais dependente do agronegócio e da mineração, áreas em que se encontram as maiores concentrações de capital nacional, enquanto a indústria, cujo setor mais importante (o automobilístico) é controlado pelas multinacionais, recuou. Entre 2002 e 2009, a participação dos produtos manufaturados nas exportações brasileiras caiu de 55% para 44%, enquanto a das matérias-primas subiu de 28% para 41%[46]. A China, responsável por grande parte da prosperidade dos anos Lula, quando se tornou a maior parceira comercial – em 2009, o gigante asiático comprava dezoito vezes o valor em *commodities* que havia importado do Brasil poucos anos antes, na virada do século –, ameaça agora submergir o país com seus manufaturados de baixo custo, responsáveis por 60% das importações no ano passado. Historicamente, alguns países têm alcançado um padrão de vida elevado sem uma industrialização em larga escala, mas em geral são países escassamente povoados e com altos níveis educacionais – como Austrália, Nova Zelândia e Finlândia –, que não apresentam em absoluto os índices de pobreza nem o perfil demográfico do Brasil. Em contraste com essas limitações, pode-se apresentar a vasta cornucópia de recursos naturais do Brasil – uma quantidade de terras cultiváveis equivalente à dos Estados Unidos e da Rússia juntos, recursos hídricos renováveis equivalentes aos de toda a Ásia, reservas de petróleo com uma das maiores ofertas públicas iniciais (IPO) da história – e uma impressionante lista de empresas estatais, a que o país deve suas indústrias de aço e de aeronaves, seus avanços na agricultura tropical e a exploração de suas gigantescas reservas petrolíferas. As oportunidades para um crescimento mais rápido certamente não são menores que seus obstáculos.

Que balanço da experiência brasileira posta em movimento no governo Lula, e ainda em desdobramento, é possível neste momento? Encarado como período da economia política no Brasil, ele pode ser considerado contíguo ao de Fernando Henrique Cardoso, um desenvolvimento dentro da mesma matriz[47].

---

[46] Ver "Brazilian Factories Tested by Chinese Imports", *Financial Times*, 31 jan. 2011.

[47] Para uma análise bem fundamentada – e favorável – das continuidades do modelo econômico ao longo dos governos Fernando Henrique e Lula, ver Peter Kingstone, e Aldo Ponce, "From

Encarado como processo social, por outro lado, significou uma ruptura notável. Entre as condições dessa mudança, estavam as circunstâncias externas, extraordinariamente propícias. Essa é uma época em que a América do Sul como um todo foi palco de uma guinada para a esquerda, o que a distinguiu das demais regiões do mundo[48]. Chávez chegou ao poder na Venezuela bem antes de Lula chegar ao poder no Brasil, e Kirchner, na Argentina, pouco depois. Em 2005, Tabaré Vázquez conquistou o Uruguai com a Frente Ampla. Daí em diante, em sucessão, Bolívia, Equador e Paraguai elegeram os presidentes mais radicais de sua história. O que está por trás dessa exceção global são duas características distintivas da região. Sob a supervisão de Chicago e Harvard, foi neste continente que, aplicando uma terapia de choque, o neoliberalismo foi introduzido pela primeira vez, por Pinochet no Chile e por Sánchez Lozada, então ministro do Planejamento, na Bolívia, muito antes de o modelo decolar no Norte e de as privatizações de Menem na Argentina superarem as da Rússia.

Foi também aqui que surgiu a primeira revolta popular contra um pacote de medidas neoliberais: o *caracazo*, que pôs um fim à velha ordem na Venezuela. Economicamente – a Venezuela é exceção, já que essas medidas jamais foram de fato impostas com sucesso –, os parâmetros do período neoliberal nunca foram completamente abandonados. Contudo, eles nunca foram populares também, e seus arquitetos caíram em um descrédito político do qual suas contrapartes do Norte, até hoje pouco afetadas pela crise de 2008, escaparam. Aqui, entrou em cena outra particularidade da região. A América Latina é a única parte do mundo a produzir um século de revoltas radicais contra a ordem estabelecida, que remontam, numa sequência mais ou menos intacta, à Revolução Mexicana de 1910. Em diferentes momentos, elas assumiram formas distintas, mas seu ímpeto subjacente foi basicamente o mesmo e, apesar de todo o tipo de repressão ou desvio, ainda não foi contido: as insurreições armadas em El Salvador e no Brasil nos anos 1920; a frente popular no Chile e o levante camponês no Peru na década de 1930; o jacobinismo militar na Argentina nos anos 1940; as milícias de trabalhadores na Bolívia, as desapropriações na Guatemala e a revolução em Cuba na década de 1950; as guerrilhas da Colômbia ao Uruguai na década de 1960; a vitória nas urnas no Chile e nas ruas na Nicarágua da década de 1970;

Cardoso to Lula: the Triumph of Pragmatism in Brazil", em Kurt Weyland, Raúl Madrid e Wendy Hunter (orgs.), *Leftist Governments in Latin America: Successes and Shortcomings* (Cambridge, Cambridge University Press, 2011), p. 98-123.

[48] A principal análise é de Emir Sader, "The Weakest Link? Neoliberalism in Latin America", *New Left Review*, n. 52, jul.-ago. 2008, p. 5-31.

as guerras civis na América Central nos anos 1980; a derrubada da oligarquia na Venezuela na década de 1990. A colheita eleitoral do novo século é uma mutação oriunda do mesmo solo.

A geração que chegou ao poder neste período mais recente havia sobrevivido a dois tipos de derrota: pelas ditaduras militares, que esmagaram a esquerda logo após a Revolução Cubana, e pelos sistemas de livre mercado, que foram em parte o preço a ser pago, em parte o resultado da democratização. Os dois formaram um único legado. Formas anteriores de radicalismo, político ou econômico, foram descartadas por seus sucessores. Contudo, havia uma baixa adesão social aos regimes neoliberais para os quais os generais haviam preparado o terreno, e, quando o tempo deles se esgotou, os líderes que vieram a seguir respeitaram pragmaticamente as regras impostas, mas não conseguiram obliterar por completo as memórias de um passado mais insurgente e as lealdades daquela época – e menos ainda esquecer os eleitores excluídos da nova ordem. A Venezuela, que não viveu uma ditadura militar durante a maré alta da contrarrevolução continental nem uma estabilização neoliberal em seu curso – as duas ausências estão intimamente ligadas –, foi a exceção, com Chávez operando em outras condições, menos determinadas.

O Brasil, por outro lado, pode ser visto como epítome desse padrão geral. Pela maior parte de sua história, em razão da língua, de sua extensão e geografia, o país permaneceu bastante isolado do resto da América Latina. Até meados dos anos 1960, era mais provável que um intelectual brasileiro tivesse passado certo tempo na França que visitado algum país vizinho. As experiências comuns de trabalho clandestino, prisão ou exílio – sendo Cuba e México os principais refúgios –, tão logo as tiranias militares assumiram, mudaram esse cenário. Pela primeira vez os brasileiros politicamente ativos estavam conectados em uma rede continental a seus correlatos nas Américas de língua espanhola. As solidariedades desse período continuam a povoar o cenário político de hoje entre os governos de esquerda, cercando o Brasil de um ambiente acolhedor. Em uma dialética regional, as diferenças entre eles com frequência se deram em benefício mútuo, com Lula estendendo um manto de amizade e proteção a governos – da Bolívia, da Venezuela e do Equador – mais radicais que o seu, enquanto se beneficiava da opinião internacional, com a comparação favorável entre sua moderação e o extremismo daqueles países.

Nesse mesmo período, o contexto internacional foi tão benigno para o Brasil quanto o cenário regional. Por um lado, os Estados Unidos se distraíram do papel de senhores continentais das Américas ao declarar guerra contra o terrorismo no

Oriente Médio e além. Com Iraque, Afeganistão, Iêmen, Paquistão e Egito nas linhas de frente da estratégia estadunidense, pouca atenção foi dada ao hemisfério Sul. Bush fez uma visita distraída a Brasília, e Obama fará outra em março. Saudações efusivas serão dispensadas ao primeiro presidente de raça mista dos Estados Unidos. Porém, ninguém acredita que a visita será algo além de cerimonial. Os mecanismos tradicionais de supervisão, ainda operantes nos tempos de Fernando Henrique, estão enferrujados. Não apenas as expedições militares ao Oriente da última década, mas também a bolha financeira que as precedera e as acompanhara, alteraram a relação entre os dois países em favor do Brasil. Uma vez que a economia norte-americana tornou-se dependente de injeções cada vez maiores de dinheiro barato – primeiro, as taxas de juros muito baixas nos governos Clinton e Bush, e agora, na administração de Obama, a flexibilização monetária –, o capital externo necessário para manter a economia brasileira em crescimento tornou-se cada vez mais disponível, a um custo cada vez menor. Se esse fluxo agora ameaça até mesmo sobrecarregar o real, isso é apenas mais um sinal perverso da mudança em suas respectivas posições. Para o Brasil, ainda mais decisiva foi a ascensão da China – principal mercado para suas duas principais exportações, soja e minério de ferro, e o sustentáculo de sua balança comercial – como potência econômica alternativa. O duradouro *boom* chinês afetou praticamente o mundo inteiro, mas o Brasil é, sem dúvida, o país onde esse *boom* fez a maior diferença. Enquanto os Estados Unidos adernaram e a República Popular da China se dilatou, os ventos permitiram a passagem para uma nova rota social.

Seu resultado permanece, por enquanto, inconclusivo. Não há dúvida de que ocorreu uma emancipação. No entanto, poderia a história do Brasil fornecer justo nesse caso uma analogia perturbadora? No fim do século XIX, a escravidão foi abolida no Brasil praticamente sem derramamento de sangue, ao contrário da carnificina com que seu fim – nem mesmo originalmente pretendido – foi acompanhado nos Estados Unidos. Não foi apenas o preço em vidas que foi baixo. O custo na propriedade também foi baixo, pois a emancipação chegou tardiamente, quando a população escrava já havia diminuído e a economia escravagista já se encontrava num estágio avançado de declínio. Não foi apenas uma questão da elite; o abolicionismo popular tomou muitas iniciativas criativas na sua extinção[49]. Porém, quando a abolição sobreveio, os donos de escravos não

---

[49] A melhor visão panorâmica ainda é a oferecida por Seymour Drescher, "Brazilian Abolition in Comparative Perspective", *Hispanic American Historical Review*, v. 68, n. 3, ago. 1988, p. 429-60.

foram arruinados, e os escravos ganharam apenas a liberdade legal. Socialmente, os efeitos posteriores foram modestos: o principal foi o aumento da imigração branca vinda da Europa.

Assim, poderia haver, *mutatis mutandis*, alguma semelhança entre aquele processo e o Bolsa Família, o crédito consignado e o salário mínimo? Lula gostava de dizer o que se tornou uma espécie de lema: "É barato e fácil cuidar dos pobres"[50]. Palavras edificantes ou perturbadoras? Em sua ambiguidade moral, o lema poderia ser uma espécie de epitáfio para seu governo. Comparado a seus antecessores, Lula tinha a percepção, nascida da identificação social, de que o Estado brasileiro poderia se dar ao luxo de ser mais generoso com os menos favorecidos, de uma maneira que faria grande diferença nas suas vidas. Essas concessões, porém, vieram sem nenhum custo para os ricos e afortunados, que, por qualquer estimativa absoluta, se saíram ainda melhor – muito melhor – durante esses anos. "Será que isso realmente importa?", pode-se questionar; isso não seria apenas a definição do mais desejável de todos os resultados econômicos, um exemplo de *Pareto optimum*? Se o ritmo de crescimento claudicar, no entanto, como aconteceu com a onda de emancipação um século atrás, os descendentes de escravos podem vir a viver em condições resultantes não muito diferentes. Desde a época de sua adoção, logo após o fim da escravidão, o lema comtiano inscrito na bandeira nacional – "Ordem e progresso" – tem sido uma esperança esfarrapada tremulando ao vento. Progresso sem conflito; distribuição sem redistribuição. Quão comuns eles são, historicamente?

Talvez seja diferente desta vez. A última década não testemunhou nenhuma mobilização das classes populares no Brasil. O medo da desordem e a aceitação da hierarquia, que ainda distinguem o Brasil na América Latina, são herança da escravidão. Contudo, mesmo que avanço material não signifique capacitação social, há circunstâncias em que um pode levar ao outro. O maciço peso eleitoral dos pobres, contraposto ao grau de profunda desigualdade econômica, para não falar de injustiça política, fazem do Brasil uma democracia diferente de qualquer uma do Norte, mesmo aquelas em que as tensões de classe foram intensas no passado ou tiveram um movimento trabalhista mais forte. A contradição entre essas duas magnitudes apenas começou a se desenrolar. Se o avanço passivo vier a se transformar em intervenção ativa, a história terá outro fim.

---

[50] Discurso a ministros demissionários, 31 mar. 2010. Repetida diversas vezes, a frase nessa época já havia virado bordão.

Dilma
2016

Os países do Brics estão em apuros. Por algum tempo, eles foram os dínamos do crescimento global, enquanto o Ocidente se atolava na pior crise e recessão financeiras desde a Grande Depressão; hoje, são a principal fonte de preocupação na sede do FMI e do Banco Mundial. Sobretudo a China, por seu peso na economia global, por estar com a produção desacelerada e por ter um Himalaia de dívidas. A Rússia está encurralada, enfrentando a queda do preço do petróleo e sanções econômicas drásticas. A Índia se aguenta melhor, mas vem apresentando revisões estatísticas preocupantes. A África do Sul está em queda livre. Em cada um desses países, as tensões políticas vêm aumentando: Xi e Putin tentam abafar a turbulência com o uso da força, Modi vai afundando nas pesquisas e Zuma é desacreditado dentro do próprio partido. Mas em nenhum outro lugar as crises política e econômica se fundiram de forma tão explosiva quanto no Brasil, cujas ruas, no último ano, tiveram mais manifestantes do que o mundo todo em conjunto.

Escolhida por Lula como sua sucessora, a ex-guerrilheira Dilma Rousseff havia sido sua ministra-chefe da Casa Civil e venceu a eleição presidencial de 2010 com uma maioria quase tão esmagadora quanto a do próprio Lula. Quatro anos depois, foi reeleita com uma margem muito menor, obtendo uma vantagem de apenas 3% sobre seu oponente, o então governador de Minas Gerais, Aécio Neves, num pleito marcado pela maior polarização regional já vista no país: o Sul e o Sudeste industrializados posicionaram-se fortemente contra ela, enquanto o Nordeste lhe deu uma vantagem de 72%, ainda maior do que em 2010. Em números gerais, no entanto, foi uma vitória nítida, comparável à de Mitterrand sobre Giscard, e maior, para não mencionar mais limpa, do que a de Kennedy sobre Nixon. Em janeiro de 2015, Dilma iniciou seu segundo mandato.

Três meses depois, ao menos 2 milhões de pessoas lotaram as ruas das principais cidades do país, em grandes manifestações que exigiam sua saída. Encorajados pelas pesquisas, que mostravam que a popularidade de Dilma já estava em menos de 10%, o PSDB de Aécio Neves e seus aliados tomaram medidas no Congresso para promover um *impeachment*. No Dia do Trabalho, ela não conseguiu sequer fazer o tradicional pronunciamento de TV em cadeia nacional. O PT, que por muito tempo teve de longe os maiores índices de aprovação do Brasil, se tornou o partido mais impopular do país. Na intimidade, Lula lamentou: "Nós vencemos a eleição e a perdemos no dia seguinte". Muitos militantes chegaram a questionar se o partido sobreviveria.

Como a situação chegou a esse ponto? No último ano do governo Lula, quando a economia global ainda sofria as consequências do colapso financeiro de 2008, o Brasil cresceu 7,5%. Ao assumir o governo, Dilma fortaleceu a política de controle contra os riscos de superaquecimento, tomando atitudes que se assemelhavam à política de resseguro adotada por Lula no início de seu primeiro mandato. A imprensa financista ficou satisfeita. Mas, assim que o crescimento caiu vertiginosamente e o tempo fechou novamente no mundo das finanças globais, o governo mudou de rumo e criou um pacote de medidas que visavam a estimular o investimento em prol de um desenvolvimento continuado. As taxas de juros foram reduzidas, as folhas de pagamento foram desoneradas, a conta de luz ficou mais barata, os bancos estatais concederam mais empréstimo aos setores privados, a moeda se desvalorizou e o movimento do capital passou a ter um controle limitado[1]. No embalo de todo esse estímulo, Dilma desfrutava, na metade de seu mandato, de um índice de aprovação de 75%.

Mas, em vez de decolar, a economia caiu de um crescimento já bastante medíocre de 2,72% em 2011 para mero 1% em 2012. Em abril de 2013, com a inflação acima de 6%, o Banco Central aumentou os juros de forma abrupta, enfraquecendo

---

[1] André Singer fez a principal análise sobre esse conjunto de medidas e seu desenrolar no ensaio "Cutucando onças com varas curtas" (*Novos Estudos*, ed. 102, v. 34, n. 2, jul. 2015), que pode ser lido como epílogo de seu estudo sobre a trajetória do PT, *Os sentidos do lulismo: reforma gradual e pacto conservador* (São Paulo, Companhia das Letras, 2012), que investiga a mudança no eleitorado petista após 2005, conforme o partido foi perdendo o apoio das classes médias e ganhando força entre os pobres, que antes votavam contra o partido temendo uma desordem. Exemplar na sua sobriedade crítica e lealdade ao PT, Singer é o melhor intelectual do partido, quiçá o pensador social mais significativo de sua geração na América Latina. Secretário de Comunicação de Lula durante seu primeiro mandato, desde que se tornou professor universitário Singer foi descartado mentalmente pelo partido, que não demonstra nenhum interesse em seu trabalho.

a "nova matriz econômica" do ministro da Fazenda, Guido Mantega. Dois meses depois, o aumento no preço da passagem de ônibus em São Paulo e no Rio de Janeiro desencadeou uma onda de protestos que acabou varrendo o país e se transformando em uma manifestação de insatisfação generalizada com a qualidade dos serviços públicos e – com um empurrãozinho da imprensa – em hostilidade a um Estado incompetente. De uma hora para outra, a aprovação do governo caiu pela metade. Sua reação foi bater em retirada, dando início a reduções cautelares nos gastos públicos e permitindo que os juros aumentassem novamente. O crescimento caiu ainda mais – em 2014, foi nulo –, mas o emprego e os salários permaneceram estáveis. No fim de seu primeiro mandato, Dilma promoveu uma campanha desafiadora de reeleição, garantindo aos eleitores que continuaria priorizando a melhoria das condições de vida dos trabalhadores e dizendo que seu oponente do PSDB planejava atingir os pobres, cortando benefícios e promovendo a perda dos ganhos sociais conquistados pelo PT. Apesar do contínuo bombardeio ideológico da imprensa contra ela, isso foi o suficiente para lhe garantir a vitória.

Antes mesmo de seu segundo mandato começar formalmente, Dilma mudou de rumo. De uma hora para outra, passou a dizer que era preciso instituir uma pitada de austeridade. O arquiteto da tal "nova matriz econômica" foi demitido, e o diretor de gestão de ativos do segundo maior banco privado do Brasil, formado em Chicago, assumiu o Ministério da Fazenda com a missão de frear a inflação e restaurar a confiança. Agora era imperativo cortar os gastos sociais, reduzir o crédito dos bancos públicos, leiloar propriedades do Estado e aumentar impostos para trazer o orçamento de volta ao superávit primário. O Banco Central logo aumentou sua taxa de juros para 14,25%. Com uma economia já estagnada, o efeito desse pacote pró-cíclico foi mergulhar o país numa recessão generalizada – houve queda nos investimentos, cortes salariais e a taxa de desemprego mais que dobrou. Com a contração do PIB, as receitas fiscais diminuíram, piorando ainda mais o quadro de déficit e a dívida pública. Nenhum índice de aprovação do governo resistiria à rapidez dessa deterioração. Mas a queda da popularidade de Dilma não foi apenas o resultado previsível do impacto da recessão no padrão de vida das pessoas. Além disso, Dilma estava pagando o preço por não ter cumprido as promessas que a elegeram. Boa parte de seus eleitores passou a enxergar sua vitória como uma espécie de fraude – um "estelionato": ela se elegeu com um programa e agora implementava o programa do adversário. Isso não gerou apenas desilusão, mas também raiva.

Parte das raízes dessa derrocada encontra-se escondida no solo do próprio modelo petista de crescimento. Desde o princípio, seu sucesso dependia de dois nutrientes: do superciclo dos preços das *commodities* e do *boom* do consumo interno. Entre 2005 e 2011, o Brasil viu suas condições comerciais terem uma melhora de um terço, já que a demanda de matéria-prima da China e de outros lugares aumentou o valor das principais exportações e o volume de retorno fiscal para gastos sociais. No fim do segundo mandato de Lula, a fatia de *commodities* primárias no pacote de exportações subiu de 28% para 41%, e a de bens manufaturados caiu de 55% para 44%. No fim do primeiro mandato de Dilma, as matérias-primas eram responsáveis por mais da metade do valor das exportações. Mas, de 2011 em diante, o preço dos principais itens comercializados pelo país entrou em colapso: o minério de ferro caiu de 180 para 55 dólares a tonelada, a soja caiu de 40 para 18 dólares a saca, o petróleo bruto despencou de 140 para 50 dólares o barril. Em consonância com o fim da bonança no exterior, o consumo interno estancou. Durante seu governo, a principal estratégia do PT foi expandir a demanda interna, aumentando o poder de compra das classes populares. E isso foi feito não só com o aumento do salário mínimo e com transferências de renda para os pobres – o Bolsa Família –, mas também com uma injeção maciça de crédito ao consumidor. De 2005 a 2015, a dívida total do setor privado aumentou de 43% para 93% do PIB, e o nível de empréstimos ao consumidor chegou a ser duas vezes maior que o de países vizinhos. Quando Dilma foi reeleita, no fim de 2014, o pagamento de juros sobre o crédito familiar absorvia mais de um quinto da renda média disponível aos brasileiros[2]. Junto com a exaustão do *boom* das *commodities*, o consumo excessivo já não era viável. Os dois principais motores do crescimento haviam enguiçado.

Em 2011, o alvo da "nova matriz econômica" de Mantega foi estimular a economia, aumentando os investimentos. Mas ele não tinha muitos meios para isso. Desde que assumira o ministério, em 2006, os bancos estatais aumentaram gradualmente sua fatia do capital de empréstimo, passando de um terço para metade de todo o crédito disponível – só a carteira do banco de desenvolvimento do governo, o BNDES, subiu sete vezes depois de 2007. Essa oferta de taxas preferenciais de juros para grandes empresas consistiu em um subsídio muito maior do que aquele fornecido às famílias pobres, fazendo com que o "Bolsa Empresário" custasse quase o dobro do Bolsa Família[3]. Essa expansão direta dos bancos públicos favoreceu as grandes construtoras e as

---

[2] *Financial Times*, 31 jan. 2011.
[3] *The Economist*, 19 out. 2013; 18 out. 2014.

produtoras de *commodities*, mas foi demais para a classe média urbana, que começou a nutrir um sentimento cada vez mais violento contra o PT, enquanto a imprensa nacional – amplificada pela imprensa empresarial de Londres e Nova York – censurava os perigos do estatismo. Ao mudar os rumos da política econômica, Mantega esperava beneficiar a indústria com uma desvalorização do real e impulsionar os investimentos do setor privado, com concessões fiscais e juros mais baixos às custas de uma redução no investimento público em infraestrutura. Mas a indústria brasileira foi bajulada em vão. Em termos estruturais, o mercado financeiro é uma força bem mais poderosa no país. A capitalização combinada dos dois maiores bancos privados do Brasil – Itaú e Bradesco – é hoje duas vezes maior e muito mais sólida do que a da Petrobras e da Vale, suas duas principais empresas extrativistas. A fortuna desses e de outros bancos foi obtida graças aos juros de longo prazo mais altos do mundo – um horror para os investidores, mas um maná para os rentistas – e a *spreads* bancários descomunais, com mutuários pagando de cinco a vinte vezes mais do que o valor que pegaram emprestado. Soma-se a isso o sexto maior bloco de fundos mútuos e de pensão do mundo, além do maior banco de investimentos da América Latina e de uma verdadeira constelação de fundos de *hedge* e de *private equity*. No fim de 2012, o governo enfrentou os bancos, impondo a redução dos juros a inéditos 2% e achando que isso traria o setor produtivo para o seu lado. Em São Paulo, a Federação das Indústrias do Estado de São Paulo (Fiesp) fez uma breve demonstração de contentamento com a medida, mas logo ergueu faixas em apoio aos manifestantes antiestatistas de junho de 2013. Durante o período de crescimento sob o governo Lula, os industriais estavam felizes com os altos lucros que obtiveram em uma fase na qual praticamente todos os grupos sociais melhoraram de vida. Mas, logo que a bonança acabou durante a gestão Dilma e greves começaram a irromper, eles nem se lembraram dos benefícios que haviam recebido. Assim com no Norte global, grandes empresas da economia real muitas vezes se envolveram em participações financeiras afetadas negativamente pela forte pressão sobre a política rentista (e que, por essa razão, não podem se dissociar imediatamente de bancos e fundos). Mas, enquanto grupo social, a maioria dos produtores passou a integrar uma classe média alta muito mais numerosa, com uma voz mais ativa e muito mais politizada do que a classe dos empresários propriamente dita, com uma capacidade ideológica e de comunicação muito maior na sociedade como um todo. A hostilidade furiosa desse grupo para com o PT foi inevitavelmente adotada pelo setor industrial. Entre os banqueiros no alto e os profissionais liberais embaixo, ambos comprometidos em derrubar um regime que agora ameaçava seus interesses comuns, estavam os produtores, sem nenhuma autonomia significativa.

Que tipo de apoio o PT poderia esperar contra essa frente? Os sindicatos, ainda que um pouco mais ativos no governo Dilma, eram apenas uma sombra de seu passado combativo. Os pobres continuaram sendo beneficiários passivos do governo petista, que nunca se dispôs a educá-los ou organizá-los, muito menos mobilizá-los enquanto força coletiva. Os movimentos sociais – dos sem-terra, dos sem-teto – foram mantidos a distância. Os intelectuais foram marginalizados. Além de não ativar a potência política dos de baixo, a tática de benefícios materiais do regime criava pouco senso de solidariedade. Não houve redistribuição de renda ou riqueza: a infame estrutura tributária regressiva que Lula herdou de Fernando Henrique Cardoso, a qual penalizava os pobres para agradar os ricos, foi mantida. Houve, sim, uma distribuição, que acabou melhorando consideravelmente as condições de vida dos mais miseráveis, mas ela foi feita de forma individualizada. Não poderia ter sido diferente, dado que o Bolsa Família assumiu a forma de uma ajuda de custo para mães de filhos em idade escolar. O aumento do salário mínimo também veio acompanhado de um aumento do número de trabalhadores com carteira assinada, o que lhes garantiu acesso aos direitos do emprego formal, mas, se os índices de sindicalização mudaram, foi para menos. Mais importante do que esses outros fatores foi a chegada do crédito consignado – empréstimos bancários com juros altos, deduzidos diretamente dos salários –, fazendo o consumo privado crescer sem amarras às expensas dos serviços públicos, que custariam muito mais dinheiro. Enquanto a compra de eletrônicos, produtos de linha branca e veículos era estimulada (no caso dos automóveis, por via fiscal), água potável, asfalto, ônibus mais eficientes, saneamento básico aceitável, escolas e hospitais decentes foram negligenciados. Os bens coletivos não eram prioridade nem na ideologia nem na prática. Junto com a tão necessária melhoria das condições de vida doméstica, veio um consumismo em seu sentido deteriorado, que se espalhou pela pirâmide social, partindo de uma classe média deslumbrada até para os padrões internacionais, com suas revistas e shopping centers.

Podemos ver o quanto isso foi prejudicial para o PT se pensarmos no rumo que tomou a habitação, setor em que as necessidades individuais e coletivas se cruzam de maneira mais visível. A bolha de consumo gerou uma bolha imobiliária muito mais drástica, na qual construtoras e incorporadoras imobiliárias fizeram grandes fortunas, enquanto o preço dos imóveis disparou para a maioria dos moradores das grandes cidades, e cerca de um décimo da população simplesmente não tinha acesso a uma moradia adequada. De 2005 a 2014, o crédito para a especulação imobiliária e para a construção civil aumentou vinte vezes; em São Paulo e no Rio de Janeiro, o preço do metro quadrado quadruplicou. Só em 2010, os aluguéis em São Paulo subiram 146%. Nesse mesmo período, 6 milhões de apartamentos permaneciam desocupados, enquanto 7 milhões de famílias careciam de habitação digna[4]. Em vez de ele próprio aumentar a oferta de casas populares, o governo contratou empreiteiras privadas para construir condomínios em áreas periféricas mediante um belíssimo lucro, cobrando aluguéis muito acima do que os mais pobres poderiam pagar e cruzando os braços quando as autoridades locais começaram a realizar reintegrações de posse em terrenos ocupados. Diante disso, os movimentos sociais ganharam fôlego entre os sem-teto e hoje são os mais importantes do Brasil: esses movimentos não se dão em torno do PT, mas contra ele.

Após uma reeleição apertada e sem poder contar com um contrapeso popular que resistisse à pressão concentrada das elites, Dilma sem dúvida achava que, se apertasse o cinto no começo do mandato, mais ou menos como Lula fez em seus primeiros anos, poderia repetir a volta por cima. Mas as condições externas impediram que isso acontecesse novamente. A dança das *commodities* já tinha acabado e a recuperação, quando viesse, provavelmente seria discreta. Pode-se argumentar que não se deve exagerar a extensão das atuais dificuldades quando vistas em contexto. O país está passando por uma recessão severa, com uma queda de 3,7% no PIB no último ano e que deve se repetir em 2016. Por outro lado, o desemprego ainda está longe de atingir os níveis da França, muito menos da Espanha. A inflação ainda é mais baixa do que nos últimos anos de Cardoso, e o país possui mais reservas. A dívida pública é metade do déficit da Itália, ainda que, com os juros brasileiros, o custo de reduzi-la seja bem maior. O déficit fiscal ainda está abaixo da média dos Estados Unidos. Tudo isso tende a piorar. Todavia, a atual profundidade do abismo econômico não encontra respaldo no volume do clamor ideológico que existe sobre ele: a oposição partidária e a fixação neoliberal têm todo o interesse em fazer com que o martírio do país pareça maior do que de fato é. Mas nada disso diminui a crise na qual o PT encontra-se atolado, e que não é apenas econômica, mas também política.

Ali, a origem do problema deriva da estrutura da Constituição brasileira. Em quase todos os países latino-americanos, presidências inspiradas no modelo

---

[4] Guilherme Boulos, *Por que ocupamos? Uma introdução à luta dos sem-teto* (São Paulo, Autonomia Literária, 2014), p. 13-6; *De que lado você está? Reflexões sobre a conjuntura política e urbana no Brasil* (São Paulo, Boitempo, 2015), p. 11-2.

dos Estados Unidos coexistem com parlamentos nos moldes europeus, com Executivos superpoderosos e Legislativos eleitos por voto proporcional, e não pela distorção representada pelo modelo anglo-saxão de maioria simples. O resultado típico, se não invariável, é uma presidência com poderes administrativos muito amplos, cujo ponto fraco é um partido sem maioria num parlamento com poderes legislativos significativos. Todavia, nenhum outro país tem uma divergência tão acentuada entre Executivo e Legislativo quanto o Brasil, e o principal motivo é que o país possui o sistema partidário mais frágil do continente[5]. No Brasil, a representação proporcional é feita por meio de um sistema de lista aberta, no qual os eleitores podem escolher entre uma imensa variedade de candidatos. Isso em distritos eleitorais de 1 milhão ou mais de eleitores. Essa configuração traz múltiplas consequências. Na maioria dos casos, os eleitores escolhem um político que conhecem – ou que acham que conhecem – em vez de um partido do qual sabem pouco ou nada. Já os políticos precisam levantar grandes quantias de dinheiro para financiar suas campanhas e garantir que os eleitores se identifiquem com eles[6]. A cada eleição, surgem mais partidos (atualmente, há 28 deles no Congresso) e a maioria não tem nenhuma coerência política, muito menos disciplina. Seu objetivo é simplesmente obter favores do Executivo e encher os próprios bolsos – passando um resíduo a seus eleitores a fim de garantir a reeleição – em troca de votos na Câmara.

Em meados dos anos 1980, quando o Brasil saiu de duas décadas de ditadura militar, uma classe política que tinha sido criada sob esse regime resolveu manter o mesmo sistema. Na prática, sua função era (e ainda é) a de neutralizar qualquer possibilidade de que a democracia gere um anseio popular que ameace a imensa desigualdade brasileira, cloroformizando as preferências de voto num

---

[5] Para reflexões iniciais bastante lúcidas a esse respeito, consultar Scott Mainwaring, "Brazilian Party Underdevelopment in Comparative Perspective", *Political Science Quarterly*, v. 107, n. 4, 1992-1993, p. 677-707. Sobre a excepcional largura do fosso entre os votos presidenciais e parlamentares, confira a tabela que ele apresenta em *Rethinking Party Systems in the Third Wave of Democratization: the Case of Brazil* (Stanford, Stanford University Press, 1999), p. 30.

[6] Em 1986, o valor médio que os deputados federais eleitos em São Paulo gastaram em suas campanhas foi de 600 mil dólares. "Esses números são surpreendentes mesmo considerando que São Paulo é o estado mais rico do Brasil e que provavelmente tem as campanhas mais caras. A título de comparação, o custo médio da campanha dos candidatos que se elegeram à Câmara dos Deputados dos EUA em 1988 foi de 393 mil dólares". Scott Mainwaring, "Brazil. Weak Parties, Feckless Democracy", em Scott Mainwaring e Timothy Scully (orgs.), *Building Democratic Institutions: Party Systems in Latin America* (Stanford, Stanford University Press, 1995), p. 381.

miasma de disputas subpolíticas por vantagens venais[7]. A parcialidade do sistema é acentuada por uma representação política extremamente desproporcional em termos geográficos. Todos os sistemas federais exigem uma equalização de pesos regionais, o que geralmente envolve a sobrerrepresentação de áreas menores e mais rurais numa câmara mais alta, à custa de áreas maiores e mais urbanizadas, como acontece no Senado dos Estados Unidos. Contudo, poucos sistemas praticam uma distorção tão acentuada quanto o brasileiro, cuja relação de sobrerrepresentação no Senado entre o menor e o maior estado chega a 88 para 1 (nos Estados Unidos, fica em torno de 65 para 1). O resultado é que as três macrorregiões mais pobres e atrasadas do país – antros dos caciques mais tradicionais e que dominam os grupos mais submissos – abarcam dois quintos da população, mas controlam três quartos dos assentos do Senado, além de terem maioria inequívoca na Câmara dos Deputados[8]. Em vez de corrigir o viés conservador do sistema, a democratização o acentuou, acrescentando novos Estados subpovoados que agravaram ainda mais esse desequilíbrio.

Nesse cenário, o Brasil foi o único país latino-americano a sair do domínio militar nos anos 1980 onde nenhum partido significativo que existia antes do regime sobreviveu. Em vez disso, o palco político foi inicialmente ocupado por dois partidos criados pelos generais: o partido da oposição nominal, o Movimento Democrático Brasileiro (MDB), e o partido da situação, a Aliança Renovadora Nacional (Arena) – ridicularizados por serem vistos como os partidos do "sim" e do "sim, senhor". O primeiro acabou alterando seu nome para Partido do Movimento Democrático Brasileiro (PMDB), e boa parte do segundo se transformou no Partido da Frente Liberal (PFL). Com a saída dos

---

[7] Esse é um dos temas centrais do estudo de Kurt Weyland, *Democracy without Equity: Failures of Reform in Brazil* (Pittsburgh, University of Pittsburgh Press, 1996), que mostrou como em alguns aspectos o governo militar foi mais socialmente progressista do que a democracia que o sucedeu até o período Collor. Posteriormente, Weyland considerou que havia pontos positivos nos arranjos que ele mesmo havia criticado, já que "deficiências qualitativas da democracia brasileira – sobretudo a baixa representatividade e a falta de responsabilização – ajudam a impedir que problemas socioeconômicos se traduzam em conflitos políticos abertos, o que poderia pôr em risco a sustentabilidade democrática", uma perspectiva que o fim da Guerra Fria felizmente havia afastado, embora não completamente, ao eliminar qualquer perspectiva socialista. Ver Kurt Weyland, "The Growing Sustainability of Brazil's Low-Quality Democracy", em Frances Hagopian e Scott Mainwaring (orgs.), *The Third Wave of Democratization in Latin America: Advances and Setbacks* (Nova York, Cambridge University Press, 2005), p. 104.

[8] Para uma tabulação estado a estado das distorções na Câmara dos Deputados, confira Barry Ames, *The Deadlock of Democracy in Brazil* (Ann Arbor, University of Michigan Press, 2001), p. 53.

militares, o primeiro governo estável só surgiu em 1994, com a Presidência de Fernando Henrique Cardoso, fruto de um pacto entre um desdobramento do PMDB que ele ajudara a criar, o PSDB – social-democrata no nome, na prática social-liberal –, cujo eleitorado se concentrava nas industrializadas regiões Sul e Sudeste, e o PFL – liberal no nome, conservador na prática –, cuja base se encontrava nas retrógradas regiões Norte e Nordeste. Trata-se de um pacto entre a oposição moderada e os aliados tradicionais da ditadura, que garantiu ao Executivo uma grande maioria no Congresso para implementar o que acabaria sendo um programa neoliberal, afinado com o Consenso de Washington. Quando Fernando Henrique era candidato, o capital identificou sua vitória como uma garantia contra radicalizações e injetou enormes quantias de dinheiro em sua campanha: os ricos sabiam quem eram seus amigos. Em um país muito mais pobre, a campanha de Cardoso teve um custo relativo maior que a de Clinton nos Estados Unidos, e Lula foi atropelado por essa montanha de dinheiro. Uma vez no cargo, Cardoso não precisou, em geral, de dinheiro para comprar o apoio do Congresso – embora exista uma exceção crucial. Ainda que sua relação com os clãs oligárquicos nordestinos sofresse um ou outro abalo durante conflitos por trocas de favores, a coalizão não era meramente oportunista, mas baseada em parcerias orgânicas em torno de objetivos comuns. O acordo foi estável e, em anos recentes, recebeu muitos elogios de admiradores brasileiros e estrangeiros de FHC, que consideraram que esse seria um bom modelo de "presidencialismo de coalizão" para lugares onde o formato norte-americano ou europeu dificilmente se firmaria[9].

No entanto, embora o dinheiro da campanha de FHC fosse "limpo" – no sentido da política monetizada norte-americana, em que PACs (hoje super--PACs) compram votos – e sua coalizão não fosse um incremento ideológico, a verdade é que, uma vez eleito, ele só poderia atingir seus objetivos e os objetivos de seus aliados recorrendo a outros métodos. Tanto seu vice-presidente, Marco Maciel, como seu mais poderoso aliado no Congresso, Antônio Carlos Magalhães, eram verdadeiros eixos da política repressora no Nordeste. Ambos

---

[9] Talvez o exemplo mais egrégio disso seja o livro de Marcus André Melo e Carlos Pereira, *Making Brazil Work: Checking the President in a Multiparty System* (Nova York, Palgrave MacMillan, 2013), p. 4, 13 e 158-61. Veja também Timothy Power, "Optimism, Pessimism, and Coalitional Presidentialism: Debating the Institutional Design of Brazilian Democracy", *Bulletin of Latin American Research*, v. 29, n. 1, 2010, p. 18-33, um texto em que o presidencialismo de coalizão é aclamado como sendo "um sistema autorregulador capaz de gerar medidas corretivas e preventivas para garantir a governabilidade".

foram instalados como governadores pela ditadura – um em Pernambuco, outro na Bahia – depois de terem apoiado a derrubada do regime democrático em 1964 e não tinham a menor intenção de alterar seus meios tradicionais de liderança. ACM, como gostava de ser chamado, bravateava: "Eu ganho eleições com um saco de dinheiro na mão e um chicote na outra"[10]. Seu filho, Luís Eduardo, era o político favorito de Cardoso no Congresso, o delfim apontado para sucedê-lo, caso não tivesse morrido tão jovem. Embora tenha passado anos defendendo que reformar o sistema partidário era uma prioridade para o Brasil e que ele viabilizaria essa reforma, assim que chegou ao Palácio do Planalto Fernando Henrique mudou de ideia, passando a achar que prioridade mesmo era revisar a Constituição para que ele pudesse ser reeleito a um segundo mandato. Abandonando qualquer tentativa de racionalizar ou democratizar a ordem política, ele presidiu – agora, sim, isso foi preciso – uma campanha de subornos a deputados para comprar a maioria necessária à aprovação da emenda da reeleição. Em 2002, quando Lula foi enfim eleito, o PT estava numa posição diferente. Lula se comprometeu a não atacar bancos e empresas e, quando sua vitória já parecia um dado concreto, eles também injetaram dinheiro em sua campanha, embora muito menos do que na de Cardoso. Dentro do Congresso, no entanto, o PT não tinha aliados naturais muito expressivos. Apesar de toda a moderação adotada na corrida presidencial, o partido ainda era visto – e continuava se enxergando – como uma força radical, posicionado bem à esquerda do pântano que compõe a grande massa do Legislativo. Lá, o partido nunca teve mais do que um quinto dos deputados, somando menos de um terço do apoio dado ao próprio Lula. Como formar em meio a esse pântano uma maioria funcional que apoiasse o presidente? O método tradicional, praticado numa escala heroica durante a primeira Presidência civil após a ditadura – a de José Sarney, outro antigo lacaio dos generais –, era comprar apoio por meio da distribuição de ministérios e cargos de confiança a quem estivesse mais ávido e pudesse garantir a maior quantidade de votos. No caso de Sarney, o leilão envolvia grupos rivais de seu próprio partido, o PMDB: a maior força política do país e a que tinha uma identidade política menos definida. Uma década depois, o partido se tornara uma fossa na qual todos os

---

[10] Ver Celina Souza, *Constitutional Engineering in Brazil: the Politics of Federalism and Decentralization* (Basingstoke, Palgrave Macmillan, 1997), p. 127, trabalho que traça a carreira e o *modus operandi* de ACM na Bahia antes dos contratempos que teve no Senado. Ibidem, p. 124-38.

córregos da corrupção política desaguavam[11]. O caminho mais óbvio para o PT teria sido fechar um acordo com essa criatura, dando ao PMDB boa parte de seus ministérios e agências estatais.

Mas o partido rejeitou essa solução – quem foi contra e quem foi a favor dentro da alta cúpula tendo sido contestado –, temendo que colocar um peso morto ideológico como aquele no governo neutralizasse qualquer possibilidade de um ímpeto progressista[12]. Em vez disso, escolheram montar uma colcha de retalhos formada por apoiadores da ampla gama de partidos menores, que não recebiam tantos cargos no governo, mas, como prêmio de consolação por seu apoio na Câmara, recebiam dinheiro. Na prática, o que o PT fez foi tentar compensar sua carência daquele tipo de apoio orgânico do qual FHC gozava e sua recusa em retomar o esquema viciado concebido por Sarney criando um sistema de incentivos materiais à cooperação num nível mais baixo e numa moeda de troca mais barata. Ou seja, pagando mesadas em dinheiro para não ter de ceder altos cargos dentro do governo.

Em 2005, quando o escândalo do mensalão veio à tona, Lula perdeu o apoio do eleitorado de classe média, e quase acabou seu primeiro mandato. Depois de sobreviver ao escândalo e conseguir uma reeleição triunfante no ano seguinte, o PT não tinha escolha senão aceitar a solução que tanto temia. Foi assim que o PMDB aterrissou em peso dentro do governo, ocupando uma série de ministérios e de postos centrais no Congresso. Mas, em vez de cair, a corrupção sistêmica só aumentou. O PMDB já era sinônimo de pilhagem de recursos públicos nos estados e municípios que governava (durante décadas inteiras, o partido desistiu até de ter um candidato próprio à Presidência). Agora, no entanto, a expansão da Petrobras criava um novo pote de mel, mais farto e apetitoso que nos melhores sonhos dos políticos. Em seu auge, a estatal petrolífera chegou a corresponder a 10% do PIB nacional, e a capitalização de mercado a fez a quarta empresa mais

---

[11] Marcos Nobre escreveu uma análise aguda sobre a posição crítica ocupada pelo PMDB no sistema institucional pós-militar e sua influência na formação da cultura política do país em geral em *Imobilismo em movimento: abertura democrática ao governo Dilma* (São Paulo, Companhia das Letras, 2013), passim.

[12] Para pensadores no âmbito do PSDB hoje, essa foi uma ruptura imperdoável com aquilo que o presidencialismo de coalizão tinha de melhor e só se explica pelas pretensões do PT de instaurar uma hegemonia descabida no sistema político: ver Carlos Pereira e Samuel Pessoa, "PSDB e PT discordam mais sobre alianças do que sobre inclusão", *Folha de S.Paulo*, 11 out. 2015. Pessoa foi consultor de Aécio Neves em sua campanha presidencial. Para uma resposta moderada, porém reveladora, ver Carlos Rocha de Barros, "Atalhos e pedágios", *Folha de S.Paulo*, 26 out. 2015.

valiosa do mundo. A construção de novas refinarias, plataformas, poços e complexos petroquímicos ofereceu vasta oportunidade de suborno, e um esquema rapidamente foi montado. Um cartel formado pelas principais construtoras do país dominava as licitações, mas os contratos eram superfaturados para desviar grandes somas para os diretores da Petrobras e para os partidos a quem deviam suas nomeações – o resultado talvez atinja a marca dos 3 bilhões em propina. Nada disso era novidade na história da Petrobras. Quando essas coisas aconteciam no mandato de Cardoso, por exemplo, ele fingia que não viu. E foi assim que, até o começo de 2013, esse esquema gozou da costumeira impunidade destinada aos ricos e poderosos no Brasil. Três efeitos do pós-mensalão foram responsáveis por mudar esse quadro: a introdução da delação premiada no Brasil – se em inglês o termo *plea bargaining* soa um tanto eufemístico, em português ele diz bem a que veio; o fato de que a prisão cautelar por período indefinido, procedimento penal usado há muito para encher as cadeias do país de pobres, tornou-se pela primeira vez um instrumento aceitável para domar criminosos de classes superiores; e o fato de que os trâmites para prender alguém ficaram muito mais rápidos quando se decidiu que sentenças de segunda instância já não podiam ser deferidas enquanto aguardavam confirmação de tribunais superiores. Os dois primeiros recursos foram justamente as armas que o judiciário italiano usou para cercar a classe política e empresarial no Caso Tangentopoli, nos anos 1990. Já o terceiro recurso, os italianos nunca tiveram. O Brasil criou um outro jeito de extrair confissões de quem estava em prisão preventiva: ameaçar estender o mesmo tratamento às suas famílias.

    Em 2013, gravações feitas numa casa de câmbio que funcionava dentro de um lava-jato em Brasília levaram à prisão de um doleiro com uma longa ficha criminal. Preso em Curitiba, o doleiro tentou proteger sua família fazendo revelações sobre o esquema de corrupção da Petrobras, do qual havia sido um dos principais intermediários na transferência de recursos entre empreiteiros, diretores e políticos, dentro e fora do país. Em pouco tempo, surgiram diversas acusações contra nove das principais construtoras brasileiras, o que levou à prisão de diretores famosos, incluindo três diretores-executivos da Petrobras, e à abertura de investigações contra mais de cinquenta deputados, senadores e governadores.

    Dos sete partidos envolvidos, os principais eram o PMDB, o PP (Partido Progressista, filho da ditadura) e o PT. Não se sabe qual deles faturou mais com o esquema, mas, como ninguém se iludia a respeito dos dois primeiros, foi a exposição do PT que teve relevância política. O esquema do mensalão era um trocado se comparado à enormidade do Petrolão. Além disso, enquanto aquele primeiro escândalo não envolvia o enriquecimento pessoal de membros do partido, nesse logo ficou claro que os limites entre financiamento partidário e benefício próprio haviam sido rompidos. Entre outras histórias, veio à tona que o próprio José Dirceu – chefe da Casa Civil de Lula afastado do cargo por causa de seu envolvimento no mensalão – havia insistido para que parte do Petrolão fosse depositada diretamente em sua conta bancária. Embora o grosso da propina fosse usado para financiar as campanhas e o aparato partidário, as sobras que extravasavam pelas beiradas fatalmente corroíam quem colocava as mãos naquele dinheiro. O aviso do sociólogo Chico de Oliveira, muito antes de o Petrolão virar um fato conhecido, de que o PT estava se degradando numa transmutação, tornando-se uma espécie taxonomicamente aberrante da vida política, não podia mais ser descartado como mera metáfora[13].

Assim como a equipe italiana que os inspirara, os investigadores de Curitiba que lideravam o ataque ao Petrolão se tornaram estrelas midiáticas instantâneas. Jovens bem apessoados e de maxilar quadrado, com passagens por Harvard estampadas no currículo, o juiz Sergio Moro e o promotor Deltan Dallagnol pareciam ter saído de um desses dramas de tribunal da TV americana. A paixão com a qual combatiam a corrupção e o susto que deram na elite política e empresarial são inquestionáveis. Mas, assim como na Itália, objetivos e métodos nem sempre coincidiam. Delação premiada e prisão preventiva sem acusação combinavam indução e intimidação: dois instrumentos contundentes na busca da verdade e da justiça, mas que, no Brasil, estavam dentro da lei. Já o vazamento de informações e até de meras suspeitas provenientes de investigações que ainda eram supostamente secretas era algo claramente ilegal. Na Itália, a força-tarefa de Milão se valeu desse instrumento a torto e a direito. Em Curitiba, isso foi ainda mais frequente. Desde o início, os vazamentos pareciam seletivos: o PT era o alvo contínuo e as informações mais relevantes eram dadas justamente aos veículos que mais achincalhavam o partido, embora prêmios de consolação também fossem distribuídos a outros órgãos da imprensa. *Veja* era uma das maiores beneficiadas. Após semanas de vazamentos que expunham o PT, a revista publicou uma reportagem de capa poucas horas antes da votação presidencial

---

[13] Ver Francisco de Oliveira, *Crítica à razão dualista/O ornitorrinco* (São Paulo, Boitempo, 2003); em inglês, "The Duck-Billed Platypus", *New Left Review*, n. 24, nov.-dez. 2003, p. 40-57. Marcos Nobre criticou o trabalho de Singer por focar nas políticas do PT e em seu eleitorado, negligenciando o partido enquanto máquina organizacional e o sistema político no qual ele opera. Ver Marcos Nobre, *Imobilismo em movimento*, cit., p. 181-3. A contra-análise de Oliveira supre justamente essa lacuna.

de 2014, estampando os rostos de Lula e Dilma envoltos por uma penumbra macabra em tons de preto e vermelho. Junto com a imagem vinham os dizeres: "Eles sabiam de tudo!", alertando os eleitores de que aqueles eram as cabeças do esquema do Petrolão.

Mas será que o fato de os magistrados terem soltado informações a conta-gotas para a imprensa significa que seus objetivos eram os mesmos, fruto de uma operação em comum, como afirma o PT? Pode-se dizer que tanto os membros do judiciário quanto os promotores e policiais federais pertencem às camadas altas da classe média brasileira, e que compartilham da mentalidade, preferências e preconceitos típicos desse estrato social. Nenhum partido de trabalhadores – por mais conciliador que seja – deve atrair a simpatia desse meio. Mas talvez os vazamentos contra o PT sejam menos fruto de uma aversão militante a tudo que ele representa que resultado do cálculo de que concentrar as críticas no partido que há mais de uma década vinha sendo a principal força política do país seria a melhor forma de mostrar os males da corrupção de modo geral. Além disso, esse era o partido em cujos podres a imprensa estava mais interessada. Revelar histórias comprometedoras envolvendo o PMDB seria demasiado banal. Já o PSDB podia ser poupado, considerando que, ao menos no âmbito nacional, era um partido de oposição, com menos acesso aos cofres públicos, independentemente de sua ficha nos estados.

O escândalo da Lava Jato estourou no primeiro trimestre de 2014, e sucessivas prisões e acusações o mantiveram nas manchetes durante toda a corrida presidencial, no fim do ano. Talvez a guinada econômica de Dilma após sua reeleição tenha sido motivada por uma vã esperança de que isso apaziguaria a opinião neoliberal, fazendo com que a imprensa parasse de retratar o PT como um covil de ladrões. Superando até mesmo o PSDB na virulência de seus ataques, uma nova direita ganhou rápida proeminência nos protestos de massa contra Dilma, em março de 2015. No Brasil, "família", "Deus" e "liberdade" eram palavras de ordem tradicionais da direita que saudou a chegada da ditadura militar em 1964. Meio século depois, os brados mudaram. Recrutada de uma geração mais jovem de ativistas de classe média, a nova direita – frequentemente orgulhosa de se definir assim – falava pouco de Deus, quase nada da família e reinterpretava o conceito de liberdade. Para esse estrato, o livre mercado era a base de todas as outras liberdades, enquanto o Estado era seu hidra-inimigo. A política começava para eles não nas instituições de uma ordem decadente, mas sim nas ruas e praças, onde cidadãos poderiam derrubar um regime de parasitas e ladrões. Surfando na onda dos protestos contra Dilma, os dois principais grupos dessa direita radical – Vem pra Rua e Movimento Brasil Livre (MBL) – modelaram suas táticas com base na atuação do coletivo de extrema esquerda Movimento Passe Livre (MPL), que desencadeou os protestos de 2013. O MBL chegou a deliberadamente escolher um nome que ecoava o acrônimo do MPL[14]. Essas organizações eram pequenas nos dois espectros políticos e dependiam de um uso intensivo da internet para mobilizar um número maior de pessoas. O Brasil só perde para os Estados Unidos em número de viciados em Facebook e, como seria previsível dado o perfil de classe dos usuários da rede de Zuckerberg, tanto o Vem pra Rua quanto o MBL e outros grupos de direita – a exemplo do Revoltados On-Line (ROL) – conseguiram convocar muito mais gente nessa rede que a esquerda. Até agora, nota-se que o efeito multiplicador desses grupos de direita tem sido muito maior.

Além disso tudo, paira no ar uma nova religião. Hoje, mais de 20% dos brasileiros seguem alguma vertente do protestantismo evangélico[15]. Na linha da Igreja da Unificação, do Reverendo Moon, muitas delas, sobretudo as maiores, são verdadeiras empresas de extorsão que arrancam dinheiro dos fiéis para erguer os impérios financeiros de seus fundadores. A fortuna de Edir Macedo, líder da Igreja Universal do Reino de Deus, ultrapassa o marco do 1 bilhão de dólares. Na região do Brás, em São Paulo, o gigantesco edifício *kitsch* de seu Templo de Salomão fica bem em frente ao edifício um pouco menos grosseiro da rival Assembleia de Deus, formando uma espécie de Wall Street religiosa. Nos cultos, exorcismos melodramáticos são exibidos em um telão, diante de fiéis que cantam ou oram em silêncio. Junto com esse império veio o controle da segunda maior rede de televisão do país. Atualmente, a igreja de Macedo é a mais hegemônica do ramo e prega uma "teologia da prosperidade" que promete sucesso material aqui na Terra para aqueles que seguirem os ensinamentos do pastor, não só uma redenção no reino dos céus. Ao contrário das igrejas evangélicas americanas, as brasileiras não possuem um perfil ideológico bem definido, exceto em questões como aborto e casamento gay. Macedo apoiou Fernando Henrique como forma de impedir o avanço comunista, mas, nas eleições seguintes, apoiou Lula, e

---

[14] Até agora, os melhores relatos sobre essa nova força podem ser encontrados em Luciana Tatagiba, Thiago Trinidade e Ana Claudia Chaves Teixeira, "Protestos à direita no Brasil (2005-2015)", e Sergio Amadeu Silveira, "Direita nas redes sociais online", em Sebastião Velasco e Cruz, André Kaysel e Gustavo Codas, *Direita, volver!* (São Paulo, Fundação Perseu Abramo, 2015), p. 197-230.

[15] Para uma pesquisa equilibrada sobre o assunto, ver Paul Freston, *Evangelicals and Politics in Asia, Africa and Latin America* (Cambridge, Cambridge University Press, 2001), p. 11-58.

desde então vem criando sua própria organização política. A maioria das igrejas funciona basicamente como o lodo dos partidos brasileiros, prestando-se a aluguéis e trocas de favores por votos. A diferença é que apoiam candidatos de quantas chapas lhes for conveniente. A bancada evangélica tem 18% dos assentos do Congresso e inclui 22 legendas. Seus principais interesses são garantir suas concessões de rádio e televisão, isenção fiscal para as igrejas e o acesso a terrenos para a construção de seus monumentos faraônicos.

Ao mesmo tempo, e ainda que de forma mais passiva e promíscua que nos Estados Unidos, essas igrejas também formam uma reserva conservadora para líderes de uma direita agressiva no Congresso. Sintomaticamente, o presidente da Frente Parlamentar Evangélica é um pastor musculoso, ex-policial e integrante da bancada do PSDB. O líder da bancada do PMDB e eleito em fevereiro de 2015 presidente da Câmara – cargo mais importante do Congresso e o segundo na linha de sucessão presidencial, logo após o vice-presidente – é um outro evangélico, Eduardo Cunha. Considerado por muitos o inimigo mais perigoso de Dilma – que tentou impedir a eleição dele –, Cunha tem modos aveludados e uma postura imperturbável, mas, por trás disso, é um político excepcionalmente hábil e impiedoso, um mestre na magia negra da manipulação parlamentar. Boa parte do "baixo clero" do Congresso lhe devia favores por ter chegado ali. Outros temiam represálias caso cruzassem seu caminho. Assim que as ruas começaram a clamar pelo *impeachment* de Dilma, Cunha passou a liderar os esforços dentro do Legislativo para derrubá-la do cargo, sob o pretexto de que, antes das eleições, ela havia cometido a impropriedade de transferir fundos dos bancos estatais para contas federais.

O movimento pró-*impeachment* foi crescendo em força e se alastrando para todos os lados, incluindo diferentes forças e figuras que se cruzavam de modo nem sempre claro. Os "jovens turcos" do MBL e do ROL posavam para fotos ao lado de Cunha. Os pilares da lei Moro e Dallagnol (outro evangélico) se encontravam com políticos do PSDB e com lobistas pró-*impeachment*. A imprensa atacava virulentamente tanto o PT quanto o Planalto, com novas denúncias brotando a cada dia. Das duas, uma: ou Dilma teria escondido ilegalmente um déficit nas contas do Estado para conseguir se reeleger ou teria dependido de grossa corrupção para financiar sua campanha. Quem sabe as duas coisas. Qualquer uma das hipóteses era uma afronta à probidade pública e justificava sua saída prematura do cargo. Pesquisas indicavam que 80% da população a queria fora da Presidência. Foi nesse contexto que uma bomba explodiu. Em meados de outubro, as autoridades suíças notificaram o procurador-geral da República em Brasília de que Cunha tinha nada menos do que quatro contas secretas naquele país. Pouco depois, outra conta foi descoberta, dessa vez nos Estados Unidos. Uma delas estava no nome de sua esposa, a seguinte no nome de uma empresa-fantasma registrada em Cingapura, que recebia por meio de outra empresa-fantasma da Nova Zelândia. Juntas, somavam 16 milhões de dólares – 37 vezes o valor de seus bens declarados no Brasil. No Rio de Janeiro, o casal também tinha uma frota de nove limusines e SUVs de luxo à sua disposição, registrada por duas empresas locais – o nome de uma delas era uma piada pronta: Jesus.com. As provas de que ele recebia propinas elevadas da Petrobras começaram a se acumular, e mesmo a imprensa mais conformista passou a achar que era demais. No Congresso, um *vaudeville* começou a ser encenado. Segundo a Constituição brasileira, somente o presidente da Câmara tem o poder de submeter moções de *impeachment* presidencial à votação. De olho nisso, o PSDB passou meses cortejando Cunha e fazendo reuniões secretas para discutir quais seriam as táticas e o momento oportuno para dar início ao processo. A revelação dessa fortuna na Suíça – com elementos comprobatórios muito mais fortes do que qualquer acusação contra Dilma – gerou um profundo constrangimento para o partido. O que fazer diante de uma coisa dessas? Cunha ainda tinha a chave para um *impeachment*, que, caso desse certo, poderia até anular as eleições de 2014, garantindo a vitória de Aécio Neves em um novo pleito. Sendo assim, o partido disse muito pouco sobre as notícias que vinham de Berna, limitando-se a observar que o próprio Cunha ainda não havia se pronunciado, e que devia ser considerado inocente até prova em contrário. Mas seus apoiadores na imprensa perderam a paciência: como o partido da moralidade poderia acobertar um crime tão descarado? Diante da revolta, o PSDB foi obrigado a voltar atrás com o rabo entre as pernas e dizer que, depois de tudo aquilo, já não apoiava o presidente da Câmara. Àquela altura, um pequeno partido socialista independente já havia entrado com um pedido para que Cunha fosse retirado da Câmara. Ao se ver abandonado pelo PSDB, Cunha prontamente virou a casaca. Em negociações a portas fechadas, disse que travaria o *impeachment* de Dilma caso o PT o protegesse da anulação de seu mandato e da expulsão do Congresso. Dito e feito: os petistas aceitaram ajudá-lo a permanecer no cargo com a mesma cara de pau que os peessedebistas haviam exibido antes. Em troca, Cunha não moveria um dedo contra Dilma. Mas esse carrossel surreal foi demais para a base do partido, e o acordo teve de ser desfeito. Por um momento, pareceu que a posição de Cunha era insustentável e que a causa do *impeachment* tinha ficado tão desgastada pelo escândalo envolvendo suas contas na Suíça que as chances de aprovação seriam pequenas.

Nos bastidores, contudo, o principal depósito de esperanças de acabar com o PT não havia desistido. Desde o início da crise, Fernando Henrique esteve onipresente na imprensa – sua imagem aparecia em todos os cantos, adornando uma enxurrada de entrevistas, artigos, discursos, diários. Estimado há muito tempo pelos barões da imprensa e por seus servos, sua renovada proeminência era fruto de um cálculo político mais imediato de ambas as partes. Fernando Henrique foi apresentado como um velho estadista, dotado de uma sabedoria à qual a República devia qualquer estabilidade alcançada. Editores e jornalistas competiam para ver quem conseguia transmitir melhor a ideia de que Cardoso seria um pensador de estatura internacional, a voz da sanidade e da responsabilidade diante das mazelas do país, uma adulação que só cresceu com o apoio da imprensa e da academia anglófonas[16]. A razão para toda essa apoteose é bastante simples: a Presidência de Fernando Henrique tinha sido a única dose consistente de gestão voltada aos interesses do mercado que o Brasil havia recebido. Esse era justamente o remédio que parecia mais urgente do que nunca, após os excessos do populismo petista. O próprio Fernando Henrique, que quando presidente disse que o fato de o Brasil "não gostar do capitalismo" era "um grande problema", estava tranquilo em exercer esse papel. O PSDB, do qual ele hoje é patriarca, só é social-democrata no mesmo sentido que o PSD de Cavaco Silva também o é em Portugal. Mas ele tinha uma questão mais pessoal em meio a todos os holofotes. Quando saiu da Presidência, seu índice de aprovação não era muito mais alto do que o de Dilma, e ele passou oito anos sendo comparado a Lula, um presidente muito mais popular, que repudiou seu legado e transformou o país de forma que o próprio Cardoso não fizera, assegurando ao PT um mandato duas vezes maior que o seu.

Isso era algo difícil de engolir. Será que a aura de pensador compensaria a perda de prestígio como governante? Em termos objetivos, ele só pode cumprir esse segundo papel abrindo mão do primeiro, o que é perfeitamente normal. Na busca da Presidência, Fernando Henrique sacrificara não apenas suas antigas

---

[16] No tom característico do correspondente da *Economist* na América Latina: "Nos vários encontros que tive com ele, me pareceu um homem de charme polido, extraordinariamente articulado e um analista agudo dos problemas de seu país, assim como da região e do mundo. Como presidente, tinha o senso do sociólogo acadêmico acerca da autoridade de seu gabinete, de como essa autoridade devia e não devia ser usada. Muitos brasileiros ficaram aliviados ao saber que o país finalmente seria representado por alguém de quem poderiam se orgulhar. Por um homem capaz de discutir com líderes mundiais fluentemente em inglês, espanhol, francês etc.". Michael Reid, *Brazil: the Troubled Rise of a Global Power* (New Haven, Yale University Press, 2014), p. 129 e seg.

convicções, que eram marxistas e socialistas, mas, com o tempo, também se foram seus padrões intelectuais. A banalidade de suas últimas produções é deprimente – clichês enaltecendo a globalização e a ansiedade diante de seus efeitos colaterais. Em raras ocasiões, talvez ele mesmo tenha percebido isso: "devo confessar que, embora tenha um forte pendor intelectual, no fundo sou basicamente um *homo politicus*", deixou escapar em certa ocasião[17]. Subjetivamente, no entanto, a vaidade – atingida pela superioridade do apelo político de um operário sem educação formal – não permite que ambições mais intelectuais sejam colocadas de lado. Vestido com o verde e o dourado da Academia Brasileira de Letras – uma cópia tropical da pomposa Academia Francesa – e com o espadim embainhado ao lado, ele declarou tempos atrás que o sociólogo e o presidente nunca divergiram no decorrer de uma carreira coerente e de uma administração criativa, tendo estado sempre em sintonia um com o outro.

Durante anos, Fernando Henrique teve motivos para reclamar que, uma vez na oposição, o próprio PSDB não foi suficientemente leal à memória de seu líder excepcional, evitando qualquer defesa vigorosa de sua modernização nacional e de suas corajosas privatizações. Agora, contudo, a crise do *lulopetismo* – termo desdenhoso que Cardoso usa com frequência – mostra o quanto ele esteve certo esse tempo todo. Se houve algo de bom no governo do PT, foi herança da sua gestão. Se houve algo de desastrosamente ruim, foi exatamente o que ele sempre alertava contra. Era chegada a hora de levantar as bandeiras de 1994 e 1998 com orgulho e de pôr um fim ao desgoverno do PT[18]. Mesmo que ele próprio ainda não estivesse clamando por isso, considerava que o *impeachment* era um processo legítimo, desde que houvesse base para tanto. E, mesmo que não houvesse, era difícil que Dilma conseguisse se recuperar politicamente. No entanto – e aqui os cálculos de Fernando Henrique diferiam daqueles feitos pela nova geração de políticos do PSDB no Congresso, ansiosos por tomar o poder da noite para o dia –, seria melhor esperar as conclusões do Judiciário, com quem se podia contar para que a justiça política fosse cumprida.

---

[17] Conferir o livro de Cardoso, *A miséria da política: crônicas do lulopetismo e outros escritos* (Rio de Janeiro, Civilização Brasileira, 2015), p. 66.

[18] Diretor do Instituto Cardoso, Sergio Fausto escreveu um artigo que traz uma tentativa corajosa de lançar esse projeto sob uma luz social-democrata renovada, atribuindo o desconforto posterior do PSDB com o legado de Cardoso em parte ao estilo tecnocrático de seu governo, no qual o próprio partido foi apagado. "Crise do PT dá oportunidade ao PSDB para reencontrar sua identidade", *Folha de S.Paulo*, 2 ago. 2015.

A confiança de Fernando Henrique vinha de sua relação íntima com juízes veteranos, e dificilmente estaria equivocada. Quem presidiria o caso contra Dilma no Supremo Tribunal Eleitoral era Gilmar Mendes, um amigo próximo que Fernando Henrique havia indicado ao Supremo Tribunal Federal (onde permanece até hoje) e que nunca escondeu sua antipatia pelo PT. Mas Dilma era presa pequena. Para Fernando Henrique, Lula era o principal alvo a ser destruído. E não só por vingança (por mais que ele saboreasse esse prato em segredo), mas porque era impossível saber se ele não seria capaz, dada sua antiga popularidade, de voltar ao poder em 2018 – quando, se Dilma sobrevivesse até lá, o PSDB poderia juntar os cacos do país e o reconduzir a uma modernidade responsável. Bastou que Cardoso desse esses palpites para que uma torrente contínua de vazamentos vindos da força-tarefa da Lava Jato começasse a aparecer na imprensa, relacionando Lula a movimentações duvidosas e de cunho pessoal: viagens internacionais em jatos corporativos, palestras remuneradas por construtoras, depósitos em um apartamento caro à beira-mar, reforma de um sítio, sem falar nos ganhos obscuros de um de seus filhos. Em seguida, veio a prisão de um amigo milionário e fazendeiro, acusado de repassar a propina relacionada a um contrato da Petrobras para o tesoureiro do PT. Ao que tudo indicava, o cerco estava se fechando sobre ele.

Logo em seguida, na primeira semana de março, uma equipe da Polícia Federal chegou à casa de Lula às seis da manhã e o levou sob custódia para ser interrogado no aeroporto de São Paulo. Informada de antemão, a imprensa aguardava sua chegada com uma confusão de câmeras para garantir que a cena tivesse o máximo de publicidade. A polícia justificou o alarde dizendo que caso simplesmente solicitasse um depoimento, Lula poderia fugir. Na semana seguinte, a maior manifestação que o país já vira desde a ditadura – segundo a polícia, havia 3,7 milhões de pessoas – pedia justiça contra Lula e o *impeachment* de Dilma. Três dias depois, Dilma nomeou Lula como chefe da Casa Civil, cargo que seria equivalente ao de primeiro-ministro no Reino Unido. Como ministro, Lula teria imunidade contra acusações feitas pela instância de Moro em Curitiba e, assim como os demais membros do governo e do Congresso, só precisaria responder ao Supremo Tribunal Federal. Moro não perdeu tempo. Na mesma tarde, divulgou a gravação de uma conversa telefônica entre Lula e Dilma na qual ela dizia que mandaria o termo de posse para ele assinar "se necessário". Sua fala foi ambígua, mas o alvoroço midiático foi definitivo: ali estava o flagrante de uma manobra para tolher a justiça, tirando Lula do alcance da lei. Dentro de 24 horas, um juiz em Brasília suspendeu a nomeação. Como se soube pouco depois, esse mesmo juiz havia postado em uma rede social uma foto sua de camiseta do PSDB, marchando em um protesto pelo *impeachment*. Mesmo assim, o juiz teve respaldo imediato de Gilmar Mendes e, dentro de quinze dias, o PMDB anunciou sua saída do governo – no qual ocupava a Vice-Presidência e seis ministérios –, preparando terreno para uma rápida deposição de Dilma no Congresso.

O protagonista dessa escalada teatral da crise política era o Judiciário. Se no início era possível acreditar que a operação de Moro em Curitiba agisse de forma imparcial, agora essa crença ia pelo ralo com o teatro gratuito e midiático da prisão coercitiva de Lula e com a declaração pública de Moro saudando as manifestações a favor do *impeachment*: "o Brasil está nas ruas", disse ele. "Isso me emociona." Ao divulgar a conversa entre Lula e Dilma horas depois de o grampo supostamente ter sido suspenso, ele transgrediu a lei duas vezes: violou o sigilo que protege essas interceptações mesmo quando elas são autorizadas e violou o princípio de confidencialidade, que teoricamente protege as comunicações da chefe do Executivo. A ilegalidade dessas ações era tão evidente que um juiz do Supremo, a quem Moro responde formalmente, teve de repreendê-lo, ainda que sem muito alarde e sem nenhuma sanção. Mesmo sendo "inapropriada", como dissera brandamente seu superior, a ação de Moro tinha causado o efeito desejado.

Na maioria das democracias contemporâneas, a separação dos poderes é uma ficção bem-educada quando, na prática, os Supremos Tribunais se submetem às vontades do governante da vez. Nesse ponto, os Estados Unidos são exceção. A norma é o contorcionismo empreendido pelo Tribunal Constitucional da Alemanha – geralmente visto como exemplo de independência judicial – para permitir violações à *Grundgesetz* alemã e ao Tratado de Maastricht, a pedido de quem quer que esteja no poder em Berlim. No Brasil, a politização do Judiciário é uma tradição antiga. A figura ubuesca de Gilmar Mendes talvez seja um caso extremo, quiçá revelador. Como presidente, Fernando Henrique protegeu o amigo de acusações criminais, concedendo a ele status ministerial – Mendes agora ataca Dilma por fazer o mesmo com Lula – antes de promovê-lo ao Supremo Tribunal. Para se encontrar com ele sem chamar atenção, Fernando Henrique usava a garagem subterrânea do Supremo. "Tucano demais" até para jornalistas de direita como Eliane Cantanhêde, Mendes podia ser visto em almoços sociais com figuras importantes do partido logo após absolvê-las de atos ilícitos e não hesitava em utilizar dinheiro público para matricular seus subordinados em uma faculdade de Direito particular e com fins lucrativos da qual ele era o proprietário, ao mesmo tempo que ocupava um assento como juiz no maior tribunal da nação. Suas censuras ao PT são inúmeras.

Uma geração mais jovem, Sergio Moro tem outro perfil. Os Estados Unidos – país onde estudou e que visita frequentemente – são sua referência. Provinciano laborioso, ele não deve nada a patronagens e compadrios, mas, desde o início de sua carreira, quando tinha pouco mais de trinta anos, já demonstrava indiferença em relação a princípios básicos das leis e regras acerca das provas. Essas opiniões surgem em um artigo intitulado "Considerações sobre a Operação *Mani Pulite*", no qual exaltava o exemplo dos magistrados italianos dos anos 1990 em termos que antecipavam os procedimentos que ele próprio adotaria uma década depois. Em vez de se debruçar sobre a extensa bibliografia a respeito da Tangentopoli, Moro se contentou com duas obras de apologia feitas pela equipe de Milão e que estão disponíveis aos leitores americanos. Em seu artigo, esses trabalhos são citados sem nenhuma reflexão crítica. Ele também toma como verdade absoluta as afirmações de um mafioso *pentito* que vivia de pensão do Estado, ainda que essas afirmações tenham sido rejeitadas pela corte. Nesse artigo, Moro afirma que a presunção de inocência não deve ser vista como "absoluta", sendo apenas um "instrumento pragmático" que pode ser retirado segundo a vontade do magistrado. Ele também celebra os vazamentos seletivos para a imprensa como forma de "pressão" sobre os acusados quando "objetivos legítimos não podem ser atingidos por outros métodos".

O perigo de um Judiciário atuando nesse espírito é o mesmo no Brasil e na Itália: faz com que uma campanha absolutamente necessária contra a corrupção acabe tão infectada de desdém pelo devido processo e de conivência inescrupulosa com a imprensa que, em vez de infundir uma nova ética da legalidade, confirma o antigo desrespeito social pela lei. Berlusconi e seus herdeiros são a prova viva disso. Todavia, o quadro brasileiro difere do italiano em dois aspectos. O primeiro é que não há nenhum Berlusconi ou Renzi despontando no horizonte brasileiro. Isso faz com que Moro, cuja fama já excede a de qualquer um de seus modelos italianos, sem dúvida seja convocado a preencher o vazio político, caso a Lava Jato de fato promova uma limpeza geral da velha ordem. Nesse caso, o destino medíocre de Antonio di Pietro – o magistrado mais popular da operação milanesa – deve servir de alerta ao brasileiro, que de todo modo já apresenta uma visão de mundo mais genuinamente puritana, que deve protegê-lo contra a tentação de entrar para a política. O espaço para uma ascensão meteórica também tende a ser menor, pois há uma diferença crucial entre as duas cruzadas contra a corrupção. Enquanto a Tangentopoli atingiu diretamente os partidos mais tradicionais da Itália – a Democracia Cristã e o Partido Socialista, que juntos permaneceram no poder por trinta anos –, a mira da Lava Jato não são os governantes tradicionais, que em sua maioria foram poupados, mas a nova elite política que os depôs. A operação brasileira parece ser muito mais unilateral, polarizando ainda mais as opiniões.

Essa divisão tem sido fortemente acentuada por uma segunda diferença entre a Itália dos anos 1990 e o Brasil de hoje. Quando a Tangentopoli atingiu o sistema político italiano, a imprensa se repartiu em diversas frentes de opinião. Enquanto os jornais independentes tendiam a prestar um apoio indiscriminado ao Judiciário de Milão, o conglomerado do diretor-executivo da Olivetti, De Benedetti, que publicou a maior parte dos vazamentos, trombeteava as acusações envolvendo democratas-cristãos e socialistas, ao passo que dizia o mínimo possível sobre acusações que envolviam seu proprietário. Já o império televisivo e impresso de Berlusconi foi para cima dos magistrados. O resultado disso é que, com o passar do tempo, a sociedade italiana passou a fazer um questionamento muito maior das ações – várias extremamente corajosas, outras extremamente duvidosas – de diferentes níveis do judiciário se comparado ao que fez a sociedade brasileira. Já no Brasil, a imprensa está unida em um único bloco de hostilidade ao PT, mantendo-se acrítica acerca das estratégias de vazamento e das pressões vindas de Curitiba, e agindo como porta-voz da Lava Jato. O Brasil possui alguns dos melhores colunistas do mundo, cujos textos têm analisado a crise atual num nível intelectual e literário muito superior ao da arraia-miúda do *Guardian* ou do *New York Times*. Mas essas vozes são minoritárias em meio a um matagal de conformistas que se limitam a ecoar a opinião dos editores e dos donos de jornal.

Basta comparar a cobertura de qualquer vazamento ou revelação que prejudique o PT com o tratamento dado às informações e rumores que afetam a oposição para notar o quanto a imprensa tem se valido de dois pesos e duas medidas. Em meio às operações da Lava Jato, surgiu um exemplo bastante didático dessa parcialidade. Em 1989, o Brasil vivia um dos momentos mais decisivos e famosos de sua história moderna quando Lula estava prestes a vencer as eleições em sua primeira corrida presidencial. Àquela altura, ele ainda era visto pelo *establishment* como um radical perigoso e, na véspera do pleito, uma ex-namorada surge em um programa de TV de Collor, seu oponente, paga pelo irmão do adversário, acusando Lula de ter pedido que ela fizesse um aborto quando estava grávida de um filho dele. Amplamente repercutido pela imprensa, o caso selou a derrota do petista. Dois anos depois, Fernando Henrique era um senador proeminente do PSDB e já estava sendo cotado como futuro candidato à Presidência quando a história de seu caso extraconjugal com uma jornalista ficou amplamente conhecido no meio político. A amante em questão trabalhava para a Globo – o mesmo canal que arruinara a campanha de Lula em 1989 –, e, logo após dar à luz uma criança, foi transferida para trabalhar em Portugal. Em 1994, FHC disputava a Presidência, depois de ter sido ministro da Fazenda. Enquanto isso, o trabalho da amante na Rede Globo foi se tornando uma mera formalidade, ainda que o canal continuasse pagando seu salário. Assim que ele foi eleito, seu braço direito, o filho de ACM, aconselhou a mulher a não retornar ao Brasil para não comprometer a reeleição. Quando a Globo cortou seu salário, criou-se para ela um trabalho fictício como pesquisadora de mercado na Europa para uma cadeia de *duty-free* que recebera das mãos de Fernando Henrique o monopólio dos aeroportos brasileiros. Por meio dessa empresa, o seu relato deixava entrever, Cardoso teria lavado cerca de 100 mil dólares para ela por meio de uma conta bancária nas Ilhas Cayman. Pagamento para ficar calada ou pensão para o filho? Quando essa história veio à tona, Lula enfrentava um tornado midiático envolvendo suas escolhas de moradia. A imprensa garantiu que o caso de Cardoso recebesse a menor cobertura possível. A empresa está sendo investigada por transação criminosa. Fernando Henrique se diz inocente, e ninguém espera que essa história lhe renda qualquer dor de cabeça.

 Será que o mesmo vale para a oposição de modo geral? Moro liberou seus grampos incendiários no dia 16 de março. Uma semana depois, a polícia de São Paulo fez uma operação de busca e apreensão na casa de um dos executivos da Odebrecht: a maior empreiteira da América Latina, cujo presidente havia acabado de ser condenado a dezenove anos de prisão pelo crime de suborno. Durante essa busca, os policiais encontraram uma série de tabelas que listavam 316 políticos de destaque com valores em dinheiro ao lado de cada um dos nomes. A lista incluía figuras do alto escalão do PSDB, do PMDB e de vários outros partidos – um panorama da classe política brasileira. Objetivamente, a lista trazia um conteúdo muito mais explosivo do que a conversa entre Lula e Dilma. Porém, era menos conveniente. De Curitiba, Moro agiu rapidamente, ordenando que as listas fossem mantidas em sigilo para evitar especulações. Foi o exato oposto do que fizera no caso do grampo presidencial. Mesmo assim, o alarme havia sido disparado: a Lava Jato podia sair do controle. Se fosse para derrubar Dilma, era necessário que isso fosse feito antes que a lista da Odebrecht colocasse seus acusadores na mira. Poucos dias depois, o PMDB anunciou sua saída do governo, dando início à contagem regressiva para a votação do *impeachment*. Se no início do ano parecia difícil que o *impeachment* recebesse os três quintos de votos de que precisava na Câmara dos Deputados, agora essa marca era plausível.

Conforme a pressão da direita aumentava, foi ficando cada vez mais claro que só a mobilização popular poderia impedir a queda de Dilma. Mas a capacidade de mobilização do PT era limitada justamente pelo legado de seu domínio. O partido não estava com muita moral para pedir que seus simpatizantes o defendessem por pelo menos três motivos. O primeiro é que se os casos de corrupção afastaram a classe média que antes se identificava com o partido, a política de austeridade o levou a perder sua antiga base entre os pobres, fazendo com que as manifestações convocadas contra o *impeachment* fossem bem menos grandiosas do que aquelas a favor. Quem saía às ruas em defesa de Dilma eram sobretudo os sindicatos e os funcionários públicos. A ausência dos pobres era eloquente. Enquanto as zonas rurais onde o PT era influente encontravam-se socialmente dispersas, as grandes cidades do Centro-Sul – reduto da nova direita – se mantinham coesas. E ainda havia a inevitável desmoralização conforme mais e mais escândalos varriam o partido, criando um sentimento de culpa difuso que, por mais que fosse suprimido, enfraquecia qualquer espírito de luta.

Por fim, o mais importante. Quando Lula chegou ao poder, o partido havia se tornado basicamente uma máquina eleitoral cujo financiamento vinha primeiro de doações corporativas e só depois da contribuição de seus filiados, como acontecia no começo. O PT se contentou com uma adesão passiva à figura de seus líderes, sem se importar em promover ações coletivas de base. Desse modo, o espírito de mobilização ativa que o fundara nos centros industriais brasileiros foi se tornando uma lembrança distante à medida que o partido se espalhava por territórios e camadas sociais intocadas pela industrialização e com tradições profundamente arraigadas de submissão à autoridade e ao medo da desordem. Essa era uma cultura política que Lula compreendia muito bem e que não fez nenhum esforço consistente para alterar. Para ele, o custo poderia ser alto demais. Sua estratégia foi ajudar as massas por meio de uma relação harmoniosa com as elites, para as quais qualquer polarização mais vigorosa era um tabu. Em 2002, ele finalmente chegou à Presidência, em sua quarta tentativa. O *slogan* de sua campanha era "paz e amor". Em 2016, em meio a um linchamento político, ele continuava evocando essas duas palavras diante de uma multidão que esperava algo mais combativo.

Essa discrepância entre reação e ataque marca um padrão que, desde a virada do século, vem separando a política brasileira do resto da América Latina. Ele não é o único país onde um conflito de classes acabou gerando uma crise, mas foi o único onde isso se deu de modo tão unilateral. Mesmo quando Lula estava no auge de seu prestígio como presidente, havia uma constante assimetria entre as políticas moderadas e complacentes do PT e a hostilidade de uma classe média e de uma imprensa raivosas. Os últimos dezoito meses viram essa aversão unilateral assumir expressões cada vez mais violentas. Um vereador do PMDB do interior de São Paulo podia pedir publicamente que Lula fosse morto como uma víbora pisoteada. No Rio Grande do Sul, um pediatra se recusou a atender um bebê de um ano de idade porque a mãe era petista e foi apoiado pelo Conselho Regional de Medicina e pela Associação de Médicos. Um juiz do Supremo fez uma leve reprovação pró-forma a Moro e teve a fachada de seu prédio infestada de faixas que o denunciavam como "traidor" e "pateta do PT" e manifestantes que tocavam seu hino: "O capitalismo veio para ficar". Conforme o dia D do *impeachment* se aproximava, fanáticos eram informados onde moravam os deputados considerados mais recalcitrantes e, em todo o país, acampavam em frente às suas casas para intimidá-los. A bolsa manteve um ritmo meticuloso, subindo quando Lula foi detido, caindo quando foi nomeado chefe de gabinete, subindo novamente quando sua nomeação foi bloqueada. Enquanto isso, a opinião respeitável consentia com a farsa de um Congresso de ladrões, liderado por Cunha, depondo uma presidente por irregularidades orçamentárias.

No dia 17 de abril, uma Câmara dos Deputados na qual mais da metade dos membros enfrentavam algum tipo de investigação criminal votou o *impeachment* da presidente. Em um processo orquestrado por Cunha, o maior trapaceiro da política nacional, um deputado após o outro pegava o microfone, evocava Deus e a família e, ignorando as acusações meramente formais contra Dilma, votava por sua retirada do cargo. Ex-paraquedista do Exército, o carioca Jair Bolsonaro comemorou uma vitória comparável àquela de 1964, quando os militares salvaram o país do comunismo, e dedicou seu voto à memória do coronel Carlos Brilhante Ustra, torturador da ditadura. Ele tinha motivos para comemorar. Sem os 37 votos fornecidos por seu partido e pela encarnação atual do PFL, o *impeachment* teria fracassado. No dia seguinte, Cardoso se regozijava com o resultado e exaltava esse espetáculo degradante como sendo uma demonstração "bonita e positiva da democracia"[19]. *Bonita e positiva*, nada menos que isso.

Três semanas depois, o Senado votou para que Dilma fosse afastada do cargo por seis meses enquanto aguardava um julgamento cujo resultado seria uma conclusão precipitada e para que seu vice, Michel Temer – um veterano sepulcral do PMDB, famosamente comparado a um "mordomo de filme de terror" –, fosse instalado como presidente interino. Temer já havia abandonado

---

[19] *Folha de S.Paulo*, 18 abr. 2016.

Dilma meses antes e vinha preparando o terreno com um programa econômico que deixava claro que, caso assumisse, o país estaria em boas mãos. O pacote consistia em um plano de estabilização convencional, incluindo privatizações, reforma previdenciária, suspensão de gastos em saúde e educação que eram obrigatórios segundo a Constituição, e mesclando essas medidas com promessas de assistência aos mais pobres. Com o apoio de três quintos dos parlamentares, Temer não teve nenhuma dificuldade para montar um governo de coalizão reunindo PMDB, PP, PSDB e uma gama heterogênea de partidos menores, o que lhe rendeu um poder muito maior do que o de Dilma para aprovar suas propostas e melhorar os indicadores econômicos que interessassem ao mercado financeiro, quaisquer que fossem os custos para os mais carentes. Mesmo assim, uma conjuntura global adversa e uma taxa de investimento persistentemente baixa desde o fim da ditadura fazem com que seja difícil prever uma grande melhora para o país num futuro próximo.

Além disso, a estabilidade política dificilmente está garantida. Uma pergunta óbvia é se o choque do *impeachment* vai desanimar por completo a base que apoiava o governo Dilma ou se, pelo contrário, atiçará nela uma resistência mais feroz ao *establishment* do que vinha demonstrando. Na fileira dos vencedores, as coisas tampouco devem ser fáceis. Um constrangimento que se avizinha é o processo casado contra a chapa Dilma e Temer, lançado pelo PSDB quando o partido esperava dar um xeque-mate forçando novas eleições e que ainda será julgado pelo Supremo Tribunal Eleitoral. A acusação é de que a chapa teria burlado o regulamento eleitoral durante a campanha de 2014 e, caso seja julgada procedente, anularia tanto a eleição de Dilma quanto a de Temer. O processo não pode ser retirado, mas, como Mendes assumiu a presidência do TSE em maio, podemos confiar que a Justiça brasileira contorne essa dificuldade. Uma dúvida ainda maior é qual será o impacto que a Lava Jato ainda pode ter sobre os próprios defensores do *impeachment*. Assim que sua tarefa enquanto arquiteto do *impeachment* foi cumprida, Cunha foi imediatamente retirado do cargo por um juiz do Supremo, em uma decisão flagrantemente política e de fato inconstitucional que visava a limpar a imagem do novo governo. Mesmo assim, ao menos cinco membros do gabinete de Temer – incluindo um colega do PMDB que assumiu o Planejamento e um aliado peessedebista que ocupou o Ministério das Relações Exteriores – estão envolvidos em casos de corrupção ainda em andamento. O drama do *impeachment* serviu para desviar a atenção pública das listas da Odebrecht, mas será possível apagá-las da memória uma vez passado o tumulto? Essas listas implicam toda uma classe política. Será que a Justiça brasileira consegue varrer mais esse inconveniente para debaixo do tapete, em nome, naturalmente, da reconciliação nacional?

Não dá para negar que o Partido dos Trabalhadores passou por uma mutação que o incluiu nas fileiras deformadas do restante da fauna política brasileira, ao lado do PMDB, PSDB, PP e de outros da mesma laia. Até agora, dois presidentes do partido, dois tesoureiros, um presidente e um vice-presidente da Câmara dos Deputados e seu líder no Senado foram presos, afundando num lodo de corrupção que desconhece fronteiras políticas. Emblematicamente, o último dos notáveis a cair – e aquele que tinha um volume mais expressivo de delações – foi o senador Delcídio do Amaral: um desertor do PSDB, pilar do partido de Fernando Henrique na máquina da Petrobras. Mais da metade do Congresso encontra-se na lista de pagamento das empreiteiras, cujas doações financiam suas campanhas eleitorais. A degradação do sistema político se tornou tão evidente que, no fim de 2015, o STF – que está longe de ser um areópago da integridade imparcial – finalmente decidiu que o financiamento privado de campanhas é inconstitucional, proibindo doações empresariais. O Congresso reagiu de imediato, com emendas constitucionais que autorizavam as doações, mas o assunto segue congelado na Câmara. Se confirmada sem ser driblada, a decisão provocará uma revolução no funcionamento da democracia brasileira: o único resultado inegavelmente positivo da crise até agora.

Houve um tempo em que o Partido dos Trabalhadores acreditou que poderia se valer da ordem estabelecida para ajudar os pobres sem prejudicar os ricos, contando até com a ajuda deles. E ele, de fato, conseguiu ajudar os pobres. No entanto, assim que o PT aceitou o preço de entrar em um sistema político doente, a porta se fechou às suas costas. O próprio partido feneceu, virando um enclave do Estado, sem qualquer autocrítica ou direção estratégica, tão cego que trocou seu melhor pensador por uma maçaroca de marqueteiros e pesquisadores de opinião, tornando-se tão insensível que passou a conceber o lucro, não importa de onde viesse, como condição para o poder. Suas conquistas permanecerão, mas não se sabe se o próprio partido vai sobreviver. Um ciclo se encerra na América do Sul. Durante uma década e meia, o continente foi a única parte do mundo em que movimentos sociais rebeldes coexistiram com governos heterodoxos, em um ambiente livre da atenção dos Estados Unidos, sustentado pela alta das *commodities* e profundamente arraigado nas tradições populares. Seguindo os rastros de 2008, hoje vemos movimentos rebeldes em toda parte, mas pouquíssimos governos heterodoxos. Uma exceção global está se encerrando, sem revezamento à vista.

Bolsonaro
2019

I.

A teratologia da imaginação política contemporânea – já bastante pródiga: Trump, Le Pen, Salvini, Orbán, Kacznyski, ogros vários e variados – acaba de ganhar um novo monstro. Destacando-se em meio à lama, o presidente eleito do Brasil enalteceu o mais notório torturador na história de seu país; afirmou que a ditadura militar deveria ter eliminado 30 mil adversários; disse a uma deputada que ela não merecia ser estuprada por ser feia demais; anunciou que preferia perder um filho em um acidente de carro a descobri-lo homossexual; declarou aberta a temporada de exploração na Floresta Amazônica; e, no dia seguinte à eleição, prometeu a seus seguidores banir a escumalha vermelha. Na opinião de seu indicado para o Ministério da Justiça, Sergio Moro – que está longe de ser um magistrado qualquer: é saudado mundo afora como epítome de integridade e independência –, Jair Bolsonaro é um "moderado".

Ao que tudo indica, o veredito das urnas em outubro passado apresentava uma mensagem clara: depois de governar o país por catorze anos, o Partido dos Trabalhadores (PT), liderado por Lula e Dilma, foi amplamente rejeitado, e agora até mesmo a sua sobrevivência política pode estar em risco. Encarcerado por Moro, o governante mais popular da história do Brasil aguarda novas sentenças de prisão. Sua sucessora, despejada do cargo a meio caminho do segundo mandato, transformou-se praticamente numa pária, reduzida que foi a um humilhante quarto lugar na disputa estadual por um assento no Senado. Como pôde ocorrer tal virada? Em que medida ela foi circunstancial? Ou esse desfecho era líquido e certo? O que explica o radicalismo do resultado? Comparados com a convulsão pela qual o Brasil passou nos últimos cinco anos – e a gravidade de seu possível desenlace –, o histrionismo das reações ao Brexit, no Reino Unido, e as birras contra Trump, nos Estados Unidos, parecem muito barulho por nada.

A política brasileira tem um caráter italianado: é intrincada e tortuosa. Mas é inevitável, se se quer saber o que afinal aconteceu no país, tentar entender algo desse emaranhado político. Quando Lula deixou a Presidência, em 2010, a economia registrava crescimento de 7,5%, a pobreza havia sido reduzida pela metade, novas universidades se multiplicavam, a inflação era baixa, o orçamento e as transações comerciais com o restante do mundo apresentavam superávit, e o índice de aprovação do presidente superava os 80%. Para sucedê-lo, Lula escolheu sua ministra-chefe da Casa Civil, Dilma Rousseff, ex-integrante da luta armada contra a ditadura militar, nos anos 1960, que nunca havia ocupado, nem mesmo concorrido, a um cargo eletivo. Com Lula a seu lado, Dilma venceu com facilidade, obtendo maioria de 56% dos votos válidos, e tornou-se a primeira mulher a chegar à Presidência do Brasil. No início, foi bem recebida por uma classe média que detestava Lula e, durante dois anos, gozou de ampla popularidade, exibindo tranquilidade e competência. A situação que havia herdado, porém, era menos rósea do que parecia. A alta no preço das *commodities* havia sustentado a bonança econômica da era Lula sem que as taxas historicamente modestas de investimento e produtividade se alterassem. Mal Dilma assumiu o cargo, em 2011, e o preço desses produtos começou a ruir, derrubando a taxa de crescimento para 1,9% em 2012. Em 2013, o Federal Reserve [Banco Central dos Estados Unidos] decidiu interromper a compra de títulos, desencadeando uma crise no mercado de capitais e empurrando financiamentos estrangeiros para fora do Brasil. O balanço de pagamentos se deteriorou. A inflação subiu. Os anos de prosperidade e euforia acabaram.

Politicamente, o governo do PT tinha as mãos amarradas desde o início. Após a redemocratização do país no fim dos anos 1980, três partidos ganharam corpo e destaque: no campo da centro-direita, o PSDB, que posava de "social-democrata" e se apresentava como opção para os grandes negócios e a classe média; em posição intermediária, o teoricamente "democrático" PMDB (mais tarde apenas MDB), uma extensa rede de clientelismo espalhada por áreas rurais e pequenas cidades, extraindo e distribuindo benefícios ora federais, ora estaduais; e à esquerda, o PT, único partido formado por algo mais que um amontoado de figurões regionais e seus subordinados. À margem desse trio, no entanto, em consequência do sistema de representação proporcional de lista aberta dividido em amplos colégios eleitorais, proliferou uma infinidade de pequenos partidos sem orientação ideológica, criados apenas para drenar fundos públicos e obter favores para seus líderes. Nesse contexto, nenhum presidente jamais liderou um partido com mais de um quarto das cadeiras do Congresso, instância pela qual passa toda a legislação relevante, o que faz das coligações uma condição necessária para governar e da farta distribuição de sinecura uma premissa incontornável para a formação dessas mesmas coligações.

Durante vinte anos, a Presidência foi ocupada por apenas dois partidos, PSDB e PT. O primeiro, comprometido em promover no país o que chamou de "choque de capitalismo" salutar, teve pouca dificuldade em encontrar aliados nas oligarquias tradicionais do Nordeste e entre os eternos predadores do PMDB, aliados naturais de um regime liberal-conservador. Quando Lula chegou ao poder, porém, o PT não queria depender desses grupos e passou a trabalhar para construir uma maioria no Congresso a partir do lodaçal de pequenos partidos, um mais venal que o outro. Para evitar que controlassem muitos ministérios – a contrapartida geralmente oferecida em troca de apoio –, o partido distribuía, por baixo do pano, pagamentos mensais em dinheiro. Quando esse sistema, que ficou conhecido como "mensalão", foi exposto em 2005, houve uma primeira impressão de que ele poderia até derrubar o governo. Porém, Lula continuou popular entre os pobres e, ao se livrar de assessores próximos e buscar no PMDB um apoio mais ortodoxo para garantir maioria no Congresso, sobreviveu à comoção do momento e acabou por ser triunfalmente reeleito. No segundo mandato, o PMDB já se tornara um braço estável do governo, recebendo em troca uma série de nomeações na máquina estatal, nas esferas federal e locais, desde o nível ministerial até os escalões inferiores. Quando seu mandato chegava ao fim, Lula escolheu o então presidente da Câmara dos Deputados, Michel Temer – personificação dos procedimentos e da perspectiva do partido –, para ser vice-presidente de Dilma, unindo, dessa forma, um veterano de esquemas e intrigas de bastidores a uma política nova.

A herança econômica foi a primeira a derreter. Em 2013, a relação entre classe média e governo já tinha azedado, e aumentos de preços alimentavam a tensão popular nas grandes cidades. Lula havia repassado recursos para os mais pobres – aumentou o salário mínimo, barateou o crédito e implementou políticas de transferência de renda –, mas privilegiou o consumo, não os serviços públicos, que, de modo geral, continuaram péssimos. Em meados do ano, uma alta nas tarifas de transporte público desencadeou protestos liderados por jovens ativistas de esquerda em São Paulo. A repressão policial amplificou os atos, que se tornaram enormes manifestações de rua Brasil afora. Com crescente participação da direita e apoio dos meios de comunicação mais poderosos do país, as reivindicações iniciais logo se tornaram um vale-tudo contra os políticos em geral, e o PT em particular. Em quinze dias, os índices de aprovação de Dilma despencaram de 57% para 30%. Combinando cortes de gastos e iniciativas de bem-estar social pouco dispendiosas, ela conseguiu recuperar respaldo nos meses seguintes. No início de 2014, contudo, minas terrestres de conteúdo político, de há muito enterradas, começaram a explodir. Escutas feitas pela Polícia Federal para investigar operações de lavagem de dinheiro em um lava-rápido de Brasília revelaram um esquema de corrupção generalizado na Petrobras, empresa cujas ações estavam entre as mais valorizadas do mundo na época. Uma série de vazamentos relativos a essa investigação, explorados com interesse crescente pela mídia, indicava conexões com o PT que datavam do governo Lula. A notícia repercutiu com força em um ambiente já altamente carregado, em consequência do julgamento, encerrado no fim de 2012 (sete anos após a denúncia), dos principais quadros petistas envolvidos no mensalão.

Assim, quando Dilma se candidatou à reeleição, em 2014, enfrentou uma oposição muito mais agressiva do que em 2010. E teve, novamente, um candidato do PSDB a enfrentá-la no segundo turno. Dessa vez, tratava-se de um rebento da classe política mineira tradicional: Aécio Neves, neto *playboy* de Tancredo Neves, que teria sido o primeiro presidente da era pós-militar, em 1985, não tivesse morrido antes de tomar posse. Confiante na vitória, Aécio acusou Dilma de incompetência e esbanjamento de gastos, levantou suspeita de delitos e, assim, chegou perto de derrotá-la. Conduzindo uma campanha combativa, mas desajeitada, na qual teve fraco desempenho nos debates, Dilma venceu por margem estreita, sustentada pelo compromisso de nunca aceitar a austeridade que, segundo ela, seu adversário queria infligir à população. Antes mesmo de assumir o cargo, porém, a presidente já enfrentava dificuldades. Pensando, talvez, em repetir o lance inicial de Lula, que logo ao assumir a Presidência apostou na rígida ortodoxia econômica a fim de tranquilizar os mercados, expandindo os gastos sociais apenas depois de consolidar as finanças públicas, Dilma escolheu para o comando do Ministério da Fazenda um executivo de banco treinado em Chicago, sinalizando que haveria um novo período de austeridade, e com isso traiu suas promessas de campanha com um arrocho que atingia diretamente o bolso dos mais pobres. Tendo afastado a esquerda, ela então se indispôs também com a direita ao tentar impedir que o PMDB mantivesse o influente assento, anos antes ocupado por Temer, de presidente da Câmara, cuja cooperação é em geral necessária para a aprovação de seus projetos de lei, e acabou clamorosamente derrotada pelo candidato do partido, Eduardo Cunha, nome que é sinônimo de manipulação implacável e ausência de escrúpulos. O PT, que havia conquistado apenas 13% dos votos para a Câmara, tornava-se extremamente vulnerável no *front* legislativo.

O PSDB, por sua vez, não aceitou tranquilamente a derrota no pleito presidencial. Furioso por ver escapar o triunfo que dava como certo, Aécio apresentou, junto ao Tribunal Superior Eleitoral (TSE), acusações de despesas de campanha ilegais por parte da chapa vencedora, na esperança de anular o resultado e provocar uma nova eleição, na qual – haja vista a decepção popular com o rumo econômico dado por Dilma – dessa vez poderia ter certeza de vitória. Contudo, dentro do PSDB – um conglomerado de notáveis endinheirados e com ambições próprias – não havia consenso em relação a apoiar Aécio. O candidato derrotado do partido à Presidência em 2002 e 2010, José Serra, agora senador por São Paulo, enxergou uma via alternativa para o despejo de Dilma, um caminho que poderia ampliar o apoio à derrubada da presidente e ainda favorecê-lo. A desvantagem da rota adotada por Aécio era que, por ameaçar tanto Temer quanto Dilma, tinha pouco apelo para o PMDB. Serra era próximo de Temer; na política de São Paulo, colaboravam mutuamente havia tempos. Melhor então seria lançar o processo de *impeachment* contra Dilma no Congresso, onde se poderia esperar que Cunha desse um encaminhamento favorável. O êxito dessa estratégia automaticamente faria de Temer presidente e daria a Serra o ponto de partida ideal para sucedê-lo, deixando Aécio para trás.

Temer, claro, viu esse esquema com bons olhos, e então os dois começaram, sorrateiramente, a se mexer para executá-lo. Por trás da dupla pairava, de forma ainda mais discreta, outro nome do PSDB, o veterano estadista Fernando Henrique Cardoso, amigo íntimo e conselheiro de Serra que nunca gostara de Aécio. Restava, então, elaborar o pretexto para o *impeachment*. Chegou-se a um consenso de que seria uma questão técnica: Dilma teria infringido a lei ao postergar pagamentos de contas públicas a fim de se beneficiar, nas eleições, da aparência de que elas estavam em ordem. Que isso fosse prática antiga, comum a governos anteriores, pouco importava. Afinal, em meados de 2015, a paisagem política havia sido chacoalhada por um terremoto que soterrara as manobras corriqueiras de Brasília.

Desde o início, as investigações da Lava Jato ficaram sob a jurisdição do estado de onde vinha o doleiro Alberto Youssef, primeiro acusado de relevo a ser preso: o Paraná, uma sociedade provinciana, e atipicamente de classe média, no sul do Brasil. Sergio Moro, paranaense que ganhara experiência trabalhando como assistente no julgamento do mensalão, atuava como juiz na capital, Curitiba.

Como deixou claro em artigo publicado uma década antes do início da Lava Jato, seu modelo operacional seria o processo anticorrupção *Mani Pulite* [Mãos Limpas], que foi conduzido por um grupo de magistrados em Milão e destruiu os partidos que estavam no poder na Itália no início dos anos 1990, marcando o fim da Primeira República. Moro deu destaque positivo a duas características do processo italiano: o uso da prisão preventiva para garantir delações e o vazamento estratégico, para a imprensa, de informações relativas a investigações em andamento, a fim de despertar a opinião pública e pressionar alvos e tribunais. O teatro da mídia importava mais que a presunção de inocência, pois esta – explicou Moro – estava sujeita a considerações pragmáticas[1].

Responsável pela Lava Jato, Moro se revelou um excepcional produtor de shows. As sucessivas operações – batidas policiais, prisões em massa, uso de algemas, confissões – ganhavam enorme publicidade, com direito a alertas antecipados para a mídia impressa e a televisão. Cada ação era cuidadosamente numerada (até agora, foram 57 operações, que resultaram em sentenças que somam mais de mil anos) e batizada com um nome escolhido por seu efeito dramático, remetendo ao imaginário cinematográfico, clássico ou bíblico: Bidone, Dolce Vita, Casablanca, Nessun Dorma, Erga Omnes, Aletheia, Juízo Final, Déjà-Vu, Omertà, Abismo etc. Os italianos se orgulham de ter um talento especial para o espetáculo: a atuação de Moro deixou seus mentores milaneses no chinelo.

Durante um ano, as operações da Lava Jato concentraram-se sobretudo em ex-diretores da Petrobras, acusados de receber e distribuir vultosas propinas. Ainda em 2015, derrubaram o primeiro quadro importante do PT, o tesoureiro João Vaccari Neto, preso em abril. Poucas semanas depois, também foram detidos altos executivos das duas maiores construtoras do país, Odebrecht e Andrade Gutierrez, conglomerados continentais com operações em toda a América Latina. A essa altura, manifestações em apoio a Moro, clamando por punição para o PT e pedindo o afastamento de Dilma, se intensificavam, tomando conta dos meios de comunicação e sitiando o Congresso; ali, Cunha, ainda formalmente parte da coalizão governante, abria espaço na pauta para o *impeachment*. Isolada e enfraquecida, Dilma aceitou o conselho de seus ministros petistas de que deveria convocar Lula, a única pessoa suficientemente familiarizada com os meandros do Congresso – que ela não conseguira dominar – para tentar reverter a situação. Lula rapidamente se pôs a remendar a relação com o PMDB. Nesse

---

[1] Sergio Fernando Moro, "Considerações sobre a operação *Mani Pulite*", *Revista CEJ*, Brasília, n. 26, jul.-set. 2004, p. 56-62.

meio tempo, surgiram, de modo repentino e bombástico, informações de que Cunha mantinha milhões de dólares em contas bancárias secretas na Suíça. Vendo-se igualmente ameaçado de destruição pela Lava Jato, Cunha propôs um pacto de proteção mútua: bloquearia o processo contra Dilma se o governo bloqueasse o processo contra ele. Lula pediu a aceitação do acordo, e a cúpula, em Brasília, chegou a um entendimento. Porém, a liderança nacional do PT, em São Paulo, temendo que a notícia desse acordo apenas respaldasse a percepção pública de que o partido era extremamente corrupto, instruiu seus deputados a votar pela abertura da ação contra Cunha. Em retaliação, ele imediatamente abriu caminho para que as acusações do PSDB contra Dilma fossem levadas à deliberação no Congresso.

Moro, enquanto isso, preparava seu golpe de misericórdia. Na primeira semana de março de 2016, a operação Aletheia deteve Lula nas primeiras horas da manhã e o conduziu para depoimento. Fotógrafos da mídia impressa e equipes de TV, avisados com antecedência, cercavam o ex-presidente, agitando câmeras e holofotes em meio à escuridão. Lula estava, enfim, sob investigação formal da Lava Jato. O sensacionalismo não parou ali. Um telefonema de Dilma para Lula, em que discutiam procedimentos para nomeá-lo ministro-chefe da Casa Civil, foi interceptado por Moro e instantaneamente vazado para a imprensa. Como políticos de nível ministerial e membros do Congresso gozam de imunidade parlamentar – salvo interferência do Supremo Tribunal Federal (STF) –, houve grande alvoroço. Alçar Lula ao governo seria, pura e simplesmente, uma maneira de mantê-lo fora da prisão. A nomeação foi suspensa por dois juízes de Brasília; o primeiro, notório por vociferar publicamente contra o PT no Facebook; o segundo, por ser um conhecido partidário do PSDB no STF.

A pressão das ruas em favor do *impeachment* era enorme: em todo o Brasil, 3,6 milhões de manifestantes clamavam pela retirada de Dilma já em meados de março. Ainda não estava claro, no entanto, se a maioria de dois terços, necessária para o *impeachment*, poderia ser alcançada no Congresso. Em pouco tempo, porém, uma operação da Lava Jato apreendeu *laptops* da Odebrecht com registros codificados de pagamentos feitos, segundo os boatos, a cerca de duzentos políticos brasileiros, oriundos de praticamente todos os partidos. A descoberta fez disparar um alarme entre a classe política. Em poucos dias, Romero Jucá, ex-líder do governo no Senado e homem forte do PMDB, foi gravado dizendo a um colega que era preciso "estancar essa sangria". Como "os caras do Supremo" haviam dito a ele que isso seria impossível enquanto Dilma estivesse no poder e a mídia inteira pedisse a cabeça dela, continuou Jucá, era preciso substituí-la imediatamente por Temer e, em seguida, instituir um governo nacional com apoio do Supremo e do Exército – Jucá mantinha conversas com generais. Só assim a Lava Jato poderia ser freada antes que os atingisse[2]. Quinze dias depois da conversa, a Câmara aprovou o *impeachment* de Dilma, com Cunha presidindo a sessão. Com a missão cumprida, Moro poderia, enfim, prendê-lo. O Supremo determinou que o Congresso o afastasse do posto de presidente da Câmara e, algum tempo depois, ele teve o mandato cassado e acabou na prisão. Após um intervalo protocolar, o Senado condenou Dilma no processo aberto pela Câmara, e Temer assumiu a Presidência em definitivo. Em abril de 2018, Lula foi preso sob acusação de corrupção na intenção de compra de um apartamento à beira-mar, do qual ele nunca se tornara proprietário. Julgado em Curitiba, foi condenado a nove anos de prisão; ao recorrer, viu a pena subir para doze. Com seu primeiro presidente atrás das grades e a segunda arrancada de forma ultrajante do cargo, além de registrar uma baixa recorde de popularidade, o PT parecia ver seu desmanche completo.

A prova de que não era bem o caso veio com as reações ao encarceramento de Lula. Inimigos no PSDB apostavam que ele seguiria para o exílio, não para a cadeia, num voo em busca de segurança que selaria sua derrocada. Tomados de surpresa com o estoicismo de Lula ao aceitar a detenção, esses adversários não atentaram para o sentimento de solidariedade que aquele gesto poderia despertar. Em poucos meses, as pesquisas mostravam que ele permanecia o líder mais popular do país e, embora impedido de concorrer por ter sido condenado em segunda instância, seguia à frente de todos os outros pré-candidatos na disputa pela Presidência em 2018. O apelo pessoal de Lula, no entanto, era uma coisa; o futuro do PT, outra. O partido sofrera uma debacle sem precedentes na história do Brasil. Que tipo de ajuste de contas seria necessário para uma reparação? Em seus anos no poder, o partido pouco fizera para criar uma cultura de análise autocrítica ou de reflexão acerca dos próprios rumos ou do destino do país: nenhum jornal, nenhum periódico, nenhuma estação de rádio ou TV. Os intelectuais haviam sido úteis como ponte para a visibilidade pública no começo. Quando o partido chegou ao poder, embora muitas dessas figuras – talvez a maioria – continuassem a apoiá-lo, ele basicamente as ignorou, num filistinismo míope que só valorizava cálculos eleitorais.

---

[2] Rubens Valente, "Em diálogos gravados, Jucá fala em pacto para deter o avanço da Lava Jato", *Folha de S.Paulo*, 23 maio 2016.

Ainda que fosse imerecido e pouco apreciado, um pensador político de primeira linha compunha os quadros do partido. Filho de um imigrante judeu austríaco que se tornou um dos mais importantes economistas de esquerda do Brasil, André Singer foi membro fundador do PT em São Paulo, em 1980. Começou a carreira como jornalista e logo ascendeu a uma posição de comando no menos conservador dos dois grandes jornais da cidade, a *Folha de S.Paulo*, antes de se tornar secretário de imprensa e porta-voz presidencial de Lula durante o primeiro mandato, ao fim do qual pediu demissão para retomar sua carreira acadêmica como cientista político. Em 2012, Singer produziu o primeiro estudo sério da trajetória do partido no poder e do apoio social por ele recebido durante o governo Lula. Embora escrito com admiração respeitosa em relação ao que foi realizado, era demasiado lúcido e objetivo acerca da natureza e das causas do "reformismo fraco" em que o partido se ancorou para ser bem recebido internamente e teve, portanto, pouca ressonância ali. No ano passado, Singer publicou uma sequência, *O lulismo em crise**, que, espera-se – ainda que seja cedo para afirmar –, terá maior repercussão. De tempos em tempos, em diferentes países, alguns livros são comparados ao *18 de brumário***, de Marx, mas como síntese extraordinária de análise de classe, narrativa política e imaginação histórica, nenhum volume chegara perto dele até surgir esse *tour de force* saído do Brasil. O tom de Singer, frio e sóbrio, de paixão mais contida que explicitada, difere muito da ironia cáustica e da intensidade metafórica de Marx, e os eventos em questão têm sido, ao menos até agora, menos sangrentos. O tipo de inteligência mobilizada e seu alcance, porém, são equivalentes.

A pergunta que Singer tenta responder é: por que a fórmula de poder construída com tanto sucesso por Lula se desintegrou de forma tão espetacular? O argumento inicial é o de que não se trata de um caso comum de entropia no cargo. Dilma não era apenas uma imitação desajeitada que meteu os pés pelas mãos ao tentar seguir as mesmas políticas de seu antecessor. Ela tinha objetivos próprios, que diferiam dos dele. Singer define esses objetivos como uma combinação de "desenvolvimentismo" e "republicanismo". O primeiro, afirma, foi uma tentativa de acelerar o crescimento por meio de um uso mais ambicioso das ferramentas à disposição do Estado: controle da taxa de juros, empréstimos

---

* André Singer, *O lulismo em crise: um quebra-cabeça do período Dilma (2011-2016)* (São Paulo, Companhia das Letras, 2018). (N. E.)
** Karl Marx, *O 18 de brumário de Luís Bonaparte* (trad. Nélio Schneider, São Paulo, Boitempo, 2011). (N. E.)

públicos, incentivos fiscais, tributos sobre importações, gastos sociais – em suma, um conjunto de políticas econômicas mais intervencionista que o aplicado pelo PT até então. Quanto ao segundo item, Singer se refere ao republicanismo no sentido clássico, reconstruído por J. G. A. Pocock: a crença, comum nos séculos XVII e XVIII, de que a corrupção era um perigo perpétuo para a integridade do Estado e a segurança dos cidadãos. Vigiar os corruptos seria uma condição para a liberdade. Nos pontos em que o reformismo de Lula fraquejou, o projeto de Dilma buscou ser mais forte.

Seu efeito, no entanto – segundo o argumento de Singer –, foi derrubar dois pilares críticos do sistema de Lula: a aliança com o capital financeiro e o pacto com o clientelismo. Com o objetivo de estimular investimentos, a "nova matriz econômica" de Dilma buscou favorecer a indústria nacional – que havia muito reclamava das altas taxas de juros, da moeda sobrevalorizada, da fraca proteção aos fabricantes locais e dos dispendiosos insumos energéticos – na crença de que os interesses subjacentes a diferenciavam de bancos, corretoras de valores mobiliários e fundos de pensão que se beneficiavam desse quadro. No entanto, no Brasil, os diferentes setores do capital estavam embaralhados demais para que essa estratégia de separação funcionasse. Descrita pela mídia como estatismo antiliberal e intervencionista, foi mal recebida pelo setor privado. Novos investimentos não se concretizaram, o crescimento desacelerou, os lucros recuaram, e as greves se multiplicaram. A federação patronal tornou-se extremamente hostil.

Enquanto isso, ao se recusar a participar do tradicional "toma lá, dá cá" da política brasileira e excluir do governo os ministros mais descaradamente comprometidos com esse esquema, Dilma passou a antagonizar com forças do Congresso, das quais sua maioria parlamentar dependia e para as quais a corrupção era condição de existência. Após uma análise minuciosa das frações do capital, Singer situa essas tensões ao longo de uma impressionante visão de *longue durée* [longa duração] da estrutura partidária no Brasil entre o pós-guerra e o presente. Nesse período todo, três componentes persistiram. De 1945 a 1964, ano em que os militares tomaram o poder, houve um partido na direita liberal do espectro, a União Democrática Nacional (UDN), representando banqueiros, classes médias urbanas e parte da oligarquia rural; um partido popular à esquerda do espectro, o Partido Trabalhista Brasileiro (PTB), com apelo junto à classe trabalhadora e aos pobres urbanos; e um partido intermediário, o Partido Social Democrático (PSD), ligado à classe latifundiária tradicional e a seus dependentes no campo e nas pequenas cidades. Singer chama esta última porção de "partido do interior", uma força disforme, sem identidade ideológica que se possa distinguir – seja para a direita, seja para a esquerda, seja para o centro –, que se move na mesma direção que apontarem o poder e os favores temporários, quer sejam democráticos, quer não. Vinte anos depois, após a saída dos militares, esse trio reapareceu na forma de PSDB, PT e PMDB. Nenhum dos dois primeiros poderia governar sem a assistência parasitária do terceiro, com sua rede abrangente e capilarizada de autoridades locais e controle quase ininterrupto da todo-poderosa Presidência do Senado. Qualquer indício de republicanismo iria frontalmente contra isso.

E o eleitorado do PT? Embora desde 1945 os polos vinculados a capital e trabalho fossem claramente discerníveis um do outro no sistema político, o conflito entre eles era sempre sobredeterminado principalmente por um vasto subproletariado, urbano e rural, que vivia em condições pré-modernas e cuja existência afastava o sistema de um confronto de classes, de modo a empurrá-lo para uma oposição populista entre ricos e pobres, na qual estes últimos estavam disponíveis para captura demagógica ou clientelista por parte tanto de políticos conservadores como de radicais. Em 2006, as políticas sociais de Lula já haviam reduzido drasticamente a pobreza, transformando essa massa – que em grande parte subsistia na economia informal – em bastião eleitoral do PT, depois herdado por Dilma. Milhões foram retirados da pobreza extrema e sabiam a quem deviam essa mudança. Instigado por jornalistas interessados e pela ideologia da época, o regime alardeava sua realização, no entanto, como sendo a criação de uma "nova classe média" no Brasil, quando, na realidade, a promoção social da maioria dos afetados era não só mais modesta – empregos formais e salários mínimos melhores alçaram essas pessoas a algo próximo de uma nova classe trabalhadora –, mas também mais precária. Politicamente, argumenta Singer, o tiro da propaganda oficial saiu pela culatra: teve o efeito de estimular a identificação com o individualismo consumista da classe média real, não com a classe trabalhadora.

Quando o crescimento passou a ser negativo, a mobilidade social inverteu o sinal para baixo, atingindo muitos daqueles que tinham acabado de melhorar de vida. A frustração com essa quebra de expectativas foi particularmente acentuada entre os jovens que se beneficiaram da expansão popular – ainda que não necessariamente refletida em aumento de qualidade – do ensino superior, outro dos benefícios gerados pelo PT aos pobres, que agora percebiam ter sido levados a aspirar a empregos que lhes eram, de fato, inacessíveis. Ali estava a massa inflamável que teve papel fundamental no grande levante de rua de junho de 2013 – cerca de 1,5 milhão de pessoas em um único dia no auge dos protestos –, divisor de águas no destino de Dilma e de seu partido. A meticulosa decomposição que Singer faz dos participantes – com dados estatísticos nem sequer imaginados no tempo de Marx – mostra que 80% daqueles que marcharam nas manifestações eram jovens ou adultos jovens, com menos de quarenta anos de idade. Oitenta por cento tinham algum tipo de educação superior, contra 13% da população como um todo; no entanto, metade tinha renda na faixa de dois a cinco salários mínimos, sendo a linha de pobreza definida pelo limite inferior. Aqueles abaixo da linha, o subproletariado propriamente dito – que corresponde a metade da população –, participaram de forma marginal nos eventos, perfazendo menos de um sexto do total de manifestantes. O fator decisivo na evolução e no resultado dos protestos, porém, foi a capacidade do outro terço dos manifestantes, a verdadeira classe média, de conseguir que a metade que acreditava – ou aspirava a – também ser de classe média a apoiasse em uma indignação generalizada contra o governo e, mais ainda, contra a classe política em geral. Eram ativistas dinâmicos de uma nova direita juvenil mobilizando as mídias sociais para uni-los em uma só força. Estruturalmente, embora não sociologicamente, pode-se dizer que a insurreição de 2013 ocupa, na vívida narrativa de Singer, um lugar não muito diferente de *la pègre* no relato de Marx sobre 1848.

Os vencedores que capturaram o movimento e fizeram dele um trampolim para o que dois anos depois se transformaria em um ataque muito mais letal ao governo compunham as mais novas parcelas da classe média urbana das grandes cidades do centro-sul do país. As grandes empresas, a classe trabalhadora e os pobres haviam se beneficiado com os governos do PT. Profissionais liberais, gerentes de nível médio, prestadores de serviço e pequenos empregadores, não. A renda destes aumentou proporcionalmente menos que a dos pobres, e seu *status* foi corroído por novas formas de consumo popular e mobilidade social, inspirando menor deferência. Acostumado a uma hierarquia social tradicional, com conotações fortemente baseadas na cor, e à disponibilidade do maior número de empregados domésticos *per capita* no mundo (mais de 7 milhões), esse estrato sempre foi um terreno fértil para a reação. Englobando, em termos formais, o setor "moderno" da sociedade brasileira, essa camada havia muito tempo tinha tamanho suficiente para vetar mudanças que pudessem tornar o restante do país menos atrasado. Contudo, se era grande o bastante para frustrar a inclusão social dos pobres no desenvolvimento nacional, era, em contrapartida, pequena demais para conseguir dominar as eleições desde que o sufrágio para o pleito presidencial se expandira no pós-guerra. Por isso, sempre se sentiu tentada a atropelar pleitos por meio de golpes. Em 1964, grande parte da classe média urbana havia conspirado com oficiais militares nesse sentido. Em 2016, montou um golpe parlamentar e derrubou a presidente segundo os termos da Constituição, em vez de rasgá-la.

Desta vez não foram as Forças Armadas, foi o Judiciário que atuou como alavanca para uma virada de mesa que esse estrato não conseguiria promover se estivesse organizado apenas em termos eleitorais, fosse como partido, fosse como conjunto de partidos. Os magistrados, mais próximos da classe média civil que dos militares em termos de carreira e cultura, eram aliados mais orgânicos nessa causa comum. Divergindo de ambas as caracterizações predominantes no Brasil, opostas uma à outra, quanto ao papel dos juízes na Lava Jato – para uns, destemidos algozes da corrupção que defendem imparcialmente o Estado de direito e, para outros, manipuladores impiedosos desse mesmo Estado de direito, movidos por objetivos político-partidários –, Singer enxerga as ações do Judiciário como, ao mesmo tempo, genuinamente republicanas na prática, mas inequivocamente facciosas no direcionamento. Republicanas: de que outra maneira seria possível descrever o encarceramento dos mais ricos e poderosos magnatas da nação? Não sem razão, uma das operações da Lava Jato foi batizada de "Que país é esse?", em razão da resposta indignada de um chefe da Petrobras ao ser preso. Facciosas: como descrever a caçada sistemática ao PT, enquanto outros partidos eram poupados, até que Dilma enfim caísse? Sem falar no compartilhamento desenfreado de simpatias e antipatias políticas no Facebook, das fotos sorridentes de Moro com penduricalhos do PSDB e de todo o resto. A incoerência se revela um nó inextricável, entrelaçado às contradições do próprio PT: os juízes seriam "facciosos *e* republicanos", o partido foi "criado para mudar as instituições *e* engolido por elas"[3].

Tendo exposto o curso que Dilma tomou ao assumir o poder, os obstáculos econômicos e legislativos que se lhe impuseram, o sistema partidário que o envolvia, o conjunto de forças de classe que o confrontavam e o cerco judicial que acabou por interrompê-lo, Singer conclui com uma bem delineada narrativa da sequência de movimentos e contramovimentos de atores políticos individuais durante a azáfama que precedeu o *impeachment*. Nesse ponto, as personalidades ganham peso. Dilma tinha intenções mais que honrosas: queria ampliar, não apenas preservar, os ganhos sociais alcançados pelo PT sob Lula e descolá-los das maquinações que os viabilizaram. Ocorre que ela passou a compensar com rigidez o desconforto que sentia com a política e, embora em particular se mostrasse

---

[3] André Singer, *O lulismo em crise*, cit., p. 261.

descontraída e simpática, no exercício do cargo não tolerava críticas nem conselhos. Para Singer, Dilma deve ser responsabilizada por dois equívocos fatais e evitáveis, ambos em ocasiões em que se recusou a dar ouvidos a seu mentor. O primeiro foi a decisão de concorrer a um segundo mandato presidencial, em 2014, em vez de abrir espaço para a volta de Lula, que esperava e desejava isso. Vaidade condenável ou orgulho natural da autonomia de seu projeto? A certa altura, Lula admitiu publicamente que seria candidato se houvesse perigo de o PSDB voltar, o que logo se viu que havia. A indelicadeza, porém, não fazia parte do estilo pessoal do ex-presidente: Lula nunca tratou da questão diretamente com ela. A convenção política no Brasil, como nos Estados Unidos, diz que um presidente em exercício concorre a um segundo mandato, e Lula respeitou isso.

O segundo erro atribuído a Dilma foi rejeitar um acordo com Cunha para se salvar do *impeachment*, algo que Lula acreditava ser necessário e buscou concretizar. Para Singer, aí reside uma diferença fundamental de personalidade. Politicamente, Lula verga, mas não quebra; já Dilma quebra, mas não verga. Os chantagistas, disse ela, nunca se satisfazem: quem cede a chantagista uma vez acaba tendo de ceder sempre. Sem ser tão explícito, Singer fica do lado de Lula. A política como vocação, escreveu Weber, requer a aceitação de "paradoxos éticos". Citando o sociólogo alemão, Singer sugere que se tratava de uma "obrigação" – palavra dele – que Dilma recusou. Obrigação porque as consequências de não ceder seriam gravíssimas. Ao resistir obstinadamente, Dilma abriu as portas para um "retrocesso nacional de tamanho imprevisível"[4].

De resto magistral, essa reconstrução da queda de Dilma traz conclusões que soam questionáveis. Pode-se dizer que Singer é, ao mesmo tempo, acrítico e crítico demais em relação a Dilma. Algo que depõe contra a atribuição à ex-presidente de um republicanismo inequívoco, ao menos no início, são os dois conselheiros-chave que ela escolheu na primeira corrida presidencial e que assentou a seu lado assim que venceu. O primeiro, responsável por sua campanha e depois nomeado ministro-chefe da Casa Civil em Brasília, foi o político mais notoriamente corrupto das fileiras do PT, Antonio Palocci. Xodó dos empresários quando ministro da Fazenda de Lula, foi forçado a renunciar depois de um escândalo particularmente desagradável em 2006[5]. Sua reaparição

---

[4] Idem.

[5] Lula negou ser responsável pela escolha de Palocci para a Casa Civil em 2014: teria sido uma opção de Dilma, da qual ele discordava. Luiz Inácio Lula da Silva, *A verdade vencerá: o povo sabe por que me condenam* (São Paulo, Boitempo, 2018), p. 35.

em 2010 foi saudada com entusiasmo pela revista *The Economist*, mas logo se descobriu que, no meio tempo, ele havia amealhado uma enorme fortuna com serviços de consultoria e operações imobiliárias, e Dilma precisou se livrar dele. Previsivelmente, essa figura abjeta foi o único líder do PT a se transformar, mais tarde, em delator da Lava Jato. Depois de sua partida, João Santana permaneceu ao lado dela: foi seu conselheiro mais íntimo e, segundo vários relatos, tinha grande influência sobre suas decisões. Ex-compositor de um grupo que chegou a tocar como banda de apoio de Caetano Veloso, depois um reconhecido repórter investigativo, tornando-se, enfim, um marqueteiro muito bem pago – gerente de campanhas comerciais e criador de marcas de todo tipo –, Santana foi lançado na órbita do marketing por Palocci, em Ribeirão Preto, e passou a prestar serviços em escala internacional; teve, entre seus clientes, o bilionário presidente saqueador de Angola, José Eduardo dos Santos. Santana ficou seis anos com Dilma, até que a Lava Jato o pegasse por uma propina de 10 milhões de dólares depositada no Panamá. Como mercenário que é, Santana também trocou leniência por delação. Em ambos os casos, a avaliação de Dilma foi pouco republicana. Embora não fosse ela própria um produto do PT, ao qual só se filiou em 2001, não conseguiu escapar ao *habitus* do partido.

Por outro lado, as críticas de que Dilma teria prejudicado o partido ao não passar o bastão para Lula em 2014, colocando o país em risco ao recusar o pacto com Cunha, pedido pelo ex-presidente em 2016, implicam dois aspectos contrafactuais que seriam desafiados pela lógica da situação histórica. Se Lula, em vez de Dilma, tivesse concorrido contra Aécio em 2014, certamente venceria por uma margem mais ampla e dificilmente promoveria uma guinada tão abrupta e desajeitada em direção à austeridade como a que ela fez, afastando-se dos pobres. Porém, a conjuntura econômica não permitia repetir o tipo de estímulo promovido pelo governo que deu a possibilidade ao Brasil de surfar a onda da crise financeira global de 2008 como se fosse uma "marolinha". O superciclo das *commodities* havia se encerrado, e todos os índices econômicos apontavam para baixo: as heranças malditas deixadas pelo próprio Lula estavam cobrando seu preço. Além disso, a tempestade da Lava Jato lhe teria atingido, caso estivesse no poder, com uma força ainda maior do que no caso de Dilma. Pessoalmente, ele estava muito mais exposto ao ataque. Não haveria necessidade de recorrer a tecnicalidades orçamentárias para aprovar um *impeachment*: a torrente de injúrias seria certamente mais furiosa, alimentada por um clamor ainda mais ensurdecedor das ruas e das telas. As habilidades políticas de Lula para lidar com o Congresso talvez o salvassem de um destino de que já fora poupado antes, na época do mensalão. No melhor cenário, conseguiria se arrastar até o fim do mandato, mas ao preço de passar três anos "algemado" a Cunha, em meio a tamanha reprovação moral e política que a retribuição nas urnas em 2018 seria ainda mais devastadora. Não só Dilma como o próprio PT tinham boas razões para rejeitar o pacto com Cunha. O preço em termos de credibilidade, já muito abalada, era demasiado alto, e o benefício, demasiado fugaz.

Os juízes, é claro, tinham menos escrúpulos em tolerar Cunha, enquanto ele fosse o guardião das chaves do *impeachment*, do que o político que tinham como alvo principal. O relato que Singer faz da perspectiva e do impacto dos magistrados da Lava Jato é um exemplo de análise equilibrada. Ainda assim, deixa duas questões em aberto. Republicano, mas faccioso, sim: qual seria, no entanto, o equilíbrio final entre os dois polos – teriam igual efeito? Além disso, seriam esses os únicos elementos presentes na composição do Judiciário brasileiro? Singer enfoca o grupo de Curitiba. Este, porém, operava dentro de um sistema jurídico que o antecedia e o englobava. Ali, a importância decisiva recaiu sobre a relação entre polícia, promotores e juízes. Formalmente, essas instâncias são independentes umas das outras. A polícia reúne indícios, os promotores apresentam acusações, os juízes emitem vereditos (no Brasil, os júris existem apenas para casos de homicídio). Na prática, porém, a Lava Jato fundiu essas três funções em uma, com promotores e policiais trabalhando sob a supervisão de um juiz que controlava investigações, definia acusações e emitia sentenças. A negação de princípios básicos de justiça em um sistema assim, mesmo que Moro não tivesse descartado a presunção de inocência, é patente: não há mais distinção entre os poderes de acusação e de condenação.

A esses poderes, além disso, somaram-se outros três. A delação premiada introduziu a prática, estendida a promotores, de ameaçar pessoas presas preventivamente com a aplicação de sentenças pesadíssimas, a menos que implicassem indivíduos de interesse para a investigação: na prática, chantagem judicial. A escala de abuso a que um poder dessa magnitude dá margem pode ser avaliada a partir do tratamento concedido ao mais rico magnata capturado pela Lava Jato. Marcelo Odebrecht foi condenado a dezenove anos de prisão por envolvimento em um esquema de corrupção da ordem de 35 milhões de dólares. Depois de se tornar informante, cumpriu apenas dois anos e meio e foi libertado sem mais delongas. O incentivo para fornecer quaisquer acusações que possam ser úteis em outros casos em que o magistrado esteja trabalhando é óbvio. Os juízes podem até oferecer anistia. Outra mudança foi a abolição da regra segundo a qual um acusado só poderia ser preso depois que todos os níveis de recurso fossem esgotados.

Por fim, mas não menos importante, a partir do julgamento do mensalão adotou-se o princípio do domínio do fato – condenação na ausência de qualquer prova direta de participação em um crime, sob a alegação de que o acusado foi necessariamente responsável por ele. Essa foi a base para a condenação do ministro da Casa Civil de Lula, José Dirceu: sua posição hierárquica como chefe da administração política em Brasília. O conceito origina-se no princípio de *Tatherrschaft*, desenvolvido pelo jurista alemão Claus Roxin para crimes de guerra nazistas. Roxin, porém, protestou contra o mau uso do conceito no Brasil: em sua definição, a posição organizacional não bastaria para imputar o crime; seria preciso haver indício conclusivo de comando[6]. Moro, no entanto, ignorou até mesmo a hierarquia organizacional ao recorrer ao domínio do fato para condenar Lula pela intenção de receber um apartamento da empreiteira OAS, imóvel que ele nunca usou e do qual nunca foi proprietário. O bem pelo qual Lula foi condenado a doze anos de cadeia valia 600 mil dólares: mais de dois terços da punição de Odebrecht por menos de 2% do valor pelo qual o empreiteiro foi condenado. As proporções falam por si.

Em tais casos processados em Curitiba, valeu a combinação de zelo republicano e viés faccioso. Subindo a escada legal até chegar a Brasília, onde o Supremo Tribunal Federal ocupa o degrau mais alto, não se pode dizer o mesmo. Lá, nem o rigor ético nem o fervor ideológico estão à vista: as motivações são de ordem por completo diversa, mais sórdidas. Diferentemente de seus homólogos em qualquer lugar do mundo, o STF reúne três funções: interpreta a Constituição, atua como última instância de recursos em casos civis e criminais e, ponto crucial, é o único com poder para julgar autoridades – membros do Congresso e ministros – que, de resto, gozam de imunidade em todos os outros tribunais do país, o chamado foro privilegiado. Seus onze membros são indicados pelo Executivo – e a confirmação deles pelo Legislativo, ao contrário do que ocorre nos Estados Unidos, é mera formalidade. Não se exige experiência anterior na magistratura – apenas três dos ministros atuais a têm. A prática como advogado ou promotor, mais um leve verniz acadêmico, é o histórico mais habitual.

---

[6] Livia Scocuglia, "Claus Roxin critica aplicação atual da teoria do domínio do fato", *Boletim de Notícias Conjur*, 1º set. 2014. Disponível em: <www.conjur.com.br/2014-set-01/claus-roxin-critica-aplicacao-atual-teoria-dominio-fato>; acesso em: set. 2019.

Embora feita pelo governo em exercício, a seleção tradicionalmente se baseia menos em afinidade ideológica do que em conexões pessoais: do lote atual, um ministro é ex-advogado de Lula, outro é velho amigo de Cardoso, um terceiro, primo de Fernando Collor de Mello – mais um presidente da República caído em desgraça. O volume de casos a cargo do tribunal é grotesco: mais de 100 mil novos casos apenas em 2017, distribuídos por sorteio para consideração preliminar de um juiz individual, investido com poderes – e nenhuma outra corte máxima no mundo tem algo parecido – para interromper ou apressar um caso como bem entender, atrasando alguns por anos e acelerando outros vertiginosamente. Na prática, não há prazos. Quando um caso é liberado para decisão pelo plenário, as audiências são não apenas públicas, como também – outra característica única – televisionadas ao vivo, caso o presidente do tribunal ache adequado. Nessas sessões, sai o decoro e entra o exibicionismo.

No período em que a pressão pelo *impeachment* começava a aumentar, oito dos onze juízes do tribunal haviam sido escolhidos por Lula ou Dilma. Como, no entanto, as nomeações raramente eram políticas em sentido partidário, apenas um dos ministros – o amigo íntimo de Fernando Henrique, Gilmar Mendes – tinha perfil ideológico bem definido: defensor do PSDB. O restante não apresentava coloração política específica; egoísmo e oportunismo os definiriam melhor que qualquer outro "ismo". Quando, a partir do mensalão, a terceira função do tribunal – o julgamento de políticos – ganhou importância inédita, aqueles que deviam sua nomeação a Lula e Dilma passaram a se empenhar para demonstrar independência do PT. Joaquim Barbosa, o primeiro negro a integrar a corte, colocado lá por Lula, foi quem proferiu sentenças de dureza sem precedentes contra membros do PT no julgamento do mensalão. Os eventos depois mostraram, porém, que se tratava não de independência, de busca por uma justiça imparcial, e sim da substituição de uma dependência de caráter meramente nominal em relação aos padrinhos por uma submissão mais sintomática à mídia.

Desde o início, o grupo em Curitiba recorreu a vazamentos e histórias plantadas na imprensa para interferir no devido processo legal, de modo que seus alvos fossem condenados pelo tribunal da opinião pública, segundo a sabedoria popular brasileira – válida, claro, no mundo todo – de que "opinião pública é aquilo que é publicado". Tais vazamentos são juridicamente proibidos. Moro os empregou impune e sistematicamente. E pôde fazê-lo porque a mídia, usada por ele como megafone, intimidava os juízes do STF, que temiam denúncias contra si mesmos caso criassem dificuldades. Ao ser instruído por um ministro do Supremo para que libertasse, com base em um *habeas corpus*, um diretor da

Petrobras que estava preso, Moro simplesmente afirmou à mídia que, se assim fosse, também deveria libertar traficantes de drogas. Seu superior hierárquico recuou imediatamente. E quando cometeu nada menos que três infrações legais ao grampear o telefonema entre Lula e Dilma e, depois, vazar o conteúdo da conversa, Moro recebeu uma reprimenda leve do mesmo juiz e retrucou que havia agido de acordo com o interesse público. Como àquela altura já era saudado pela imprensa como herói nacional, não recebeu sequer um tapinha na mão.

Covarde no trato de ilegalidades ocorridas em instâncias inferiores, o tribunal não exibia melhor desempenho quando atuava no andar de cima – servilismo e corporativismo pareciam competir entre si. Quando o procurador-geral apresenta uma acusação contra um membro do Congresso ou do governo, o tribunal determina se deve levá-la a julgamento ou não, decisão que exige ratificação do Congresso para ser executada. Acusações foram apresentadas contra Cunha assim que suas contas suíças foram reveladas. O Supremo não se mexeu por seis meses, esperando que ele fizesse o *impeachment* andar. Então, não só aceitou a acusação da noite para o dia, como, ansioso por disfarçar a própria inação, ordenou que o político fosse sumariamente deposto da Presidência da Câmara, ação para a qual carecia de autoridade constitucional. Como Cunha observou com precisão cínica: "Se havia urgência, por que levou seis meses?"[7]. Quando um senador do PT – antes filiado ao PSDB – foi flagrado em uma gravação discutindo maneiras de livrar da prisão um diretor da Petrobras, o tribunal agiu com a velocidade da luz, prendendo-o em 24 horas. Por quê? Para encobrir o próprio constrangimento: o senador tinha dado a entender que fizera um acordo com os ministros. Seu destino? Depois de oferecer uma delação, viu as acusações contra ele serem silenciosamente engavetadas e voltou ao Senado. Ao mostrar total falta de princípios, um tribunal que deveria ser o poder moderador de tensões na Constituição tornara-se – conforme observou um crítico, embora usando uma palavra menos forte – o abscesso que as gerava[8].

Dilma segurou-se no cargo por menos de dezoito meses antes de ser despejada do Palácio do Planalto. Seu segundo mandato passara em branco em termos de realizações. O período encampado por Temer durou o dobro e foi, de modo geral, mais consequente. Agindo com rapidez e determinação que escancararam o

---

[7] Leandro Prazeres, "Por unanimidade, STF afasta Eduardo Cunha da Câmara", *UOL*, 5 maio 2016. Disponível em: <https://noticias.uol.com.br/politica/ultimas-noticias/2016/05/05/stf-afastamento-eduardo-cunha.htm>; acesso em: set. 2019.

[8] Trata-se do melhor retrato do atual Supremo. Ver Conrado Hubner Mendes, "Na prática, ministros do STF agridem a democracia", *Folha de S.Paulo*, 28 jan. 2018.

grau de planejamento por trás do *impeachment*, o novo regime em pouco tempo conseguiu a aprovação de projetos exemplares de política neoliberal, alterando a constituição econômica do país de uma tacada só. Um mês após o afastamento provisório de Dilma, uma lei que congelava gastos sociais por vinte anos – sem aumento além da taxa de inflação – seguiu para avaliação do Congresso. Uma vez aprovada, com maioria de dois terços, foi a vez de a legislação trabalhista do país parar no lixo: o limite legal da jornada de trabalho passou de dez para doze horas, o intervalo de almoço pôde ser reduzido de uma hora para trinta minutos, a proteção dos funcionários – tanto para o regime de tempo integral como para meio período – diminuiu, e as contribuições sindicais obrigatórias foram abolidas, entre várias outras desregulamentações do mercado de trabalho. As novas regras deram sinal verde à terceirização de atividades-fim e a contratos de trabalho intermitente. Seguiu-se a isso a proposta para uma reforma radical das aposentadorias, que elevava contribuições e a idade mínima a fim de cortar custos de previdência social determinados constitucionalmente. Tudo em nome da redução da dívida pública. Como os beneficiários dos pagamentos mais polpudos no sistema vigente vêm dos altos escalões da burocracia e da classe política, essa era uma proposta mais complicada.

Antes que a reforma fosse votada, contudo, Temer esteve muito próximo de seguir o mesmo caminho de Dilma. No primeiro semestre de 2017, ele foi gravado na garagem do Palácio do Jaburu em uma reunião secreta com Joesley Batista, homem forte da megacorporação JBS que estava colaborando com a polícia; eles discutiam um pagamento para calar Cunha, que acabara de ser sentenciado e poderia denunciá-lo por envolvimento em uma série de esquemas de corrupção. A gravação foi transmitida em rede nacional pela Globo, causando alvoroço sem precedentes. Na mesma semana, um assessor de Temer foi mostrado recebendo uma mala contendo 500 mil reais de um emissário de Batista. Para que o Supremo Tribunal pudesse agir em relação às acusações imediatamente imputadas ao presidente pelo procurador-geral, dois terços da Câmara deveriam autorizar a abertura de processo. Sem o menor sinal de constrangimento, a maioria livrou Temer de qualquer investigação.

Dois meses depois, o procurador-geral enviou ao Supremo uma denúncia muito mais ampla contra Temer e seis outros líderes do PMDB, três dos quais já trancafiados – um dos quais capturado com o maior volume de dinheiro da história brasileira, 51 milhões de reais em espécie, em casa. Mais uma vez, a Câmara bloqueou qualquer ação. Em outubro de 2018, um ano depois da rejeição da denúncia, explodiu um terceiro grande escândalo: a Polícia Federal acusou Temer de envolvimento em um esquema de corrupção de longa data no porto de Santos. Naquela altura, paralisado politicamente após mais de um ano tentando se proteger, e mesmo tendo sobrevivido a todas essas revelações, Temer não tinha mais agenda de governo. O plano de estabilização convencional que acompanhou suas medidas neoliberais iniciais havia posto fim à recessão iniciada sob Dilma, mas a retomada era fraca – crescimento anêmico, padrão de vida achatado, 13 milhões de desempregados. Com a credibilidade de Temer abaixo de zero, seu partido escolheu o ministro da Fazenda que havia comandado a recuperação para concorrer à Presidência em 2018. Ele obteve 1% dos votos. Esse intervalo na surdina já havia, de toda forma, aberto o caminho para o *obbligato* agudo que viria a seguir.

II.

Em meados de 2016, o governo do Partido dos Trabalhadores havia afundado sob o duplo fardo da deterioração econômica e da corrupção política. No fim de 2017, porém, o partido que voltou a se chamar MDB havia caído ainda mais baixo nas pesquisas, pelas mesmas razões. Como o PSDB fazia parte da base de apoio a Temer e tinha membros proeminentes no governo, também não escaparia do mau cheiro – Aécio, seu presidente, também havia sido gravado exigindo uma grande propina da JBS e, assim como Temer, só havia se esquivado de um julgamento pelo STF porque contou com a proteção de um Congresso cheio de aliados. Nesse cenário de terra arrasada, Lula – apesar da sentença que lhe pesava, ainda em fase de recurso – continuou sendo, com folga, o político mais popular do país e, se nada fosse feito a respeito, seria também o provável vencedor na eleição presidencial que se aproximava. Com uma velocidade nunca vista – o tempo médio para se julgar um recurso foi reduzido em 75% para afastar qualquer perigo –, o veredito que não apenas confirmou a sentença, como a aumentou, foi emitido em janeiro de 2018. Os advogados conseguiram adiar a prisão de Lula por pouco mais de dois meses, período em que o ex-presidente concedeu um conjunto de três longas entrevistas depois publicadas em seu já citado livro, *A verdade vencerá*. O título é enganoso, pois sugere uma possível refutação das acusações contra Lula – pouco mencionadas em um volume que acaba se revelando um autorretrato memorável, muitas vezes comovente, de um político com intuição excepcional e inteligência pragmática, o que explica por que havia tanta resistência das elites brasileiras a seu retorno ao poder.

Como governante, o estilo operacional e o credo político de Lula eram um só. Tratava-se de um sindicalista que tinha aprendido no início dos anos 1980, como ele mesmo diz, "a não fazer pauta de reivindicação dizendo: '80% ou nada'. Porque a gente ficava sem nada". Ao se tornar presidente de uma sociedade imensa e complexa, em 2003, Lula tinha consciência de que não podia "lidar com um país querendo que ele seja o que eu sou"[9]. Resulta daí que governar é negociar. Na oposição, era possível ter princípios. Quando, porém, se vence a eleição e não se tem maioria no Parlamento – algo de que nenhum presidente brasileiro desfrutou em anos –, "você tem que colocar os teus princípios na mesa para torná-los exequíveis"[10]. Isso significava lidar tanto com adversários como com aliados, que sempre queriam algo em troca – cargos, principalmente. Todos os predecessores tiveram de fazer o mesmo. O PMDB nem era o pior desses parceiros; vinte partidos intermediários menores, que poderiam se somar e formar uma maioria no Congresso, precisavam ser afagados. "Você faz acordo com quem está lá, no Congresso. E, se quem está lá é ladrão, mas tem voto, ou você vai ter coragem de pedir, ou vai perder."[11] Dilma deveria ter feito um acordo com Cunha. Não havia alternativa viável.

Porém, negociação era uma coisa, conciliação, outra. Perguntado se não teria sido excessivamente conciliatório como presidente, Lula respondeu de forma enfática: "Eu sempre entendi que um governo de conciliação é quando você pode fazer mais e não quer fazer. Agora, quando você só pode fazer menos e acaba fazendo mais, é quase que o começo de uma revolução – e foi o que fizemos neste país"[12]. Lula cedeu apenas quando a situação exigiu. O PT detinha menos de um quinto dos assentos no Congresso. Se tivesse controlado o governo de 23 estados e a maioria da Assembleia Constituinte, como o PMDB em 1988, Lula teria concedido menos e realizado muito mais. Mesmo assim, "demos um padrão de vida para o povo que muitas revoluções armadas não conseguiram – e em apenas oito anos"[13]. Lula terminou seu segundo mandato com a popularidade nas alturas. Mas seu grande orgulho não era o de ter sido um presidente popular. "Eu tenho mais orgulho é do fato de ter mudado a relação do Estado com a sociedade, e do governo com a sociedade. O que eu quis como

---

[9] Luiz Inácio Lula da Silva, *A verdade vencerá*, cit., p. 85.
[10] Ibidem, p. 136.
[11] Ibidem, p. 137.
[12] Ibidem, p. 28.
[13] Ibidem, p. 144.

presidente foi fazer com que os mais pobres deste país se imaginassem no meu lugar. E isso foi conseguido"[14].

É uma declaração impressionante. A amplitude de sua mente e a sensibilidade bem além da sagacidade emergem com vivacidade nas entrevistas. Autocrítica não há. Lula elegeu o sucessor errado? Escolheu Dilma porque era durona e eficiente como chefe da Casa Civil, o que garantia ao presidente paz e tranquilidade no Palácio do Planalto. Lula sabia que Dilma era politicamente inexperiente, mas acreditava que ela aprenderia, por ter mais instrução que ele. Só depois percebeu que ela não gostava de política – ainda assim, a escolha não fora um equívoco. Não admitida é a sua provável suposição que, como novata, Dilma seria mais fácil de controlar que os quadros mais experientes do partido. Tampouco deixa transparecer, sintomaticamente, que o estratagema de obter apoio de mercenários no Congresso impôs, mais que limites à ação de Lula (o que ele admite), custos ao próprio partido, na medida em que a legenda se infectou com esse contato (o que ele não admite). Aplicado ao plano da política nacional, o modelo de negociação econômica levado por Lula de sua origem sindical perdeu inocência e gerou ilusão. Acordos salariais não envolvem pagamento de propinas a empregadores. Além disso, onde o poder está em jogo, é improvável que os adversários apostem contra a banca.

Em um último e pungente diálogo ao fim das entrevistas, quando Lula disse que, se voltasse ao poder, faria mais – iria mais longe – e que seus oponentes sabiam disso, perguntaram-lhe se acreditava que um retorno ainda era possível àquela altura – Lula estava a um mês de começar a cumprir a pena de doze anos. Sua resposta foi: "Ah, eu quero voltar. Depende de Deus me deixar vivo, me dar saúde. E depende da compreensão dos membros do poder Judiciário que vão votar, de se preocuparem em ler mesmo os processos para saberem a sacanagem que está sendo feita"[15]. Até o fim, Lula acreditou que seria possível chegar a um acordo que lhe permitisse concorrer à Presidência: foi assim que encerrava as negociações. Ele havia subestimado os inimigos, o que foi fatal. Estavam determinados a destruí-lo. Em abril de 2018, chegou ao Supremo um pedido final de *habeas corpus*, que teria permitido sua participação nas eleições. A Constituição brasileira afirma que nenhuma condenação criminal pode ser executada até que seja definitiva – ou seja, até que se tenham esgotado todas as instâncias de apelação –, e no caso de Lula ainda havia dois níveis de recurso

---

[14] Ibidem, p. 141.
[15] Ibidem, p. 143.

possíveis. O comandante do Exército alertou que lhe conceder *habeas corpus* ameaçaria a estabilidade do país, cuja defesa era dever das Forças Armadas. Depois disso, os juízes cumpriram, solertes, sua obrigação: derrubaram o princípio constitucional por seis votos contra cinco, barrando a candidatura de Lula[16].

Com a arena desimpedida, o novo favorito à Presidência passou a ser o candidato do PSDB, Geraldo Alckmin, governador de São Paulo havia anos. Figura insossa e sem carisma, Alckmin perdera para Lula em 2006, mas estava menos comprometido com Temer que seus rivais no partido, além de contar com ampla aceitação do empresariado. O PT se via paralisado, incapaz de subir ao ringue por seguir insistindo, apesar da clara impossibilidade, em que Lula fosse candidato. Nas primeiras pesquisas de opinião, um nome inesperado liderava com modestos 15%: Jair Bolsonaro, deputado de atuação individualista, tão isolado que recebeu apenas 4 votos, de 513, quando disputou a Presidência da Câmara em 2017. Sua posição marginal no Congresso, porém, não era necessariamente uma desvantagem na disputa pela Presidência do país. Sem ter pertencido a nenhum dos principais partidos do Congresso – transitou entre sete menores – nem ocupado cargos no governo, Bolsonaro não podia ser responsabilizado por apuros econômicos nem por participar de esquemas de corrupção em andamento, e estava livre, portanto, para associar uma coisa à outra e culpar toda a classe política por ambas. No entanto, seus elogios à ditadura militar e aos torturadores a ela vinculados, permeados por insultos generalizados, pareciam empecilhos tão evidentes que havia consenso de que, uma vez iniciada a campanha, Bolsonaro seria relegado ao grupo dos candidatos nanicos.

Alckmin, por outro lado, tinha apoio não apenas do PSDB, mas de todo o chamado "centrão", o atoleiro de partidos menores criticado por Lula; esse grupo lhe oferecia metade do tempo total de TV destinado à propaganda eleitoral gratuita – no passado, algo tido como um recurso valiosíssimo. Esperava-se que, com isso, Alckmin superasse, com folga, Bolsonaro e os outros rivais. Sete debates televisivos envolvendo todos os candidatos de partidos com representação minimamente significativa no Congresso estavam agendados para acontecer durante a campanha. Ao começarem, em agosto, desnudaram as fraquezas de Bolsonaro: mal preparado, pouco à vontade, ineficaz. Quanto mais exposto, mais precário se revelava. Na primeira semana de setembro, porém, esse risco foi subitamente

---

[16] O sexto e decisivo voto veio de Rosa Weber, juíza indicada por Dilma. A ministra explicou que sua "convicção individual" deveria dar lugar à "razão institucional": a caserna se fizera ouvir.

retirado do seu caminho. Esfaqueado por um homem com transtornos psiquiátricos durante um comício em Minas Gerais e levado às pressas ao hospital para uma operação de emergência, Bolsonaro passou o resto da campanha eleitoral em segurança, acamado durante a recuperação e protegido não apenas de debates e entrevistas como da demolição que os marqueteiros de Alckmin haviam preparado para as inserções televisivas – a solidariedade por alguém que quase perdera a vida agora impossibilitava ações que pudessem soar deselegantes.

O PT, por sua vez, desperdiçara meses protestando à toa para que Lula continuasse candidato, o que impediu o partido de ter ao menos presença simbólica nos primeiros debates. Apenas cinco dias depois de Bolsonaro ter sido afastado dos debates, o partido decidiu aceitar a realidade e apresentar um candidato apto a concorrer. A escolha foi ditada por Lula. Fernando Haddad havia sido, por seis anos, ministro da Educação, cargo em que obteve amplo reconhecimento, tendo sido responsável por uma das maiores conquistas do governo petista: a expansão do sistema universitário e do acesso a ele pelos mais pobres. Jovem e afável, poderia ter sido um sucessor muito melhor e mais lógico que Dilma. No entanto, começava em desvantagem: era de São Paulo, onde velhos e poderosos pesos-pesados do PT detinham muita influência e zelavam pela própria primazia; vinha de um campo do partido à esquerda do centrismo de Lula; e era um acadêmico – formado em filosofia e economia, lecionava ciência política – em meio a sindicalistas que desconfiavam de professores universitários.

Em 2012, porém, Haddad havia sido eleito prefeito de São Paulo. E logo se desentendeu com Dilma, que se recusou a ouvir seus apelos para elevar o preço dos combustíveis em vez de levá-lo a impor tarifas de ônibus mais altas na cidade, fato que desencadeou os protestos de 2013 (em viagem oficial a Paris quando as manifestações começaram, Haddad de início reagiu a elas com críticas e algum descaso). Ali começava a ruína de Dilma e terminavam as chances de Haddad se reeleger[17]. O então prefeito continuou sem nenhuma base significativa dentro do PT, cujos funcionários tinham motivos para desconfiar dele. Já em 2003, num artigo profético escrito quando o partido assumiu o poder, Haddad alertava que, em vez de livrar o Estado brasileiro daquele patrimonialismo antigo e profundamente enraizado, o PT corria o risco de ser capturado por ele. Não se trataria, então, ao contrário do que pensavam Cardoso e outros, de um cenário em que

---

[17] Ver relato detalhado e revelador das relações com Dilma quando Haddad era prefeito em Fernando Haddad, "Vivi na pele o que aprendi nos livros", *piauí*, Rio de Janeiro, n. 129, jun. 2017, p. 28-37.

o capitalismo moderno faria uso dos arcaísmos de uma sociedade de origem escravista, mas do oposto: um sistema oligárquico arcaico que se apropriava do capitalismo moderno naquilo que lhe fosse de uso instrumental, preservando o padrão tradicional de poder ao saturar a autoridade pública com seus interesses privados[18]. Em 2018, em meio ao naufrágio patrimonialista que havia arrastado o PT, a presciência e a honestidade do ex-prefeito sobressaíam. Ciente de sua integridade e sua visão, Lula o impôs ao partido.

A campanha que se seguiu foi estranhamente assimétrica. Além de entrar tarde na disputa, Haddad sofria com as circunstâncias da nomeação. Faltando menos de um mês para o primeiro turno, ele precisava estabelecer um perfil nacional próprio, a fim de rebater acusações de que seria um mero "poste" de Lula, e ao mesmo tempo beneficiar-se tanto quanto possível da popularidade e do prestígio do ex-presidente. Logo ficou claro que ele e Bolsonaro se enfrentariam no segundo turno, mas não houve confrontação direta entre os dois. Haddad percorreu o país, dirigindo-se a multidões, enquanto Bolsonaro ficou em casa, tuitando. A quinze dias do primeiro turno, ocupavam o mesmo patamar nas previsões para o segundo. Então, na reta final, Bolsonaro disparou, chegando a uma vantagem de 46% a 29%. Com uma diferença tão grande, o desfecho do segundo turno já estava definido. O *establishment* brasileiro se uniu em torno do futuro vencedor. Haddad lutou bravamente e chegou a diminuir a diferença pela metade. O resultado final, porém, não deixou dúvidas quanto à dimensão do triunfo de Bolsonaro. Venceu por 55% a 45%, sendo vitorioso em todos os estados e todas as grandes cidades do país, exceto no Tocantins, no Pará e no Nordeste, reduto do PT; em todas as classes sociais, salvo as mais baixas, com renda inferior a dois salários mínimos mensais; em todas as faixas etárias, exceto na coorte entre 18 e 24 anos; e cerca de metade dos votos entre as mulheres. Em todo o país, a direita comemorou nas ruas. Isso não quer dizer que tenha havido grande comparecimento às urnas. Ainda que o voto seja obrigatório no Brasil, cerca de um terço do eleitorado – 42 milhões de eleitores – optou por se abster, o maior índice em vinte anos[19]. O número de votos nulos foi 60% maior que em 2014. Alguns dias antes, uma pesquisa de opinião consultou os eleitores sobre seu estado de espírito: 72% responderam estar "desanimados"; 74%, "tristes"; e 81%, "inseguros"[20].

---

[18] Idem, "Um ato expropriatório", *Reportagem*, jan. 2003.
[19] *O Globo*, "Eleições 2018", Rio de Janeiro, 28 out. 2018.
[20] Francesca Angiolillo, "Entre brigas, bolhas e boatos, medo e raiva dominam eleitores", *Folha de S.Paulo*, 28 out. 2018

Essa última resposta trazia, muito provavelmente, a chave para entender a avalanche de votos em favor de Bolsonaro. A partir de 2014, a recessão foi decisiva para esvaziar o apoio ao PT; e a corrupção, que pouco incomodou os pobres enquanto seus padrões de vida subiam, passou a incomodar quando o nível de vida caiu e uma coisa pôde ser ligada diretamente à outra, com o auxílio diário de animações televisivas que mostravam grandes tubulações de esgoto vertendo dinheiro – metáfora da Lava Jato para os recursos desviados de hospitais, escolas e creches. O substrato das reações populares a esse discurso, no entanto, era a insegurança física e existencial. Sabidamente, a violência cotidiana – tradicional no Nordeste feudal, moderna no Sudeste desde a chegada do tráfico de drogas – ceifa 60 mil vidas por ano, uma taxa de homicídios que excede a do México. A polícia é responsável por 10% dessas mortes. Menos de 10% dos assassinatos são elucidados, mais de 90% são cometidos com impunidade. Mesmo assim, as prisões estão apinhadas: são 720 mil encarcerados. Dois quintos dos condenados à prisão provisória aguardam julgamentos que podem levar dois, três ou mais anos para acontecer. Quase metade da população é branca; 70% dos assassinados e 70% dos presos, não. Com as drogas, vieram as facções criminosas, entre as mais poderosas do mundo. Em 2006, o Primeiro Comando da Capital (PCC) fez com que grandes áreas da cidade de São Paulo baixassem as portas durante um levante contra a polícia, organizado a partir das celas dos líderes. Com a disseminação das drogas, o crime de rua de tipo mais artesanal que organizacional também se alastrou. São poucas as famílias de classe média que nunca tiveram contato com alguma forma de violência urbana. Ainda assim, estão mais bem protegidas: nas regiões onde os assaltos armados são ocorrências comuns, pobres roubam pobres.

Nessa selva, a polícia é o mais implacável dos predadores. Divididas em um ramo militar e outro civil, numa proporção de cerca de três para um, são forças estaduais, não federais. À sua margem, proliferam as "milícias" informais, compostas por ex-policiais que atuam como seguranças privados ou à custa do tráfico de drogas. A Polícia Federal – um grupo menor, com um décimo do efetivo das polícias militares à disposição dos governadores de São Paulo e do Rio de Janeiro – é destinada principalmente ao controle de fronteiras e dos crimes de colarinho branco. A promoção na carreira depende do número de prisões feitas, com base em práticas policiais que mal diferenciam venda de consumo de drogas, nem exigem testemunhas para a detenção em flagrante, de modo que se cria um atalho para a criminalização da pobreza, com jovens negros – para estes fins, pardos e pretos indistintamente – sendo presos e enviados a cadeias onde há duas vezes mais detentos que vagas. Como a miscigenação foi muito difundida ao longo da história brasileira, impossibilitando uma diferenciação de cor pela herança genética, o racismo no Brasil difere do padrão norte-americano, mas não é menos brutal. Quando combinado a uma urbanização muito acelerada, impulsionada tanto pela expulsão dos camponeses da terra como pela atração exercida pelas grandes cidades, criaram-se ambientes de enorme desigualdade com pouca ou nenhuma estrutura de recepção, tendo como efeito a transformação do conflito social em violência desregrada. Para a juventude negra, o crime pode representar uma tentativa desesperada de reconhecimento, em que uma arma se torna passaporte para dignidade; alugado por algumas horas e apontado para a cabeça de um motorista ou transeunte, o revólver se torna um meio de forçar essas pessoas a voltar os olhos – em vez de desviá-los – para aqueles que, de resto, são tratados como invisíveis. Sucessivos presidentes, convenientemente poupados da responsabilidade pela segurança pública, que continua sob a esfera dos governadores, tiveram pouco incentivo para mudar o que, na prática, representa uma justificativa para a inação. No máximo, podem declarar estado de emergência e enviar tropas para ocupar favelas, em um exercício temporário de relações públicas que mal deixa vestígios para além de centenas de mortes.

Para as classes populares, associou-se ao ambiente de violência cotidiana a desintegração de normas tradicionais de convivência, da vida familiar e sexual, insuflada não apenas pela disseminação das drogas, mas pela mídia – a televisão, acompanhando modelos norte-americanos, mandou pelos ares velhas restrições morais. As mulheres são as principais vítimas. O estupro é tão comum quanto o assassinato no Brasil: 60 mil são registrados por ano, 164 por dia[21]. Em meio a tudo isso, as ansiedades econômicas são naturalmente as mais constantes e intensas – a insegurança em seu nível mais fundamental, por comida e abrigo. Em tais condições, o desejo desesperado por algum tipo de ordem foi sendo gradualmente atendido pela religiosidade pentecostal, cujas igrejas oferecem um arcabouço ontológico que busca dar sentido a vidas que correm à margem da existência. Sua marca registrada é uma teologia não da libertação, mas da "prosperidade" como meio de salvação terrena. Com trabalho duro, autodisciplina, comportamento correto e apoio comunitário, os fiéis podem melhorar a si mesmos – e pagar dízimos à organização pastoral que os ajuda. Tipicamente,

---

[21] O número de casos relatados dobrou nos últimos cinco anos, mas o único estudo sociológico real, realizado nas capitais do Nordeste, deixa claro que continua alto o nível de subnotificação. Daniel Cerqueira (org.), *Atlas da violência 2018* (Rio de Janeiro, Ipea/FBSP, jun. 2018), p. 56-8 e seg.

as igrejas neoprotestantes conjugam as características de corporações financeiras escusas, que transformam os ministros que compõem sua cúpula em milionários, com uma forma organizacional única em sua capacidade de se implantar em bairros pobres, aos quais nenhum partido secular chega. Em 2010, as congregações evangélicas reuniam cerca de 42 milhões de brasileiros. As iniciativas pentecostais são uma potência no país: um quinto dos deputados no Congresso achava vantajoso declarar afiliação às igrejas. Passados quatro anos, porém, as condições materiais de seus fiéis tinham mudado. O sucesso da Teologia da Prosperidade coincidiu com os anos de crescimento econômico do governo Lula, dando credibilidade ao otimismo de ascensão material. Em 2018, a promessa de melhoria constante evaporara. Para muitos, tudo parecia desmoronar.

Em nenhum outro lugar essas tensões eram mais agudas e concentradas que na segunda cidade do país. O Rio de Janeiro, com metade da população de São Paulo, tem uma taxa de homicídios duas vezes maior. Isso se deve, em boa medida, ao imenso controle exercido pela principal facção criminosa paulista, o PCC, na cidade. Em uma cidade erguida sobre um planalto, o PCC se encontra em posição privilegiada para desestimular, com a ajuda do armamento pesado que tem à disposição[22], pequenos crimes que complicariam a gestão ordenada e muito lucrativa do tráfico de drogas. A topografia do Rio – uma faixa costeira estreita e sinuosa, segmentada por montanhas cobertas de florestas que se projetam até as praias, com favelas encravadas nos interstícios, muitas das quais coladas em bairros ricos – dificulta o exercício desse poder centralizado. Comando Vermelho (CV), Terceiro Comando Puro (TCP) e outras facções rivais lutam ferozmente por domínio territorial sem se importar com baixas entre a população. Em meio a níveis crescentes de pobreza, um movimentado comércio de armas potencializa o caos aleatório causado por ataques individuais. No início de 2018, Temer enviou o Exército para abafar a violência – e ele lá permaneceu, como no passado, sem nenhum efeito duradouro. Nesse ambiente, o PT nunca conseguiu criar raízes, tampouco o PSDB ou qualquer outra configuração partidária estável. Os três últimos governadores do estado estão presos ou sob custódia por corrupção. A instância que de fato conseguiu se estabelecer politicamente, e o fez com um controle mais rígido que em qualquer outra grande cidade, foram as igrejas evangélicas. Cunha, por muito tempo o

---

[22] Embora seu comando esteja em São Paulo e no Sudeste, o PCC tem ampla presença no Nordeste e em alguns estados fronteiriços na Amazônia; para dados acerca de seu crescimento e topografia, ver Bruno Paes Manso e Camila Nunes Dias, *A guerra: a ascensão do PCC e o mundo do crime no Brasil* (São Paulo, Todavia, 2018).

principal político do Rio, atuou como pastor leigo na Assembleia de Deus. O prefeito atual é pastor da rival Igreja Universal do Reino de Deus e sobrinho de seu capo, Edir Macedo, a (tonificada) contraparte brasileira ao Reverendo Moon.

Bolsonaro foi gestado nessa placa de Petri. Nascido no interior de São Paulo, em 1955, formou-se profissionalmente no estado do Rio de Janeiro, onde, aos dezoito anos, ingressou na Academia Militar das Agulhas Negras, no sul do estado, e se preparou para ser paraquedista. Era a época da ditadura. Dez anos depois, chegou ao posto de capitão e, em 1986, publicou um artigo reclamando dos baixos salários do Exército. Foi preso por indisciplina. Ao ser solto, planejou uma série de pequenas explosões em vários quartéis para demonstrar o descontentamento dominante na tropa com as condições materiais. Provavelmente por gozar de certa proteção de oficiais superiores, simpáticos a seus objetivos, quando não a seus métodos, uma investigação entendeu que as evidências contra Bolsonaro – embora incluíssem mapas de próprio punho – eram inconclusivas. Ele foi forçado a se aposentar, porém, e com apenas 33 anos de idade. Entretanto, não parou: foi eleito vereador no Rio cinco meses depois. Passados dois anos, saltou para o Congresso, empurrado pelos votos da Vila Militar, uma área no oeste da cidade, construída para soldados e suas famílias, que abriga a maior concentração de militares da América Latina, e também por eleitores do entorno da academia militar onde fora cadete.

Em Brasília, Bolsonaro logo passou a clamar por um regime de exceção e pelo fechamento temporário do Congresso. Um ano depois – isso foi em 1994 –, declarou que preferiria "sobreviver no regime militar a morrer nesta democracia". Nas duas décadas seguintes, sua carreira parlamentar consistiu basicamente em discursos que exaltavam a ditadura e as Forças Armadas; pediam pena de morte, diminuição da maioridade penal e acesso mais fácil a armas; e atacavam esquerdistas, homossexuais e outros inimigos da sociedade. Reeleito seis vezes, manteve sua base eleitoral nos quartéis, praticamente no mesmo nível – cerca de 100 mil votos –, até 2014, quando ela subitamente quadruplicou. O salto, pouco notado na época, era mais que simples efeito geral da crise econômica, embora claramente amplificado por ela. O antipetismo já havia muito representava uma forte influência na cultura política brasileira[23]: servia de contraponto da classe média à ascensão do partido de Lula e se intensificara conforme a

---

[23] Ver o importante estudo de David J. Samuels e Cesar Zucco Jr., "Lulismo, Petismo, and the Future of Brazilian Politics", *Journal of Politics in Latin America*, v. 6, n. 3, 2014, que enfatiza os níveis consistentes de antipetismo no país, anteriores à chegada do partido ao poder e pouco afetados pelas taxas de crescimento durante o governo Lula ou mesmo – na visão deles – pelos

mídia – sobretudo a *Veja*, principal revista semanal do país – incitava a revolta contra a corrupção a fim de impulsionar as campanhas presidenciais do PSDB. Contudo, ninguém conseguia competir com a virulência de Bolsonaro. Além disso, ele tinha aprendido bem mais com os protestos de rua de 2013 do que o PSDB fora capaz. Jovens ativistas de uma nova direita paulista – muito à frente dos conservadores mais velhos e da classe política em geral – haviam sido pioneiros no uso das mídias sociais para mobilizar milhares de pessoas em imensas manifestações contra o governo. Eram neoliberais radicais, o que Bolsonaro não era, e havia pouco contato entre esses dois campos. O ex-capitão, porém, soube entender o que aqueles jovens tinham alcançado e estabeleceu sua própria operação pessoal no Rio, antes de qualquer concorrente. No fim de 2017, já deixava os oponentes muito para trás, com 7 milhões de seguidores no Facebook, duas vezes mais que o principal jornal do país[24].

O sucesso da imagem que ele projetou nas redes sociais não resultava apenas da violência dos seus pronunciamentos. A imagem passada pela imprensa no exterior, de um fanatismo feroz e incansável, é enganosa. A personalidade pública de Bolsonaro é mais ambígua. Tosca e violenta, certamente, mas também com um lado juvenil e jocoso, capaz de um humor grosseiro e até autodepreciativo, muito distante da atitude carrancuda de Trump, com quem agora é frequentemente comparado[25].

Sua criação foi menos sofrida e pobre que a de Lula, mas bastante plebeia para os padrões da elite brasileira. O pai era dentista – sem diploma – e exercia o ofício pulando de uma cidadezinha a outra. Agora já bem de vida (tem cinco propriedades, obtidas sabe-se lá como), adquiriu naturalmente certo apelo ao homem comum. Seu carisma é de um tipo que reverbera principalmente entre jovens, tanto os de classe mais popular quanto os mais instruídos.

Casado três vezes, Bolsonaro teve três filhos com a primeira esposa, um com a segunda e uma filha ("dei uma fraquejada", ele gosta de brincar) com a terceira, fiel de um ramo da Assembleia de Deus cujo líder tele-evangelista, Silas

---

marcadores de classe e motivados essencialmente por uma antipatia conservadora a qualquer mudança política ou social muito brusca.

[24] Devemos a Consuelo Dieguez o melhor perfil de Bolsonaro como pré-candidato à Presidência. Consuelo Dieguez, "Direita, volver", *piauí*, Rio de Janeiro, n. 120, set. 2016.

[25] "Gargalha [...] num misto de leão de chácara do submundo e bufão", na frase lapidar de Marcus Giraldes, cuja análise do apelo popular de Bolsonaro, escrita antes da vitória no segundo turno, continua essencial. Marcus Giraldes, "O resultado das eleições e para que serve o fascismo", *Justificando*, 19 out. 2018.

Malafaia, terceiro pastor mais rico do Brasil (fortuna estimada em 150 milhões de dólares), celebrou o casamento dos dois. Após o pastor ter sido investigado pela Polícia Federal, a esposa passou a frequentar a igreja batista Atitude, perto do condomínio onde moram. Embora originalmente católico, Bolsonaro adquiriu ótimas credenciais evangélicas ao viajar com um pastor para ser batizado em Israel. A família é sua fortaleza política. Ao contrário dos Trump, os três filhos mais velhos de Bolsonaro construíram carreiras políticas bem-sucedidas: um se elegeu senador pelo Rio, outro é o deputado federal mais votado da história de São Paulo, um terceiro, vereador carioca. Costumam ser vistos como uma mistura de conselheiros e guarda-costas e estão sempre perto do pai, enquanto a esposa, Michelle, é a guardiã que o protege do mundo exterior.

Por muito tempo solitário e sem muitos amigos no Congresso, Bolsonaro compreendeu que precisava de aliados para chegar à Presidência e mostrou habilidade para atraí-los. Para companheiro de chapa, escolheu um general de quatro estrelas, Hamilton Mourão, que acabara de se aposentar após ter falado demais – atacou abertamente o governo Dilma, declarando que, se o Judiciário não conseguisse restaurar a ordem no Brasil, os militares deveriam intervir, e ainda lançou no ar a ideia de um presidente em exercício cometer "autogolpe", se necessário. Em outros apartes, Mourão observou que o país precisava melhorar sua linhagem, pois os índios eram indolentes, os negros, malandros, e os portugueses, afeitos a privilégios. Dado que os militares sempre compuseram a base política primária de Bolsonaro, a escolha de Mourão era lógica e foi bem recebida pelo Exército. Contudo, Bolsonaro também precisava tranquilizar os empresários, que desconfiavam dele por ser não apenas uma incógnita, mas também um parlamentar com histórico "estatista", opositor de privatizações e avesso a investimentos estrangeiros. Assim, com um sorriso de franqueza cativante, confessou-se ignorante em economia, embora capaz de aprender com quem conhecesse o assunto, e não precisou ir muito longe para encontrar um mentor econômico.

Paulo Guedes se formou em Chicago, lecionou no Chile sob Pinochet e voltou ao Rio para se tornar um financista de sucesso[26]. Os colegas economistas não o tinham em alta conta, e sua atuação acadêmica no Brasil não chegou a chamar atenção, mas Guedes foi cofundador do maior banco de investimentos do país, BTG Pactual, e com ele fez fortuna. Depois, partiu para outros

---

[26] Para um retrato contundente de Guedes, ver Malu Gaspar, "O fiador", *piauí*, Rio de Janeiro, n. 144, set. 2018.

empreendimentos, muito antes de o negócio inicial ser enquadrado pelas investigações da Lava Jato. Um neoliberal puro-sangue, cujos principais remédios para os males econômicos do Brasil são a privatização de todas as empresas e ativos estatais para pagar a dívida pública e a desregulamentação de todas as transações possíveis. Com promessas como essas – mesmo que de execução encarada com desconfiança por alguns céticos –, o grande capital tinha pouco a reclamar. Os mercados financeiros estavam sob controle. Com segurança e economia bem atendidas, sobrava a corrupção. A caminho da vitória, Bolsonaro despachou Guedes para conversar com Moro depois do primeiro turno das eleições e trazê-lo a bordo. Não precisou de muita persuasão: poucos dias após o segundo turno, Bolsonaro anunciou que o juiz-troféu havia aceitado seu convite para se tornar ministro da Justiça no novo governo. Os magistrados da operação *Mani Pulite*, com a intenção de sanear o sistema político italiano, aniquilaram os partidos governantes da Primeira República e se horrorizaram ao descobrir, em seguida, que haviam aberto caminho para Berlusconi. No Brasil, o juiz-estrela da Lava Jato, depois de realizar praticamente o mesmo feito, ficou feliz em se juntar a uma figura análoga muito mais torpe.

Empossado em janeiro, o novo regime marca uma ruptura mais radical com a era do PT do que os artífices da defenestração de Dilma – cujos partidos foram dizimados nas urnas – jamais poderiam imaginar. Central para sua composição é o retorno das Forças Armadas ao centro das atenções políticas, trinta anos após o fim da ditadura militar. Nenhum ajuste institucional foi necessário. Nos anos 1980, a democracia brasileira não foi arrancada dos generais via revolta popular, mas devolvida ao Parlamento quando eles consideraram cumprida sua missão: erradicar qualquer ameaça à ordem social. Não houve acerto de contas com conspiradores e torturadores do período entre 1964 e 1985. Além de receberem imunidade judicial, que os absolveu de qualquer ato que tenham cometido, ainda assistiram à sanção constitucional da derrubada que haviam promovido da Segunda República, o que resultou no reconhecimento legal de seus governantes como presidentes legítimos do Brasil e na aceitação de leis por eles aprovadas como continuidade jurídica normal do período anterior. Em todos os casos, as tiranias sul-americanas dos anos 1960 e 1970 fizeram da anistia a seus crimes uma condição necessária para que voltassem aos quartéis. Uma vez consolidada a democracia, essas anistias foram total ou parcialmente anuladas nos demais países. A exceção foi o Brasil. Em todos os outros, num prazo de um a cinco anos, uma comissão da verdade foi criada para examinar o passado. No Brasil, foram necessários 26 anos, e nenhuma ação foi tomada contra os perpetradores por ela citados[27]. De fato, em 2010, o Supremo declarou que a lei de anistia era um "alicerce da democracia brasileira". Oito anos depois, em um discurso comemorativo do trigésimo aniversário da Constituição promulgada após a saída de cena dos generais, o presidente do Supremo Tribunal Federal, Dias Toffoli – ex-menino de recados legais do PT e talvez a figura mais desprezível do cenário político atual, em que pese a concorrência –, abençoou formalmente a tomada à força do poder, dizendo à plateia: "Hoje não me refiro nem mais a golpe nem a revolução. Eu me refiro a movimento de 1964".

Em 2018, o Exército declarou seu voto logo no início do ano. Em abril, o comandante do Exército, general Villas Bôas, alertou contra a concessão de *habeas corpus* a Lula, em nome do que, como ele explicou mais tarde, seria o valor mais caro às Forças Armadas: a estabilidade do país. Depois, com Bolsonaro eleito, o militar saudou a vitória do novo presidente como um grande alívio para a nação e, ao se aposentar em janeiro, agradeceu a Bolsonaro por libertar o país "da amarra ideológica que sequestrou o livre pensar". Discutir 1964 hoje era ridículo, afirmou o general, e a Comissão da Verdade prestara um desserviço ao país. Questões de segurança pública também eram questões de segurança nacional. Villas Bôas participara de uma das intervenções militares periódicas para restaurar a ordem nas favelas do Rio e vira quão inúteis a incompetência civil as havia tornado. Nesse sentido, lembravam a intervenção das Forças Armadas brasileiras no Haiti em 2004, que havia sido curta demais, segundo o general. O caos voltou tão logo as tropas partiram[28]. A lição não passou despercebida a Bolsonaro, cuja primeira nomeação-chave foi a do general Augusto Heleno, comandante das forças brasileiras enviadas ao Haiti – por Lula, vergonhosamente, para agradar a Washington –, a fim de assegurar a derrubada de Aristide. Nomeado ministro-chefe do Gabinete de Segurança Institucional, Heleno atua no Palácio do Planalto. Outro general, Floriano Peixoto, também veterano do Haiti, é secretário-geral da Presidência, uma espécie de chefe de gabinete. Um terceiro, Santos Cruz, igualmente atuante do Haiti, foi encarregado das relações com o Congresso; dois outros oficiais foram destacados para

---

[27] Para mais detalhes, ver Anthony Pereira, "Progress or Perdition? Brazil's National Truth Commission in Comparative Perspective", em Peter Kingstone e Timothy Power (orgs.), *Democratic Brazil Divided* (Pittsburgh, University of Pittsburgh Press, 2018), p. 152-71.

[28] Igor Gielow, "'Bolsonaro não é volta dos militares, mas há o risco de politização de quartéis', diz Villas Bôas", *Folha de S.Paulo*, 11 nov. 2018, e Thais Bilenky, Gustavo Uribe e Rubens Valente, "Ao passar comando do Exército, general elogia Bolsonaro por 'liberar de amarras ideológicas'", *Folha de S.Paulo*, 11 jan. 2019.

os ministérios da Defesa e da Ciência e Tecnologia. Heleno, o mais poderoso do grupo, não fez segredo de suas convicções, expressas na sentença: "Direitos humanos são para humanos direitos" – e para mais ninguém. Em seu primeiro pronunciamento no governo, comparou armas a carros, como algo que todo cidadão tem o direito de possuir.

A ala econômica do governo, de maior interesse para os mercados financeiros, é mais frágil. Guedes formou uma equipe principalmente com neoliberais radicais – recebida com entusiasmo pelos empresários – para avançar ainda mais no processo de desregulamentação iniciado por Temer. A prioridade é o desmantelamento do atual sistema previdenciário. Indefensável sob qualquer ponto de vista que leve em conta a justiça social, o sistema absorve um terço das receitas tributárias e destina mais de metade dos pagamentos de benefícios – que começam aos 55 anos de idade, na média, para os homens – aos 20% mais ricos (juízes, autoridades e burocratas de alto escalão) e menos de 3% aos mais pobres[29]. É claro, porém, que a desigualdade não é o que move os esquemas-padrão de reforma previdenciária, cuja prioridade no Brasil, como em outros lugares, não é a correção desse desequilíbrio, mas a redução do peso das aposentadorias no orçamento, enquanto outros cortes de gastos públicos esperam na fila. As privatizações – outra peça de resistência do programa de Guedes – são anunciadas como o caminho para fazer a conta fechar. Uma centena de ativos estatais variados – o filé-mignon está na infraestrutura: estradas, portos, aeroportos – foram listados para venda ou fechamento sob a direção de um engenheiro militar, mais um veterano do Haiti; obviamente, também em nome da eficiência e do melhor serviço. Como nos tempos de Cardoso, os negócios mais lucrativos acabarão nas mãos de investidores estrangeiros. A reação entusiasmada do *Financial Times* ao pacote econômico anunciado é compreensível. Por que se preocupar com algumas gafes políticas? "López Obrador ameaça mais a democracia liberal que Bolsonaro", decretou o editor da seção latino-americana do jornal[30].

Uma reforma "austeritária" da economia exige, naturalmente, aprovação do Congresso. Comentaristas preveem alguma resistência por lá, dada a dependên-

---

[29] Ver a Tabela 2 em Rozanne Bezerra Siqueira e José Ricardo Bezerra Nogueira, *Taxation, Inequality and the Illusion of the Social Contract*, Conferência da World Economics Association, 2014, e o Gráfico 3 em Secretaria de Acompanhamento Econômico, *Efeito redistributivo da política fiscal no Brasil*, Brasília, dez. 2017, trabalho que precisaria ser muito mais conhecido no país do que é.
[30] John Paul Rathbone, "Lopez Obrador is Bigger Threat to Liberal Democracy than Bolsonaro", *Financial Times*, Londres, 27 nov. 2018.

cia de muitos parlamentares em relação à alocação de fundos federais para suas regiões de origem, algo que o controle anunciado reduziria. As privatizações também são consideradas em tamanho desacordo com o nacionalismo estatista dos militares brasileiros – como deputado, o próprio Bolsonaro se opunha veementemente a elas – que, na prática, o processo provavelmente acabará diluído. Tanto num caso como no outro, justifica-se o ceticismo. Nos governos do PT, a legislatura constituiu uma barreira fundamental às intenções do Executivo, limitando o que podia ser feito e comprometendo-o com o que de fato era realizado, com resultados bem conhecidos. Foi a consequência previsível das tensões que emergem quando se tem no comando de um dos poderes um partido radical e no de outro uma salada mista de partidos conservadores. Quando não houve esse tipo de queda de braço entre o presidente e o Congresso, como no governo de centro-direita de Fernando Henrique, o poder Executivo raramente saía frustrado – as privatizações, por exemplo, foram de vento em popa. Bolsonaro promete um tipo de neoliberalismo consideravelmente mais drástico, mas a cobrança popular por mudanças é muito maior, e a oposição a esse projeto, no Congresso, bem mais fraca.

Ali, seu obscuro Partido Social Liberal (PSL), um amontoado de interesses difusos reunidos às vésperas da eleição, será a maior força da Câmara, principalmente depois de ter sido preenchido até a tampa com as deserções vindas do atoleiro de legendas menores – e venais. Os outrora poderosos PSDB e MDB, com a representação no Congresso reduzida pela metade, não passam de meras sombras do passado. A derrocada do PSDB e de seu patriarca foi especialmente notável. Depois de fracassar em persuadir um apresentador vazio de TV a concorrer à Presidência, Cardoso viu o candidato de seu partido ficar com menos de 5% dos votos e, se recusando a apoiar Haddad contra Bolsonaro no segundo turno – ignorando apelos aflitos de amigos no Brasil e no exterior com um petulante "vá para o inferno"[31] –, acabou entregando o PSDB de São Paulo e, em breve, o nacional a João Doria, outro misto de apresentador de TV e empresário, ex-apresentador de uma espécie de edição brasileira de *O Aprendiz*, de Trump. Essa figura reptiliana tentou colar sua imagem à de Bol-

---

31 "Ah, vá para o inferno. Não preciso ser coagido moralmente por ninguém." Citado em Pedro Venceslau, "'Não estou vendendo a minha alma ao diabo', diz FHC", *O Estado de S. Paulo*, 13 out. 2018. O seu *alter ego* filosófico, José Giannotti, aprovou abertamente a vitória de Bolsonaro. Perguntado sobre o que achou do resultado da eleição, "Estou contente", ele disse a um entrevistador, explicando que antes, sob o PT, o sistema político estava totalmente fechado. "Agora desarrumou tudo. Que bom!", *Folha de S.Paulo*, 16 out. 2018.

sonaro, anunciando, descaradamente, uma chapa "Bolsodoria". Justiça poética. No Congresso, as adesões devem continuar em ritmo acelerado, com a aproximação de deputados que, por medo ou ganância, se apresentam dispostos a garantir, ao menos no início, as maiorias de que o Executivo precisa. Quanto à resistência fardada à privatização ou a aquisições estrangeiras, Castello Branco, primeiro general a governar o país depois da tomada do poder pelos militares em 1964, não era seu inimigo. Ao contrário, seu ministro do Planejamento, depois embaixador do Brasil em Londres, foi um célebre defensor do livre mercado e do capital estrangeiro: Roberto Campos. Bolsonaro nomeou o neto de Campos para a presidência do Banco Central. Acreditar que a venda de bens públicos seria uma barreira entre Bolsonaro e seus pretorianos pode se revelar um otimismo excessivo.

O verdadeiro risco de atritos dentro do novo regime está em outro lugar: nas ações ainda por vir da Lava Jato. Assim como o anterior, o novo Congresso está repleto de agenciadores de subornos, distribuidores de propinas, detentores de fortunas de origem mal explicada, vidas inteiras de corrupção desbragada. Não são poucos os que usaram o Parlamento como refúgio por já estarem na mira da polícia e que se elegeram simplesmente para obter imunidade: destaca-se entre esses o nome de Aécio Neves, contra quem se acumulam múltiplas acusações. Tampouco Bolsonaro e sua família estão livres de problemas, já que investigadores descobriram – depois das eleições – não só transações suspeitas nas contas de seu filho Flávio, como, pior ainda, conexões que o ligam a um ex-capitão da Polícia Militar do Rio de Janeiro: um bandido foragido, com histórico de duas detenções sob acusação de homicídio e envolvimento com milícias, que pode estar implicado no assassinato da vereadora e ativista negra Marielle Franco, em março de 2018, um crime de repercussão internacional. Será que Moro, como ministro da Justiça, passará uma esponja sobre delitos que, em sua época de magistrado, lhe garantiram a fama de implacável? Ele já explicou que as "Dez medidas contra a corrupção", em que tanto insistira durante anos e que deveriam ser aprovadas se o país quisesse ser passado a limpo, precisavam ser "repensadas": nem todas continuam tão importantes. Entretanto, desativar a dinâmica da Lava Jato por completo destruiria a imagem do ex-juiz. Se o Congresso tentasse aprovar uma anistia geral para casos de corrupção – movimento já tramado no governo Temer –, estaria armado o palco para um intenso conflito entre poderes. O mesmo aconteceria se, inversamente, Moro pressionasse o Supremo a suspender o foro privilegiado de um grande número de deputados. É nessa frente que o potencial de combustão é mais real.

Acima dessas subdivisões do regime, paira o círculo composto pelo próprio Bolsonaro, por seus filhos e seus assessores imediatos. A chegada desse grupo ao ápice do Estado marca uma mudança significativa na geografia do poder. Pouco depois de Getúlio Vargas se suicidar no Palácio do Catete, em 1954, o Rio – capital brasileira por cerca de duzentos anos – perdeu a posição de centro político nacional. A construção de Brasília começou em 1957 e foi concluída em 1960. A partir de então, os presidentes vieram de São Paulo (Jânio, FHC, Lula), do Rio Grande do Sul (Jango, Dilma), de Minas Gerais (Itamar) ou do Nordeste (Sarney, Collor). Rebaixado politicamente, o Rio decaiu – apodreceu, alguns diriam – econômica, social e fisicamente[32]. Nem PT nem PSDB conseguiram se firmar na cidade, que por muito tempo se manteve como terra de ninguém, em termos ideológicos, e com pouca influência na política nacional. O quadro começou a mudar com a ascensão parlamentar de Cunha, o arquétipo do carioca, que trazia no bolso um bando de deputados a seu dispor. O novo governo consuma a virada. Após seis décadas em posição marginal, o poder voltou para o Rio. Os ocupantes dos três cargos mais importantes do governo construíram a carreira no estado – Bolsonaro na Presidência, Guedes no Ministério da Fazenda e o rotundo quebra-galhos Rodrigo Maia na Presidência da Câmara, no lugar de Cunha. No gabinete ministerial, que pela primeira vez na história da República não exibe um único nome do Nordeste ou do Norte do país, os ministros vêm de apenas seis dos 26 estados do Brasil, sendo o maior contingente – um quarto – oriundo do Rio. É uma mudança de sinal.

Como, então, classificar Bolsonaro? É comum a opinião, entre a esquerda brasileira e a imprensa liberal europeia, de que sua ascensão representa uma versão contemporânea de fascismo. O mesmo, claro, vale para a descrição-padrão de Trump nos círculos liberais e esquerdistas nos Estados Unidos e no Atlântico Norte, ainda que geralmente acompanhada de reservas – "muito parecido", "lembra", "semelhante" –, deixando claro que a afirmação no fim das contas representa pouco mais do que uma invectiva preguiçosa[33].

O rótulo tampouco é plausível no Brasil. O fascismo foi uma reação ao perigo da revolução social em condições de deslocamento ou depressão econômica. Mobilizou quadros dedicados, organizou movimentos de massa e estava vinculado

---

[32] Até a Revolução de 1930, que levou Getúlio Vargas ao poder, a Presidência, sob a oligarquia civil da Velha República, se alternava a maior parte do tempo entre São Paulo e Minas, na então chamada república do café com leite – as exceções vinham do Rio e da Paraíba.

[33] Para uma demolição completa do rótulo, e da literatura em torno dele, ver Dylan Riley, "What is Trump?", *New Left Review*, Londres, n. 114, nov.-dez. 2018, p. 5-31.

a uma ideologia definida. O Brasil teve sua versão na década de 1930, com os camisas-verdes integralistas, que, no auge, ultrapassaram a marca de 1 milhão de membros. Contavam com um líder articulado, Plínio Salgado, cobertura na imprensa, um programa de publicações e um conjunto de organizações culturais, tendo chegado perto de tomar o poder em 1938, após o fracasso do levante comunista de 1935. Não existe nada remotamente comparável no Brasil hoje, seja em termos de uma ameaça esquerdista à ordem estabelecida, seja na forma de um movimento direitista organizado e de massas. Em 1964, ainda havia um partido comunista forte, com influência dentro das Forças Armadas, um movimento sindical militante e crescente inquietação no campo, tudo sob o comando de um presidente fraco que defendia reformas radicais. Foi o suficiente para provocar não o fascismo, mas uma ditadura militar convencional. Em 2018, o partido comunista de outrora desaparecera há tempos, sindicatos combativos haviam se tornado coisa do passado e a classe pobre se encontrava passiva e dispersa, enquanto o PT se revelava um partido moderadamente reformista, com anos de boas relações com os grandes negócios. Soltando fogo pelas ventas, Bolsonaro conseguiu ganhar uma eleição. Não há, porém, praticamente nenhuma infraestrutura organizacional abaixo dele. Tampouco existe necessidade de repressão em massa, já que não há massa opositora a ser reprimida.

Bolsonaro seria mais bem categorizado como populista? O termo, usado atualmente pela mídia bem-pensante para descrever toda sorte de vilão, foi tão inflado que perdeu utilidade. Sem dúvida, a atitude de valoroso inimigo do *establishment*, somada ao estilo rústico, de homem do povo, pertence ao repertório do que geralmente se entende como populismo. Bolsonaro se espelha no presidente dos Estados Unidos, mas consegue superá-lo ao se enrolar na bandeira nacional e ao jorrar uma torrente de tuítes sem parar – 70% a mais que Trump em sua primeira semana no cargo. Bolsonaro, no entanto, não se encaixa no padrão da galeria dos populistas de direita atuais em ao menos dois aspectos. A imigração não é questão de debate no Brasil, onde apenas 1,8 milhão de pessoas, de uma população de 204 milhões, nasceram no exterior[34] – 0,9%, contra 14% nos Estados Unidos e no Reino Unido, e 15% na Alemanha. O racismo, claro, é uma questão a respeito da qual Bolsonaro, assim como Trump, já fez declarações dissimuladas, além de ter incentivado práticas policiais violentas contra negros.

---

[34] José Tadeu Arantes, "O panorama da imigração no Brasil", *Exame*, São Paulo, 7 jul. 2015. Disponível em: <https://exame.abril.com.br/brasil/o-panorama-da-imigracao-no-brasil>; acesso: set. 2019.

Ao contrário de Trump, porém, ele conquistou um grande eleitorado negro e pardo nas urnas, e é improvável que arrisque essa posição aproximando-se de algo análogo à retórica xenofóbica vigente no Atlântico Norte. Um terço de seu partido no Parlamento, aliás, não é branco – porcentagem maior que a do muito alardeado contingente democrata e progressista recém-eleito para a 116ª legislatura do Congresso dos Estados Unidos.

Uma segunda diferença importante está no caráter do nacionalismo de Bolsonaro. O Brasil não está ameaçado de perder soberania, como países da União Europeia, nem de declínio de um império, como os Estados Unidos ou o Reino Unido, e esses são os dois principais vetores do populismo de direita no hemisfério Norte. Quando bate no peito para afirmar seu patriotismo, Bolsonaro está sendo apenas teatral. Assim, hoje, ele não é inimigo do capital estrangeiro. Seu nacionalismo, hiperbólico na expressão, assume a forma de virulentas imagens de antissocialismo, antifeminismo e homofobia, por ele representadas como excrescências estranhas à alma brasileira. Com o livre mercado, porém, não há discordâncias. É um nacionalismo pautado pelo paradoxo do populismo entreguista: totalmente disposto, ao menos em princípio, a entregar ativos nacionais a bancos e corporações globais.

A comparação com Trump, o mais próximo análogo político de Bolsonaro, revela um conjunto diferente de pontos fortes e fracos. Pessoalmente, embora tenha um histórico de vida muito mais humilde, o brasileiro é menos analfabeto. A educação recebida na academia militar lhe possibilitou isto: livros não lhe são um completo mistério. Ciente de algumas de suas limitações, não compartilha com Trump o mesmo grau de egocentrismo. A autoconfiança arrogante do norte-americano vem não apenas de um histórico familiar privilegiado, mas também de uma longa e bem-sucedida carreira na especulação imobiliária e no *show business*. Bolsonaro, que nunca administrou nada na vida, carece dessa estrutura existencial. É muito menos seguro. Dado, como Trump, a todo tipo de explosão intempestiva, recua rapidamente, ao contrário de Trump, se as reações se revelarem muito negativas. As primeiras semanas de seu governo exibiram uma cacofonia de declarações conflitantes, retratações e desmentidos.

Não é apenas por personalidade, mas também por circunstância que o brasileiro se apresenta mais frágil. Tanto ele quanto Trump foram catapultados ao poder praticamente da noite para o dia, contra todas as expectativas. Trump assumiu a Presidência com uma porcentagem muito menor de votos válidos (46%) que Bolsonaro (55%). Porém, os partidários do primeiro são ideologicamente fervorosos e o aprovam sem restrições, ao passo que o apoio a Bolsonaro, ainda que mais amplo, é também mais superficial, como mostram pesquisas pós-eleitorais que indicam rejeição a várias de suas propostas. Trump, além disso, chegou ao poder assumindo controle de um dos dois maiores partidos do país, com uma história que remonta a dois séculos, enquanto Bolsonaro ganhou virtualmente por conta própria, sem qualquer apoio institucional ao chegar às urnas. Em contrapartida, uma vez eleito, ele não governará – porque não pode – sem levar em conta as instituições a seu redor, como Trump tentou fazer. Isso não significa que será menos violento, dado que no Brasil muitas dessas instituições são mais autoritárias que nos Estados Unidos. Os povos indígenas da Amazônia são uma vítima certa: diferentemente dos negros, os índios formam um contingente negligenciável nas urnas e serão os primeiros a sofrer, à medida que pecuaristas devastarem seu hábitat. Da mesma forma, é fácil imaginar – especialmente se a economia não se recuperar e Bolsonaro precisar desviar a atenção do tema – que o governo reprima violentamente protestos estudantis; prenda militantes do Movimento dos Trabalhadores Rurais Sem Terra (MST) ou de seu equivalente urbano, o Movimento dos Trabalhadores Sem Teto (MTST), jogando essas organizações na ilegalidade; desmantele greves, quando necessário. À parte a violência no campo, porém, essa repressão provavelmente vai se dar no varejo, não no atacado. Mais que isso, no momento, seria exagerar na dose.

Onde isso deixa o PT? Longe de prosperar, mas sobrevivendo, por enquanto. Com 10% dos votos e 11% dos assentos na Câmara dos Deputados, escapou do atropelamento sofrido por PSDB e MDB. Com Lula na cadeia, o que será feito do partido? Aqui, as opiniões se dividem.

Para Singer, a realidade central dos governos do PT foi, como deixam claro os títulos de seus dois livros, o lulismo – a pessoa ofuscando o partido. Para o melhor americanista a estudar o Brasil contemporâneo, David Samuels, trata-se do inverso: o fenômeno mais profundo e duradouro foi o petismo – o partido, não a pessoa. Lula, diz Samuels, não foi um líder carismático da mesma espécie de Vargas ou de seus herdeiros gaúchos, Goulart ou Brizola, políticos sem raízes em partidos. Lula tampouco seria um populista, à diferença dessas figuras. Financeiramente ortodoxo, respeitoso das instituições democráticas, o ex-presidente não criou, segundo Samuels, um sistema político em torno de si nem cedeu à retórica maniqueísta do "eles" e "nós". Assim, o próprio lulismo nunca passou de um "leve apego psicológico", comparado à força organizacional do PT e sua sólida presença na sociedade civil. Singer teria errado tanto ao exagerar a importância de Lula como ao atribuir aos pobres uma perspectiva em geral conservadora, compensada por uma ligação especial com Lula. Em 2014, Samuels e seu colega brasileiro Cesar Zucco puderam escrever: "Olhando para nossa bola de cristal, vemos o PT como o ponto fulcral do sistema partidário do Brasil. Sem ele, será difícil governar"[35].

As previsões de Singer se revelaram mais acertadas. Os acontecimentos mostraram que o cientista político entendera com exatidão a mentalidade dos despossuídos, o medo que sentiam da desordem e o desejo agudo que nutriam por estabilidade. Ao chamar atenção para os precedentes de Jânio Quadros e Collor, muitas páginas de *Os sentidos do lulismo* mostram-se clarividentes, um roteiro do triunfo de Bolsonaro em regiões populares do Brasil seis anos depois. O que isso significou para o relacionamento entre o PT e seu líder desde então? Às vésperas da prisão de Lula, um entrevistador comentou com ele: "Há quem diga que o problema no Brasil é que nunca houve uma guerra, uma ruptura". Ao que ele respondeu: "Eu acho. É engraçado porque toda vez que a sociedade brasileira esteve a ponto de uma ruptura, houve um acordo. E um acordo feito por cima. Quem está por cima não quer sair"[36]. A resposta é reveladora, mas exclui a possibilidade de aqueles que estão por cima quererem a ruptura – vinda da direita, não da esquerda[37]. Entretanto, foi exatamente isso que atingiu o PT em 2016-2018, algo que o partido ainda não entendeu. No poder, o governo beneficiou os pobres enquanto o vento esteve a favor, mas não os educou nem os mobilizou. Os adversários não apenas mobilizaram, como também educaram a si mesmos segundo os mais recentes padrões pós-modernos. O resultado foi uma guerra de classes unilateral, em que apenas um dos campos poderia vencer. As grandes manifestações que terminaram por derrubar Dilma resultaram de uma galvanização da classe média inédita na história do Brasil; possibilitada por um amplo domínio das redes sociais, foi transmitida a Bolsonaro diretamente pela juventude e refletiu uma transformação do país com características de revolução social. Entre 2014 e 2018, apesar da recessão, o número de *smartphones* superou

---

[35] Em David J. Samuels e Cesar Zucco Jr., "Lulismo, Petismo, and the Future of Brazilian Politics", *Journal of Politics in Latin America*, v. 6, n. 3, 2014, p. 131-3 e 153-4, o lulismo é contrastado ao peronismo. Para o ponto de vista divergente do de Singer, ver idem, *Partisans, Antipartisans, and Nonpartisans: Voting Behaviour in Brazil* (Cambridge, Cambridge University Press, 2018), p. 34 e 167.

[36] Luiz Inácio Lula da Silva, *A verdade vencerá*, cit., p. 143.

[37] "O lulismo não preparara sua base para a contrarrevolução, pois isso implicaria abrir um confronto que estava fora de sua receita conciliatória." André Singer, *O lulismo em crise*, cit., p. 279.

o de habitantes[38], e o uso que foi feito desses dispositivos ofuscaria com folga ações políticas similares na Europa ou nos Estados Unidos.

Esta não foi, naturalmente, a única realidade fatal e incontornável a escapar à compreensão do PT. No poder, o partido rejeitou a mobilização – Lula foi franco acerca do próprio ceticismo[39] – em favor da cooptação; e cooptar as classes política e empresarial brasileiras significava corromper. Fazia parte da lógica estratégica do partido. Gramsci escreveu: "Entre o consentimento e a força, existe a corrupção, característica de situações em que é difícil exercer a função hegemônica e em que o uso da força é arriscado"[40]. Após renunciar à hegemonia, que exigiria esforço sustentado de esclarecimento popular e organização coletiva, e rejeitar a coerção, que nunca se sentira tentado a adotar, restou ao partido a corrupção. Para seus líderes, qualquer outra opção seria demasiado difícil ou arriscada. A corrupção foi o preço a pagar por seu "reformismo fraco", na expressão de Singer, e pelos benefícios reais que ele havia possibilitado. Porém, depois de exposto, o partido não conseguiu encontrar palavras para descrever e criticar o que havia feito. Em vez disso, recorrendo a um eufemismo revelador – e terrivelmente preciso –, o partido explicou que precisava "superar a adaptação [...] ao *modus vivendi* tradicional da política brasileira"[41]. *Modus vivendi* – um modo de convívio: bem no alvo.

Recorrer a eufemismos não ajuda a escapar de um passado ao qual o PT segue acorrentado do modo mais doloroso e paralisante possível. A Lava Jato está longe de terminar o serviço com sua vítima estrelada. A sentença de doze anos que Lula recebeu por manifestar interesse em um apartamento à beira-mar é apenas o começo. Um segundo processo, com base numa acusação semelhante – chamar uma empreiteira com contratos firmados durante sua gestão para a reforma de um sítio de propriedade de amigos –, está chegando ao fim, com um veredito parecido à vista. São acusações relativamente triviais, no contexto geral, embora as sentenças não o sejam. Existem, porém, acusações muito mais

---

[38] São 220 milhões de *smartphones* para 208 milhões de habitantes. Ver José Roberto de Toledo, "Deu no celular", *piauí*, 18 out. 2018.

[39] "Nós fizemos a mobilização mais importante da história deste país, nas Diretas Já, fomos para o Congresso Nacional e perdemos as eleições diretas. E não aconteceu nada. A gente ficou a ver navios e esperou o Colégio Eleitoral em 1985. Não há ninguém fazendo mobilização contra os processos que estão movendo contra mim. As pessoas estão na expectativa de que as coisas funcionem corretamente." Luiz Inácio Lula da Silva, *A verdade vencerá*, cit., p. 144.

[40] Antonio Gramsci, *Quaderni del carcere*, v. 4 (Turim, Einaudi, 1975), p. 1.638.

[41] André Singer, *O lulismo em crise*, cit., p. 260.

graves pela frente, referentes à malversação de enormes quantias de recursos públicos – centenas de milhões de dólares postos à disposição da Petrobras quando Lula era presidente. Essas acusações têm por base a delação premiada do Judas número um do partido, o outrora braço direito de Lula e ex-ministro da Fazenda, Antonio Palocci, que hoje vende a si mesmo como testemunha em outros casos judiciais. O governo garantirá máxima publicidade aos megajulgamentos que estão por vir. Ele precisa acabar com Lula.

O PT e seus simpatizantes, já compreensivelmente indignados com a falta de aplicação de penas cumulativas no caso envolvendo assuntos pessoais de Lula, terão ainda de enfrentar provas que, mesmo contaminadas, são potencialmente mais danosas, no que ameaça se tornar um processo de extensão indefinida que visa a desacreditar e confinar o ex-presidente até o fim da vida. Como reagir? Lula, que não foi diminuído na prisão, continua sendo o mais importante ativo político do partido, ainda que, para muitos, corra o risco de se tornar um passivo igualmente oneroso. Fazer-lhe justiça histórica também parece estar além dos poderes do PT[42]. O partido depende de Lula para uma liderança firme, mas arrisca perder a credibilidade caso não se mostre independente dele. Âncora ou albatroz? Muitos acreditam que, se ele saísse totalmente de cena, o PT logo racharia. Nesse cenário, a militância pode ser levada a alimentar uma esperança de que, sob Bolsonaro, as condições no Brasil piorarão tanto que pouca gente vai se importar com velhos escândalos de corrupção, cujos rastros seriam obliterados por uma convulsão política ainda maior.

Durante doze anos, o Brasil foi o único grande país do mundo a desafiar os tempos, a recusar o aprofundamento do regime neoliberal do capital e a abrandar o rigor inerente a ele em favor dos menos abastados. Se a experiência precisava necessariamente terminar como terminou, é um questionamento imponderável. As massas não foram convocadas a defender o que haviam conquistado. Será que os séculos de escravidão que distinguiram o país do restante da América Latina tornaram insuperável a passividade popular? O *modus vivendi* do PT é o

---

[42] Assim como, é importante dizer, grande parte da esquerda que atacou o PT no poder. Acerca desse período, Marcus Giraldes escreveu muito bem sobre uma afasia compartilhada: "Como a derrota é de toda a esquerda, e todos os setores eventualmente cometeram erros, ainda que proporcionais à influência de cada um, o esforço autocrítico deve ser conjunto. Isso vale para as organizações da crítica de esquerda aos governos do PT e também para a militância dedicada prioritariamente às chamadas pautas identitárias. É hora de passar a limpo, de forma pública, dura, sincera e leal, todos os erros de condução política, de leitura da realidade e de linguagem". Ver idem, "A esquerda depois das eleições: organização, estratégias, resistência", *Justificando*, 8 nov. 2018.

melhor que se pôde fazer? Às vezes, Singer sugere algo nessa linha. Em outras, é mais severo. O Brasil não conseguiu promover a inclusão social de todos os seus cidadãos, tarefa que, como ele escreveu recentemente, seria de sua própria geração no pós-ditadura. Sem inclusão, porém, nenhum outro projeto é viável[43]. De forma um pouco mais otimista, Celso Rocha de Barros – outro observador atento, um pouco à direita de Singer – diz que o lulismo não acabará no Brasil até que algo melhor o substitua[44]. Deve-se torcer para que essas avaliações se sustentem. Lembranças, porém, se esvaem com o tempo, e, em outros lugares, a exclusão social mostrou-se impiedosamente viável. A esquerda sempre esteve inclinada a transformar preferências em previsões. Seria um erro esperar que derrotas redundem com o tempo em autocorreção.

---

[43] "Na minha visão, o Brasil ainda não incorporou o conjunto da população a condições mínimas de vida, dignas de vida, o que significa incorporar à economia mais avançada do país, porque ele é muito díspar. Enquanto o Brasil não completar isso, não poderá ter outros projetos. Esse é o problema fundamental, que eu achei, num determinado momento mais otimista, que a minha geração iria ver ser resolvido, e não foi". Citado em Gabriel Fujita, "'Democracia brasileira se esgarçou e pode se romper', afirma André Singer", *Notícias UOL*, 4 ago. 2018. Disponível em: <https://noticias.uol.com.br/politica/eleicoes/2018/noticias/2018/08/04/a-democracia-pode-se-romper-diz-andre-singer-pesquisador-do-lulismo.htm>; acesso em: 21 set. 2019.

[44] Celso Rocha de Barros, "O companheiro *impeachment*", *Folha de S.Paulo*, 2 out. 2017.

Parábola
2019

Seis meses não é tempo adequado para avaliar um novo governo, mas, no caso da Presidência de Jair Bolsonaro, é suficiente para formar um juízo preliminar. As comparações com Donald Trump, a princípio baseadas nos desempenhos de cada um nas urnas e na dimensão de suas bases sociais, já podem ser estendidas às condutas no governo. O paralelo mais impressionante está nas caóticas mudanças nas equipes de governo, sob uma chuva de demissões e indicações aleatórias, e na enxurrada de tuítes, que tentam passar por cima dos meios de comunicação tradicionais e inflamar os simpatizantes com apelos diretos nas redes sociais. Mas logo três diferenças fundamentais entre os dois mandatários se tornaram aparentes. Como já foi observado, mesmo que ambos sejam politicamente inexperientes, catapultados repentinamente ao poder, Trump ainda pode se gabar de uma carreira de sucesso no setor imobiliário – por mais obscuros que sejam seus negócios ou por mais periclitante que seja seu império – e na televisão – por mais sórdido que fosse seu programa. Bolsonaro, ao contrário, não possui nenhuma experiência de liderança. Imprevisível e instável, sem ligação com organizações políticas, ele não é o primeiro político brasileiro a chegar à Presidência do país como um *outsider* desorientado. Jânio Quadros e Fernando Collor de Mello, cada um à própria maneira, foram precedentes notáveis. No entanto, ao menos eles apresentavam alguma experiência de governo em seus Estados: Jânio como prefeito de São Paulo e Collor como governador de Alagoas. Bolsonaro nunca governara nada.

O que ele tem, diferentemente dos outros dois, são 28 anos ininterruptos como deputado federal. Trata-se de um período, contudo, que não lhe serviu para ganhar uma melhor compreensão do funcionamento institucional do Congresso ou para construir uma rede tática de parlamentares com ideias parecidas.

Muito pelo contrário: enquanto Jânio e Collor entraram em conflito com o Legislativo somente depois de assumir a Presidência, Bolsonaro iniciou sua campanha com ataques estridentes ao Congresso, acusando-o de fazer parte da "velha política" corrupta, que ele tinha como missão demolir. Nesse aspecto, sua retórica se assemelha aos ataques, dois anos antes, de Trump ao "pântano" de Washington. Mas a semelhança de comportamento serve sobretudo para realçar as diferenças de contexto: Trump chegou ao poder depois de conquistar o Partido Republicano, que representa metade do sistema político estabelecido há muito tempo no país, sem risco de se desintegrar; a ascensão de Bolsonaro foi resultado de um colapso quase completo do tradicional sistema político brasileiro, com duas de suas principais legendas, o Partido dos Trabalhadores (PT) e o Partido da Social Democracia Brasileira (PSDB), completamente desorganizadas após o desastre da Presidência de Dilma e Temer, e escândalos financeiros pairando sobre toda a classe política. A ascensão repentina de Bolsonaro foi, sobretudo, o resultado fortuito de um vácuo de poder.

Isso significa que ele enfrentou uma oposição consideravelmente menor que Trump ao sair vitorioso das urnas. Mas a aparente vantagem era ilusória, dissipando-se tão logo ficou claro que ele não fazia ideia de como controlar ou dirigir um Congresso que também havia se deslocado para a direita em seu encalço, mas no qual seu partido, aglutinado apenas para a campanha presidencial, detinha apenas 10% das cadeiras. Ao rejeitar o pacto do "presidencialismo de coalizão" aceito por seus antecessores – a distribuição de ministérios lucrativos e sinecuras no Executivo em troca de apoio no Legislativo, uma fórmula perfeita para a corrupção generalizada – e, ao contrário, tentar em vão incitar protestos de rua contra esse sistema, Bolsonaro conseguiu se indispor com o amálgama de deputados à venda no centrão – e sem o apoio desses deputados fica impossível fazer avançar qualquer proposta legislativa saída do Executivo. Até meados de 2018, o controle dos republicanos sobre ambas as casas do Congresso propiciou a Trump uma posição muito mais forte, ainda que também cheia de atritos.

O contraste mais evidente entre os dois governantes, no entanto, está alhures. A prioridade de Bolsonaro, como ficou claro desde o princípio, é fundamentalmente estranha a Trump. Sua maior preocupação é levar a cabo uma versão particular das guerras culturais, em detrimento de qualquer outro foco político ou de atenção. Como deputado federal, suas ações práticas se limitaram à constante defesa dos interesses dos militares e dos fabricantes de armas de pequeno porte, atividade que atraiu pouca atenção. O que lhe deu visibilidade nacional, ainda que a princípio de maneira isolada, foram seus discursos virulentos contra os males do feminismo, da homossexualidade, do ateísmo e, é claro, do comunismo, combinados com homenagens a torturadores que acabaram com tudo isso durante a ditadura. Aos poucos, acabou estreitando os laços com as igrejas evangélicas em ascensão, e quando afinal se tornou o líder da corrida presidencial, esse discurso já se encontrava ruidosamente sob o signo de Deus e da família. Tanto que, uma vez no Planalto, a energia presidencial foi investida mais em tentativas alvoroçadas de eliminar ideias por ele consideradas aberrantes – como educação sexual e afins nas escolas, e acabar com o estudo de humanidades subversivas nas universidades, enquanto providenciava o acesso salutar dos cidadãos às armas de fogo para se autodefender – do que em questões econômicas, sociais, ambientais ou diplomáticas, numa sucessão de iniciativas e discursos bizarros[1]. Esse moralismo histérico de direita, por mais artificial que seja, não era do interesse de Trump ou, por razões óbvias, estava além do que ele podia bancar.

A partir dessa linha de base, qual tem sido o impacto do estilo de governar de Bolsonaro – amadorismo político, gestos de prepotência e deslizes de impotência, obsessão por fantasias ideológicas – sobre o tripé sociológico que o levou ao poder: negócios, Justiça, Forças Armadas? O capital, apoiando-se na crença de que podia controlar o governo, celebrou a chegada de Bolsonaro ao Planalto com uma explosão de seu espírito animal (mais especulativa que produtiva): nos primeiros seis meses de 2019, o Ibovespa subiu 10% com a expectativa de privatizações e cortes no sistema de bem-estar social, batendo um recorde histórico em março. A chave para essa confiança no futuro foi a promessa de uma reforma previdenciária para reduzir a dívida pública, principal tarefa de Paulo Guedes no Ministério da Economia. No entanto, o pacote neoliberal radical de Guedes esbarrou em dois obstáculos. Por um lado, o próprio Bolsonaro deixou claro que estava disposto a abrir mão da peça central do projeto de reforma de Guedes: a mudança do sistema previdenciário de um benefício público garantido pelo governo para uma conta individual compulsória, administrada por um fundo privado, seguindo o molde chileno – uma proposta que era não apenas politicamente explosiva (a média das aposentadorias no Chile está abaixo do salário mínimo), como também um arranjo duvidoso em termos fiscais. Por outro lado, a falta de experiência do ministro na tramitação de qualquer medida

---

[1] Mediada pelos filhos, principalmente por Eduardo Bolsonaro, uma enxurrada de insultos do astrólogo expatriado Olavo de Carvalho – versão brasileira dos profetas das Centúrias Negras – exerceu ampla e significativa influência sobre esse lado do regime.

no Congresso – ainda mais uma medida tão sensível como essa, que exigia uma emenda constitucional –, somada à falta de um apoio competente dentro do Executivo, fez com que o formato final da reforma coubesse a um Legislativo cheio de deputados suficientemente conservadores, mas receosos de uma reação negativa do eleitorado a um ataque tão incisivo contra seus direitos. No fim das contas, por pressão do empresariado, a Câmara aprovou uma reforma previdenciária neoliberal que, sem dúvida, será confirmada pelo Senado. Socialmente, seus efeitos atingirão de maneira mais dura os pobres e os que se encontram em situação precária; economicamente, provocará uma redução dos recursos necessários para financiar o novo sistema[2].

Enquanto isso, todos os indicadores econômicos apontam para baixo, indicando uma estagnação prolongada. A recuperação da recessão de 2015-2016, quando o PIB caiu 7%, foi muito fraca em 2017-2018, chegando a no máximo 1,1% ao ano, à medida que os gastos públicos eram cortados, e o consumo, estabilizado. Um cenário ainda pior se desenharia no primeiro trimestre de 2019, quando a economia, longe de dar um salto com Bolsonaro, recuou 0,1%, e os investimentos – apesar das taxas de juros mais baixas desde a redemocratização – caíram 1,7% por falta de demanda efetiva, deprimida pela austeridade fiscal interna e pelo recuo dos mercados de *commodities* no exterior[3]. Inalterado por Guedes, o tratamento neoliberal da crise herdada de Temer resultou em mais de 13 milhões de desempregados, o dobro do número anterior à crise, e fez aumentar o total de brasileiros abaixo da linha mínima de pobreza definida pelo Banco Mundial, superando os 7 milhões de pessoas. O próprio capital tem poucas razões para estar satisfeito com esse desempenho; as massas têm razões para um desespero cada vez maior. Sem uma reversão desse quadro, a legitimação econômica do governo desaparecerá.

E a Justiça, o segundo pilar do tripé? Não fosse a operação Lava Jato, Bolsonaro jamais teria chegado ao poder. Uma vez eleito, nenhuma decisão deu mais brilho à aura de sua Presidência que a nomeação de Sergio Moro como ministro da Justiça. Personificação da luta contra a corrupção, mais popular que o próprio presidente, ao mesmo tempo que lhe proporcionava um colete à

---

[2] Ver Thomas Piketty et al., "A quem interessa aumentar a desigualdade?", *Valor Econômico*, 11 jul. 2019.

[3] Sobre a economia geral obtida com a austeridade de Dilma a Bolsonaro, ver o competente trabalho de Pedro Paulo Zahluth e seus colegas do Centro de Estudos de Conjuntura e Política Econômica da Universidade de Campinas: "A contração do PIB no primeiro trimestre e o risco de recessão em 2019", *Nota do Cecon*, n. 5, maio 2019.

prova de balas ético, Moro era visto como o candidato mais provável à sucessão de Bolsonaro. O único ponto de interrogação sobre seu futuro parecia ser se ele colidiria com o Congresso na busca de novas irregularidades políticas ou se, ao contrário, perderia seu esplendor ao permitir que as investigações se encerrassem depois de tomar posse como ministro. Pelo visto, nenhum dos dois cenários se materializou, sendo superados por algo mais sensacional. No início de junho, quase seis anos após divulgar as revelações de Edward Snowden sobre o império mundial de vigilância ilegal de Barack Obama, Glenn Greenwald e seus colegas do jornal *The Intercept* começaram a publicar conversas entre Sergio Moro e Deltan Dallagnol, o que deixou claro que o juiz e o procurador, desafiando a Constituição, confabularam para garantir a prisão de Lula, baseando-se em provas que ambos sabiam ser fracas, e que Moro orientou as operações da promotoria em um caso em que deveria ser imparcial.

Tudo isso já era, a rigor, óbvio para quem quisesse ver, mesmo na ausência dessas provas escritas. O que revelaram as conversas divulgadas por *The Intercept* foi algo mais, foi uma resposta brutal à pergunta colocada por André Singer ao descrever os procedimentos da Lava Jato como sendo ao mesmo tempo "republicanos" e "facciosos": será que os procedimentos eram as duas coisas ao mesmo tempo em igual proporção? Pois as mensagens não mostram apenas que o veredito contra Lula em 2018 foi manipulado, que o juiz que o proferiu era parte interessada nas acusações contra ele e que o mesmo juiz mantinha contato secreto com aquele que na linguagem da máfia italiana é chamado de "referente" no Supremo Tribunal Federal, Luiz Fux, reafirmando a Dallagnol sua capacidade de garantir respaldo a suas maquinações com a frase memorável (que poderia ter saído de um romance de Leonardo Sciascia): "*In Fux We Trust*"[4]. As mensagens também provaram, sem sombra de dúvida, que as motivações tanto do juiz quanto dos procuradores eram políticas, estendendo-se em chacotas ao PT, medidas para garantir que Lula não pudesse dar entrevistas à imprensa (que aumentariam as chances do partido nas eleições) e também – de certo modo, talvez o pior – para proteger Fernando Henrique Cardoso, arqui-inimigo político de Lula, de qualquer risco de investigação de suas finanças, também lubrificadas pela Odebrecht. Ao ser alertado por Dallagnol de que os procuradores em São Paulo, que aparentemente investigavam esses fatos, talvez só estivessem fingindo para manter um ar de imparcialidade, Moro não se tranquilizou e disse que isso era "questionável", pois "melindra alguém cujo apoio

---

[4] Posteriormente completado por Dallagnol, aludindo a um segundo referente no Supremo Tribunal Federal, com um jubiloso: "Fachin é nosso".

é importante". Os laços que uniam o grupo em Curitiba ao patriarca do PSDB não poderiam ser mais transparentes.

Descartada, claro, defensivamente por Fernando Henrique Cardoso como "tempestade em copo d'água", as revelações da Vaza Jato caíram como uma bomba na opinião liberal menos comprometida. A reação de três dos mais conhecidos colunistas do país, dois deles famosos pela ferocidade de seus ataques ao PT quando o partido estava no poder, foi reveladora. Da direita para a esquerda do espectro: nas palavras de Reinaldo Azevedo, as informações da Vaza Jato significam que, "havendo lei, a condenação de Lula é nula"; para Demétrio Magnoli, "o conluio de Sergio Moro com os procuradores [...] paira como nuvem de chumbo sobre nossa democracia" e, agora que foi exposto, qualquer "governo decente afastaria Moro sem demora, mas não temos nada parecido com isso"; já para Elio Gaspari, a permanência de Moro no cargo "ofende a moral, o bom senso e a lei da gravidade", e ele deveria renunciar imediatamente; a conduta política da dupla em Curitiba lembrou a incitação dos oficiais que queriam derrubar Getúlio Vargas em 1954[5]. No entanto, seria ingênuo esperar que essa reviravolta derrubasse Moro, por mais propaganda ou clara que fosse. Muito valor simbólico foi investido nele para que o *establishment* brasileiro atual – presidente, Supremo Tribunal Federal, Congresso – o deixe cair. No entanto, Moro agora estava avariado, e de protetor de Bolsonaro passou principalmente a ser protegido por ele. O pilar judicial do tripé parece tão instável quanto o pilar econômico.

Poucas horas depois dos ataques a Moro, não foi a Presidência que saiu em sua defesa. Bolsonaro, sem dúvida esperando para ver quais seriam as repercussões da Vaza Jato, ficou em silêncio. Quem se manifestou foi o general mais poderoso do governo, e em termos que deixaram clara a participação política dos militares na tarefa comum, que uniu oficiais e magistrados, de destruir Lula e garantir que o PT não vencesse as eleições de 2018. As mensagens interceptadas, segundo Augusto Heleno, "querem macular a imagem do dr. Sergio Moro, cujas integridade e devoção à pátria estão acima de qualquer suspeita". E continua:

> O desespero dos que dominaram o cenário econômico e político do Brasil, nas últimas décadas, levou seus integrantes a usar meios ilícitos para tentar provar que

---

[5] Em ordem cronológica: Elio Gaspari, "Moro, pede pra sair", *Folha de S.Paulo*, 12 jun. 2019; Demétrio Magnoli, "'Não é sobre Lula ou Moro. A corrupção do sistema de justiça não reprime a corrupção política", *Folha de S.Paulo*, 15 jun. 2019; Reinaldo Azevedo, "Havendo lei, condenação de Lula é nula", *Folha de S.Paulo*, 21 jun. 2019.

a Justiça os puniu injustamente. Vão ser desmascarados, mais uma vez. Os diálogos e as acusações divulgadas ratificam o trabalho honesto e imparcial dos que têm a lei a seu lado. O julgamento popular dará aos detratores a resposta que merecem.

Quando Moro, para evitar o risco de uma investigação de sua conduta pela Câmara dos Deputados, se apresentou ao Senado, onde tinha a garantia de recepção branda, Heleno foi ainda mais violento e declarou:

> Governado por mais de vinte anos por uma verdadeira quadrilha, o país foi vítima de um gigantesco desvio de recursos, que envolveu grandes empresas privadas e estatais, fundos de pensão, governantes e políticos, em todos os níveis. Alguns protagonistas desse criminoso projeto de poder e enriquecimento ilícito participaram, com a cara mais lavada do mundo, dessa inquisição ao ministro Sergio Moro.[6]

Colegas militares contribuíram com outras declarações no mesmo sentido.

O que uma intervenção imediata como essa indica, num momento de crise, é que, no tripé de forças que sustentam Bolsonaro, os militares são de longe a mais importante, a que dá ao governo sua base mais estável e poderosa. Isso sempre esteve nítido pelo grande número e pela importância dos cargos que eles ocupam no governo de Bolsonaro. Começando por Heleno, no topo, encarregado da Segurança Institucional, os militares ganharam o controle das pastas de Infraestrutura, Ciência e Tecnologia, Minas e Energia, Defesa, Controladoria Geral, Secretaria-Geral da Presidência, Secretaria de Governo, sem falar da Secretaria de Imprensa, Correios, assessoria do presidente do Supremo Tribunal Federal etc. Ao todo, nada menos que 45 militares ocupam cargos nos dois níveis mais altos do governo. Em termos comparativos, o número de ministros das Forças Armadas no governo de Bolsonaro supera não só o do governo de Castelo Branco no início da ditadura em 1964, mas também o de qualquer um de seus sucessores militares após o fortalecimento do regime – Costa e Silva, Médici, Geisel ou Figueiredo[7].

---

[6] "Ministros saem em defesa do Estado após vazamento de conversas com Dallagnol", *O Estado de S. Paulo*, 10 jun. 2019; "Heleno compara audiência de Moro no Senado a inquisição", *O Estado de S. Paulo*, 20 jun. 2019.

[7] Sob a ditadura, as Forças Armadas possuíam cada uma seu próprio ministério, além dos cargos ministeriais de chefe do Estado-Maior, chefe da Casa Militar da Presidência e chefe do aparelho de vigilância interna e repressão, o SNI. Após a democratização, essas seis posições

O que possibilitou politicamente essa formidável ressurreição e esse retorno dos militares, que hoje adornam em massa o Estado? A resposta, por mais amarga que seja, é que não foi nem a direita nem o centro, tampouco o PFL-DEM ou o PSDB, os conservadores ou os neoliberais. Foi a esquerda, na forma do PT, a responsável direta pela reabilitação política dos militares e seu retorno ao cenário político. Alheios à história, não se lembraram nem mesmo do balanço da ditadura. Pouco mais de um ano após os generais tomarem o poder em abril de 1964, a ditadura brasileira enviou uma força expedicionária à República Dominicana para ajudar os Estados Unidos a derrubar a autoridade constitucional liderada por Francisco Caamaño, considerada radical demais por Washington. Os Estados Unidos chegaram a colocar nas mãos de um comandante brasileiro a força contrarrevolucionária que tomou conta do país, a fim de manter a ficção de uma resposta pan-americana ao perigo do comunismo no hemisfério.

Cerca de quarenta anos depois, outra força expedicionária brasileira desembarcou na mesma ilha, com o mesmo tipo de missão, dessa vez para encobrir a retirada de Jean-Bertrand Aristide do poder, no Haiti. Única figura política dos tempos atuais a gozar do apoio dos haitianos pobres, Aristide foi considerado radical demais pelos Estados Unidos em 2004 e exilado por Washington e seus parceiros em Ottawa e Paris. Aristide, ao contrário de Caamaño, presidiu um governo – era sua terceira vez no cargo – culpado de intimidar os opositores, principalmente herdeiros militares e econômicos da tirania brutal de François Duvalier, que tinha um histórico de violência muito mais drástico e duradouro e nenhum apoio popular. Em meio à crescente desordem, a incapacidade de Aristide de controlar as ruas serviu de pretexto para uma intervenção cujos motivos eram outros. Do ponto de vista dos Estados Unidos, Aristide não era suficientemente comprometido com seus interesses de investimento e negócios. No que dizia respeito aos franceses, ele havia cometido a imperdoável afronta de exigir da antiga metrópole uma reparação pela indenização absurda – cerca de 21 bilhões de dólares em valores atuais – que o Haiti foi obrigado a pagar à monarquia restaurada dos Bourbon em 1825, a título de compensação pela emancipação dos escravos decretada pela Revolução Haitiana em 1793. O país levou um século para pagar este ato gigantesco de extorsão.

---

foram reduzidas a duas – Defesa e Segurança Institucional. Para números relevantes, ver "Ministério terá mais militares do que em 1964", *O Estado de S. Paulo*, 16 dez. 2018.

Aristide foi retirado à força do país pelos Estados Unidos e enviado para o exílio em 28 de fevereiro de 2004. Em menos de uma semana, George W. Bush e Jacques Chirac telefonaram a Lula, e o Brasil anunciou que enviaria tropas ao Haiti para comandar uma força de paz da Organização das Nações Unidas (ONU), após a remoção de Aristide. O que motivou a celeridade desse conluio do trio de potências, posteriormente chamado pelos haitianos de Tridente Imperial[8]? O governo do PT tentou bajular os Estados Unidos na esperança de que o Brasil fosse recompensado com um assento permanente no Conselho de Segurança da ONU, onde a França também tinha poder de veto. Cínico pelo motivo e ingênuo pelo cálculo – naturalmente, não houve tal recompensa –, o envio de tropas brasileiras serviu somente de "caudatário de um golpe", nas contundentes palavras de Mario Sergio Conti[9]. O custo anunciado inicialmente era de 150 milhões de reais para uma missão de seis meses. A expedição real durou treze anos, custou aproximadamente 3 bilhões de reais e envolveu cerca de 37 mil soldados, mais que a força expedicionária enviada à Itália na Segunda Guerra Mundial. Seu principal feito militar? A operação Punho de Ferro, que visava a limpar a favela de Cité Soleil, em Porto Príncipe, considerada um reduto de partidários de Aristide: 22 mil balas e 78 granadas disparadas, que mataram sete membros de uma gangue local e provocaram a morte de não contados civis[10].

Em termos políticos, o Tridente Imperial manteve o controle sobre o Haiti ao longo desses anos. Para assegurar que a Presidência ficasse em boas mãos, promoveu outro golpe em 2010, dessa vez tão acintoso que Ricardo Seitenfus, representante especial brasileiro da Organização dos Estados Americanos (OEA) no Haiti, ex-emissário do governo Lula, não conteve sua indignação e foi demitido por expressá-la. Em um extenso e veemente retrospecto da intervenção no Haiti, a Missão das Nações Unidas para a Estabilização no Haiti (Minustah), e do papel do Brasil, Seitenfus concluiu:

---

[8] Enquanto os Estados Unidos e a França tomaram a dianteira para proteger a folha de parreira dos brasileiros na operação do Tridente, o Canadá foi o primeiro a iniciar os preparativos para intervir no Haiti, convocando uma reunião confidencial em Quebec em janeiro de 2003, sem a presença de nenhum haitiano, para discutir que medidas tomar. Ver Yves Engler e Anthony Fenton, *Canadá in Haiti: Waging War on the Poor Majority* (Vancouver, Red Pub, 2006), p. 41-4.

[9] Mario Sergio Conti, "O Haiti é aqui", *Folha de S.Paulo*, 26 jan. 2019: uma notável reflexão histórica sobre o significado dessa expedição.

[10] Edwidge Danticat, "A New Chapter for the Disastrous United Nations Mission in Haiti?", *The New Yorker*, 19 out. 2017.

O Brasil não estava no Haiti para lutar pela democracia e muito menos pelos interesses da maioria. O que interessava a Brasília eram simplesmente [...] seus objetivos internacionais. [...] O Haiti era o que sempre foi, um mero meio para uma maior projeção de si mesmo no cenário internacional.[11]

Depois de sua saída, os Estados Unidos escolheram como marionete em Porto Príncipe o cantor e empresário Michel Martelly, que foi instalado no Palácio Presidencial pela Minustah com o voto de 4,3% do eleitorado e passou a comandar um sistema de corrupção por atacado, ressuscitando as práticas de egoísmo impiedoso das elites tradicionais, marinadas nas práticas da ditadura de Duvalier[12]. Quanto à Minustah, deixou como herança aos haitianos a introdução da cólera no país, provocando mais de 8 mil mortes e 600 mil casos de infecção, sem que a ONU jamais assumisse a responsabilidade pelas vítimas[13].

Qual seria o balanço geral da incursão do Brasil no Haiti? Depois de treze anos, as massas haitianas estavam tão presas à miséria quanto antes de Aristide, destituídas de qualquer poder sobre seu destino, que continuava nas mãos dos predadores habituais. Nem mesmo a segurança pública havia melhorado, supostamente um dos benefícios imediatos que resultaria da missão da ONU.

---

[11] Ricardo Seitenfus, *Haiti: dilemas e fracassos internacionais* (Ijuí, Unijuí, 2014), p. 301-31, 335. Entre outras coisas, o relato detalhado revela as razões que levaram Urano Bacellar, segundo dos generais brasileiros a comandar a Minustah, a cometer suicídio em Porto Príncipe em 2006, episódio que Brasília tentou encobrir (p. 150-60).

[12] Ver Robert Fatton Jr., *Haiti: Trapped in the Outer Periphery* (Boulder, Lynne Rienner, 2014), p. 95, 121 e 149 – último livro da excelente trilogia do autor sobre seu país, precedido de *Haiti's Predatory Republic* (2002) e *The Roots of Haitian Despotism* (2007), todos com descrições implacáveis de uma classe da qual ele mesmo faz parte, como explica no comovente prefácio do primeiro volume: "Por ter nascido na elite haitiana e manter profundos laços de afeto com ela, estou bem familiarizado com seu comportamento, sua mentalidade e seus preconceitos, [e] perturbadoramente familiarizado com o profundo desprezo da elite pelo *peuple*. Sei que ela teme a democracia e conheço a hostilidade que nutre em relação ao pleno exercício do sufrágio universal". Com uma observação rara em qualquer texto acadêmico, Fatton continua: "Como vivo no cenário privilegiado da vida acadêmica dos Estados Unidos, com o conforto que a distância me proporciona, é fácil proferir um juízo moral, mas escrever este livro tem sido um processo intelectual e emocional profundamente doloroso e deprimente. Esse processo tem representado uma ruptura moral e política difícil com o meu próprio mundo, a minha própria classe". Robert Fatton Jr., *Haiti's Predatory Republic*, cit., p. xii.

[13] Robert Maguire e Scott Freeman (orgs.), "Introduction", em *Who Owns Haiti? People, Power and Sovereignty* (Gainesville, University Press of Florida, 2017), p. 5.

Sob os capacetes azuis, os homicídios dobraram[14]. Ganhos para o Brasil? Nenhum: a busca por um assento permanente no Conselho de Segurança foi perda de tempo. Em outras frentes, o padrão da política externa de Lula foi muito diferente. As memórias de Celso Amorim como ministro das Relações Exteriores demonstram um orgulho justificável pela atitude de independência nas iniciativas posteriores no Oriente Médio e na Organização Mundial do Comércio (OMC). É notável, porém, que não digam uma palavra significativa sobre a intervenção do Brasil no Haiti[15] – esperemos que seu silêncio seja um sinal tardio de vergonha.

No entanto, houve quem se beneficiasse da missão. Em primeiro lugar, é claro, os Estados Unidos, aliviados do ônus de ocupar o Haiti, como fizeram durante vinte anos desde 1914, e de ter de proteger a costa da Flórida de levas de migrantes em embarcações improvisadas[16]. Quem se beneficiou mais significativamente, porém, foram as Forças Armadas brasileiras, que forneceram onze comandantes sucessivos sob a bandeira da ONU; desfrutaram de ampla modernização de seus equipamentos (que representam a maior parte do custo da expedição); aprenderam a executar tarefas de administração civil; e voltaram para o Brasil redimidas, como guardiãs heroicas de uma pacificação exemplar. Para celebrar seu papel, uma coletânea de artigos foi publicada sob os auspícios do Ministério da Defesa e de uma ONG chapa-branca com uma série de autocongratulações efusivas, no tom definido por Floriano Peixoto, escolhido por Bolsonaro como primeiro secretário-geral da Presidência. "A presença militar do Brasil no Haiti durante treze anos", explica Peixoto, foi "uma experiência épica, que realizou plenamente todos os objetivos previstos por seus idealizadores em 2004". Além disso, era "fundamental ressaltar" que, para isso, os soldados brasileiros se basearam na "experiência militar do Brasil na República Dominicana, em 1965 e 1966, onde confirmamos nosso papel reconhecido internacionalmente"[17]. De

---

[14] Fabiano Maisonnave e Danilo Verpa, "Após 13 anos, Brasil deixa o Haiti entre paz frágil e miséria", *Folha de S.Paulo*, 27 ago. 2017.

[15] Em uma obra de cerca de quinhentas páginas, praticamente a única referência é uma breve alusão à "situação no Haiti, onde, sob o comando de um general brasileiro e da bandeira das Nações Unidas, nossos soldados ajudavam a manter a segurança". Ver Celso Amorim, *Teerã, Ramalá e Doha: memórias da política externa ativa e altiva* (São Paulo, Benvirá, 2015), p. 182.

[16] Ver o julgamento de Kenneth Maxwell, "Brazil's Military Role in Haiti", *SLDinfo.com*, 19 jun. 2012.

[17] Floriano Peixoto, "The Brazilian Military Experience in Haiti", em *Brazil's Participation in Minustah 2004-2017: Perceptions, Lessons and Practices for Future Missions* (Rio de Janeiro, Instituto Igarapé, 2017), p. 16. Peixoto foi o quinto a comandar as tropas no Haiti.

Johnson a Bush, de Castelo Branco a Lula, militares a serviço da mesma causa nobre: como poderiam não estar habilitados a aplicar tal dedicação em tarefas dentro de casa, no próprio país, uma vez mais?

A colonização do governo Bolsonaro pelas Forças Armadas, cerca de cinquenta anos depois de um golpe do qual elas ainda se orgulham, confere a esse período de meio século da história brasileira a forma de uma parábola. Em 1964, os militares tomaram o poder para remover um presidente disposto demais, na visão deles, a aceitar mudanças radicais na ordem social. Em 2018, eles intervieram para garantir que um presidente ainda popular demais, na visão deles, após realizar mudanças bem menos radicais, não fosse reeleito, colocando no poder alguém que tivesse uma origem e um modo de pensar semelhante ao deles. A curva de uma parábola não precisa ser simétrica. A derrubada de Jango e o bloqueio de Lula foram operações distintas, a primeira exigindo o exercício da violência, a segunda, apenas a ameaça dela. Embora a linguagem da imposição seja diferente – prevenção da "subversão", no primeiro caso, e da "impunidade", no segundo, como atos do Estado –, o pronunciamento de Olímpio Mourão Filho em 1964 e o de Villas Bôas em 2018 foram semelhantes. Os regimes que eles deram à luz não são os mesmos – cada um é criatura de seu contexto, produto de circunstâncias históricas contrastantes. Na época do segundo, não houve necessidade dos tanques e dos torturadores usados no primeiro, apesar da nostalgia de Bolsonaro por eles. A democracia se tornara segura para o capital havia muito tempo e, dentro dos limites da ordem social estabelecida, a combatividade popular estava em baixa. Uma vez instaurado, o novo regime corre muito mais risco vindo de sua própria aporia do que de qualquer oposição organizada.

Na situação anômala de poder em que um ex-capitão quase expulso do Exército subverte a hierarquia para comandar generais de quatro estrelas, o comandante do Executivo acabou demonstrando ser o desestabilizador-em-chefe da República. As demissões e os rearranjos sem fim do ministério de Bolsonaro – com rotatividade maior e mais rápida até mesmo que a de Trump – não pouparam sequer os militares nomeados. Num período de seis meses, ele demitiu abruptamente dois generais (Carlos Alberto Santos Cruz e Juarez Cunha), rebaixou um terceiro (Floriano Peixoto) e cooptou um quarto (Luiz Eduardo Ramos, ao contrário dos demais no serviço ativo) para conduzir as relações com o Congresso, enquanto a relação com o condecorado vice-presidente nitidamente esfriava. A disciplina profissional prevaleceu até agora, silenciando quaisquer expressões públicas de descontentamento[18]. Resta saber quanto tempo ela vai durar.

Também existe, em potencial, um risco muito mais sério de perturbação do frágil equilíbrio do governo. A base eleitoral original de Bolsonaro, e mais tarde seus patronos políticos, era do Exército. Contudo, no decorrer de seu entrincheiramento como agitador ideológico no Rio de Janeiro, suas conexões mais próximas se davam com outro aparelho de coerção, não federal, mas local, muito distinto do Exército quanto a seu recrutamento e *modus operandi*: a Polícia Militar, sinônimo de corrupção e criminalidade. De lá, Bolsonaro e os filhos levaram ex-policiais – reformados, os principais vetores das "milícias" que se aproveitam das favelas para atuar como traficantes e forças polivalentes – para seus gabinetes político e econômico, enquanto acumulavam uma quantidade de imóveis (a família possui treze propriedades que somam cerca de 4 milhões de dólares) muito superior aos recursos que recebem como deputados ou vereadores[19].

Um desses ex-policiais, Fabrício Queiroz, que serviu como chefe de gabinete do filho mais velho do presidente, Flávio Bolsonaro, hoje senador pelo Rio de Janeiro, efetuou em sua conta bancária uma série de depósitos em dinheiro tão atípica que foi alvo de uma investigação no início de 2018 – investigação que se estendeu às contas bancárias do próprio Flávio em 2019. Usando uma doença como justificativa, ele se recusou a responder a qualquer pergunta e desapareceu. Na folha de pagamento de Flávio também constavam a mãe e a esposa de outro ex-policial militar, Adriano Nóbrega, que já havia sido condecorado pelo próprio Bolsonaro e posteriormente foi alvo de duas acusações de assassinato; hoje ele é amplamente considerado líder de uma das mais temidas gangues do Rio, suspeita do assassinato de Marielle Franco. Ele também está foragido, e, naturalmente, as autoridades são incapazes de localizá-lo. As implicações explosivas desses elos para o presidente são muito claras. Da mesma magnitude são as pressões para dar cabo a qualquer risco e ameaça ao presidente advindas daí. A lenta investigação de Queiroz, que já se arrasta para mais de quinhentos dias sem nenhuma acusação, e a incapacidade de encontrar Nóbrega falam por si. Ninguém espera que o ministro da Justiça se apresse em lançar luzes sobre

---

[18] Em alguns casos, as relações de amizade – Ramos foi colega de quarto de Bolsonaro quando eram cadetes na Academia Militar – entram em cena.

[19] Para mais detalhes, ver "Patrimônio de Jair Bolsonaro e filhos se multiplica na política", *Folha de S.Paulo*, 7 jan. 2018. A renda mensal de um deputado federal é de cerca de 6 mil dólares, alta para os padrões internacionais, mas longe de ser o suficiente para acumular uma fortuna desse tamanho.

os recantos obscuros do governante com quem compartilhou a própria sorte. Talvez algum espírito corajoso no Ministério Público do Rio quebre hierarquias, mas não há como contar com isso.

E a opinião pública? Em meio à prolongada recessão econômica e ao descrédito do sistema político, o principal propulsor da vitória eleitoral de Bolsonaro foi o desejo de mudança a todo custo, qualquer que fosse a mudança. A decepção não tardou. Depois de cem dias no cargo, seu índice de aprovação já era o mais baixo para o primeiro mandato de um presidente desde a democratização, caindo de quase metade da população para um terço. Mesmo entre as classes mais altas e os evangélicos, bastiões de seu apoio, houve perda de entusiasmo. Segundo pesquisas, o principal responsável por essa queda de prestígio não foi a ausência de recuperação econômica ou o impasse de alguma reforma específica, muito menos a falta de correspondência entre sua violenta política identitária e as mudanças de valor na sociedade brasileira, na qual os eleitores em geral continuam bem à esquerda dele em questões morais e socioeconômicas. O que desagradou a maior parte dos desiludidos foi a visível falta de preparo de Bolsonaro para o governo, seus rompantes insensatos e sua falta de compostura, a sensação geral de um governante à deriva, batendo cabeça de um lado para o outro[20].

O tempo pode ensinar a Bolsonaro rudimentos do comportamento público exigido de um presidente, e a necessidade de negociar e compor com o Congresso, se de fato quiser fazer avançar uma agenda neoliberal que atenda às expectativas do capital. Mas é igualmente possível que, sem vontade ou capacidade de adequar seu estilo, ele siga o mesmo caminho de Collor, cenário já amplamente explorado pela imprensa. Se os laços do clã Bolsonaro com o submundo do Rio forem mais nitidamente expostos, não é difícil imaginar um *impeachment* que o descarte como vergonha para a nova ordem política. No Congresso, o guardião das chaves desse julgamento, Rodrigo Maia – filho de um ex-prefeito do Rio de Janeiro condenado várias vezes por improbidade administrativa e genro de um dos oligarcas mais flagrantemente desonestos do antigo PMDB, Wellington Moreira Franco, preso junto com Temer – é um digno sucessor de Eduardo Cunha: de postura mais jovial, e escrúpulos também infinitamente flexíveis, é uma figura bem capaz de orquestrar a saída

---

[20] Ver as conclusões da pesquisa do Ibope, "Aprovação do governo Bolsonaro cai 15 pontos desde a posse" e "Adequação ao cargo é vital para presidente recuperar confiança", *Folha de S.Paulo*, 20 mar. e 9 abr. 2019.

de Bolsonaro do cargo. Se isso acontecesse, seria uma libertação para o Brasil? Sob um coro de elogios à sua moderação, praticamente um *basso continuo* de comentários razoáveis, o general Hamilton Mourão, teórico das virtudes de um "autogolpe" presidencial em caso de anarquia, sairia da Vice-Presidência e se tornaria o novo governante do país. Nesse caso, a curva da parábola de 1964 descreveria um arco final ainda mais perfeito.

15 de julho de 2019

Índice onomástico

África do Sul, 76, 91
Alagoas, 28, 167
Alckmin, Geraldo, 144-5
Alemanha, 21, 112, 159
Aliança Renovadora Nacional (Arena), 99
Amaral, Delcídio do, 119
Amorim, Celso, 65, 84, 177
Andrade Gutierrez, 126
Angola, 135
Arantes, Paulo Eduardo, 21
Argentina, 17-20, 37, 39-46, 50, 54, 56, 66-7, 86
Aristide, Jean-Bertrand, 154, 174-6
Assembleia de Deus, 106, 150-1
Ato Institucional nº 5 (AI-5), 10, 22
Azevedo, Reinaldo, 172

Bacellar, Urano, 176
Bahia, 101
Banco Central do Brasil, 44, 56, 92-3, 157
Banco Mundial, 91, 170
Banco Nacional de Desenvolvimento Econômico e Social (BNDES), 94
Banzer, Hugo, 29
Barbosa, Joaquim, 138
Barros, Adhemar de, 83
Barros, Celso Rocha de, 165n44
Barroso, Gustavo, 12n5
Bastide, Roger, 21
Bastos, Márcio Thomaz, 80
Batista, Joesley, 140

Berlusconi, Silvio, 29, 113-4, 153
Blair, Tony, 41, 45, 49, 65
Bolívia, 29, 86-7
Bolsa Família, 61, 68, 72, 74, 89, 94, 96
Bolsonaro, Eduardo, 169n1
Bolsonaro, Flávio, 179
Bolsonaro, Jair, 117, 121, 144-7, 150-62, 164, 167-73, 177-81
Bovespa, 72,
Branco, Castello, 157, 173, 178
Brasília, 11, 28, 44, 60, 64, 66, 69, 80, 83, 88, 103, 107, 111, 124-5, 127, 134, 137, 150, 158, 175, 176n11
Braudel, Fernand, 21
Brics, 11, 66, 82, 91
Brizola, Lionel, 24, 83, 161
Buarque, Chico, 78,
Bush, George W., 50, 88, 175, 178

Caamaño, Francisco, 174
Caixa Econômica Federal, 81
Câmara dos Deputados, 53, 56, 77, 98-9, 102, 107, 108, 115, 117, 119, 123-5, 128, 139--40, 144, 156, 158, 161, 170, 173
Campos, Roberto, 157
Canadá, 175n8
Candido, Antonio, 78
Cantanhêde, Eliane, 112
capital, O (Karl Marx), 21-2
Cardoso, Fernando Henrique, 20, 23-49, 52-3, 56-8, 64-71, 77, 81-2, 85, 88, 96,

100-1, 106, 109-12 *passim*, 114-5, 119, 125, 138, 156, 171-2
Carter, Jimmy, 45,
Carvalho, Olavo de, 169n1
Castañeda, Jorge, 33
Cavallo, Domingo, 43
Central Única dos Trabalhadores (CUT), 36-7, 75
Chavez, Hugo, 70, 76, 86-7
Chile, 18, 19, 22, 40, 46, 86, 152, 169
China, 9, 12, 13, 42, 66, 82, 84-5, 88, 91, 94
Chirac, Jacques, 50, 175
Chubais, Anatoly, 44,
Cidade de Deus (Paulo Lins), 47, 78
Cingapura, 108
Civilização Brasileira (editora), 12n5
Civilização brasileira, 12
Civita, Roberto, 79
Clinton, Bill, 31, 41, 45, 58, 65, 88, 100
Collor de Mello, Fernando, 19, 24-6, 28-9, 31-2, 34, 46, 68, 71, 79, 80n40, 81, 99n7, 114, 138, 158, 162, 167-8, 180
Colômbia, 17, 39, 86
Comissão Econômica para a América Latina e o Caribe (Cepal), 54
Comte, Auguste, 20
Congresso, 18, 23-5, 28, 33-4, 36-7, 48, 52-3, 56-60, 80, 82, 92, 98, 100-2, 107-8, 110--2, 117, 119, 123, 125-8, 130, 136-7, 139--44, 149-50, 152, 154-7, 160, 163n39, 167-8, 170-2, 178, 180
Conti, Mario Sergio, 14, 79
Costa e Silva, Artur da, 173
Cuba, 39, 53, 59, 65, 86-7
Cunha, Eduardo, 107, 124-8, 134-6, 139-40, 142, 149, 158, 178, 180

Dallagnol, Deltan, 104, 107, 171
Daniel, Celso, 57
Declining Inequality in Latin America, 74
Dependency and Development in Latin America (Cardoso e Falletto), 20
Dirceu, José, 53, 56, 58-9, 64, 77, 80, 82, 104, 137
Doria, João, 156,
Duvalier, Francois, 174, 176

Economist, the, 43, 70, 73, 135
Eisenhower, Dwight, 69
Ellis, Alfredo, 12n5
Entreatos (Salles), 79
Equador, 39, 86-7
Escola de Frankfurt, 22
Espanha, 11, 97
Estados Unidos, 9-13, 34, 36, 39, 41, 43-5, 48, 54, 58, 61, 63-6, 76, 80, 84-5, 87-8, 97-100, 106-8, 112-3, 119, 122, 134, 137, 158-61, 163, 174-8
Estatuto do Idoso, 62

Fachin, Luiz Edson, 171n4
Falletto, Enzo, 20,
Fatton, Robert, Jr., 176n12
Federal Reserve (FED) (Banco Central dos Estados Unidos), 61, 122
Figueiredo, João, 173
Financial Times, 70, 155
Fischer, Stanley, 44
Foucault, Michel, 21
França, 10, 12n5, 21-2, 50, 87, 97, 175
Franco, Gustavo, 44
Franco, Itamar, 25
Franco, Marielle, 157, 179
Franco, Wellington Moreira, 180
Frente Parlamentar Evangélica, 107
Fujimori, Alberto, 19, 48, 50
Fundação Ford, 23
Fundo Monetário Interncaional (FMI), 41, 56
Fux, Luiz, 171

Gallegos, Rómulo, 20
Gaspari, Elio, 14, 71, 172
Geisel, Ernesto, 173
Genoino, José, 57, 59
Giannotti, Jose Arthur, 21-2, 156n31
Giraldes, Marcus, 14, 151n25, 164n42
Globo, 19, 28-30, 52, 71, 115, 140
González, Felipe, 24, 33
Goulart, João, 161
Gramsci, Antonio, 23, 35, 76, 163
Grau, Eros, 81
Greenwald, Glenn, 171
Guedes, Paulo, 152-3, 155, 158, 169-70

ÍNDICE ONOMÁSTICO

Gushiken, Luiz, 57, 59
Haddad, Fernando, 145-6, 156
Haiti, 154-5 *passim*, 174-7
Haiti's Predatory Republic (Fatton), 176n12
Heleno, Augusto, 154, 172
Herzog, Vladimir, 10
História Geral da Civilização Brasileira, 12n5
Holanda, Sergio Buarque de, 12n5

Igreja católica, 26
Igreja Universal do Reino de Deus, 106, 150
Índia, 12-3, 66, 82, 84, 91
Intercept, The, 171
Irã, 66
Itália, 21, 29, 53, 97, 104, 113-4, 126, 175

JBS, 140-1
Jornal do Brasil, 47
Jospin, Lionel, 50
Jucá, Romero, 127

Kiernan, Victor, 31
Kirchner, Nestor, 76, 86,
Kubitschek, Juscelino, 36, 69, 75

Lava Jato, 105, 111, 113-5, 118, 125-28, 133, 135-6, 147, 153, 157, 163, 170-1
Lefort, Claude,   21
Lévi-Strauss, Claude, 21
Lula, 19, 24-8, 30-1, 34, 36, 40, 46, 49-53, 55-87, 89, 91-2, 94-7, 100-2, 104-6, 109, 111-2, 114-7, 121-4, 126-31, 133--5, 137-9, 141-6, 149-51, 154, 158, 161-4, 171--2, 175, 177-8
Lula da Silva, Luiz Inácio, 19, 55
lulismo em crise. Um quebra-cabeça do período Dilma, O (André Singer), 129

Macedo, Edir, 106, 150
Machado de Assis, Joaquim Maria, 17
Maciel, Marco, 100
Magalhães, Antônio Carlos, 28, 100
Magalhães, Luís Eduardo, 101
Magnoli, Demétrio, 172
Maia, Rodrigo, 158, 180
Mainwaring, Scott, 98n5

Malafaia, Silas, 151-2
Malan, Pedro, 43-4, 48, 52-3
Mantega, Guido, 93-5
Marinho, Roberto, 28-9
Martelly, Michel, 176
Marx, Karl, 21-2, 129, 132
Mattoso, Jorge, 81
Médici, Emilio Garrastazu, 35, 173
Mendes, Gilmar, 111-2, 118, 138
Mendonça, Duda, 57
Menem, Carlos, 19, 37, 43, 45-6, 48, 50, 86
Mercosul, 65
Merquior, José Guilherme, 19,
Mesquita Filho, Júlio de, 21
México, 19, 40-1, 87, 147
Mitterand, François, 24, 50, 91
Monbeig, Pierre, 21
Montoro, André Franco, 23
Moraes, Reinaldo, 78
Moreira Salles, João, 79-80
Moro, Sergio, 104, 107, 111-3, 115, 117, 121, 124-8, 133, 136-9, 153, 157, 170-3
Mourão, Hamilton, 152, 181
Mourão Filho, Olímpio, 178
Movimento Brasil Livre (MBL), 106-7
Movimento da Esquerda Revolucionária (MIR) (Bolívia), 29
Movimento dos Trabalhadores Rurais Sem Terra (MST), 70, 161
Movimento dos Trabalhadores Rurais Sem Teto (MTST), 161
Movimento Passe Livre (MPL), 106

Nações Unidas, 175, 177n15
Neves, Aécio, 91-2, 102n12, 108, 124, 157
Neves, Tancredo, 18, 124
New Deal, 36, 69, 70, 74, 76
New Left Review, 10
Nóbrega, Adriano, 179
Notícias do Planalto (Conti), 79
Nova Zelândia, 85, 108
Nunes Leal, Victor, 68n19

Obama, Barack, 171
Odebrecht (empresa), 115, 118, 126-7, 171
Odebrecht, Marcelo, 136-7
Oliveira, Francisco ("Chico") de, 14, 74-6, 78, 104

Origens da dialética do trabalho (Arthur Giannotti), 22
Organização Mundial do Comércio (OMC), 65, 177

Padilha, José, 78
Palestina, 66
Palocci, Antônio, 59, 60, 64, 80-2, 84, 134-5, 164
Panamá, 135
Pará, 146
Paraguai, 39, 86
Paraná, 125
Partido Comunista Brasileiro (PCB), 21
Partido da Frente Liberal (PFL), 28-30, 36-7, 99-100, 117, 174
Partido da Social Democracia Brasileira (PSDB), 24-5, 34, 36-7, 57, 60, 92-3, 100, 102n12, 105, 107-12, 114-5, 118-9, 122-5, 127-8, 131, 133-4, 138-9, 141, 144, 149, 151, 156, 158, 161, 168, 172, 174
Partido do Movimento Democrático Brasileiro (PMDB), 23-4, 26, 58, 80, 99-103, 105, 107, 112, 115, 117-9, 122-7, 131, 140, 142, 180
Partido dos Trabalhadores (PT), 13, 24-7, 34-8, 50-3, 56-9, 64, 67, 72, 74-7, 82-3, 92-7, 101-5, 107-12, 114, 116-7, 119, 121-36, 138-9, 142, 144-7, 149, 153-4, 156, 158-9, 161-4, 168, 171-2, 174-5
Partido Progressista (PP), 103, 118-9
Partido Social Democrático (1945-1965) (PSD), 35, 130
Partido Social Liberal (PSL), 156
Partido Trabalhista Brasileiro (PTB), 35-6, 130
Peixoto, Floriano, 154, 177-8
Pérez, Carlos Andrés, 49
Pernambuco, 101
Perón, Juan, 66-7
Peru, 17, 19-20, 39, 50, 86
Petrobras, 95, 102-3, 108, 111, 119, 124, 126, 133, 139, 164
piauí, 78, 80
Pietro, Antonio di, 113
Pinochet, Augusto, 18, 86, 152
Plano Real, 27, 30, 42, 44
Pochmann, Marcio, 15, 73, 78,

Polônia, 26
Pornopopeia (Moraes), 78
Porto Alegre, 51, 53, 83
Portugal, 11, 109, 115
Poulantzas, Nicos, 23
Prebisch, Raúl, 54
Primeiro Comando da Capital (PCC), 147, 149

Quadros, Jânio, 162, 167
Queiroz, Fabrício, 179

Ramos, Luiz Eduardo, 178
Reid, Michael, 73
Reino Unido, 111, 122, 159-60
República Dominicana, 174, 177
Revoltados On-Line (ROL), 106-7
Ribeirão Preto, 59, 60, 135
Ricupero, Rubens, 30
Rio de Janeiro, 10, 28, 43, 51, 93, 97, 108, 147, 149-50, 157, 179, 180
Roosevelt, Franklin D., 36, 69-70, 74
Rosado, 28
Rousseff, Dilma, 55, 68n19, 80, 82-4, 91-7, 102, 105, 107-12, 115-8, 121-36, 138-45, 152-3, 158, 162, 168, 170
Roxin, Claus, 137
Rússia, 9, 12, 13, 17, 39, 41, 44-5, 66, 82, 85-6, 91

Sader, Emir, 15, 78
Salgado, Plinio, 159
Salinas de Gortari, Carlos, 19, 49
Salles, Walter, 79
Samuels, David, 161-2, 77n35
Santana, João, 135
Santos Cruz, Carlos Alberto dos, 154, 178
Santos, José Eduardo dos, 135
São Paulo (cidade), 15, 22-3, 145, 147, 149, 167
São Paulo (estado), 23, 144, 147, 150, 152, 156, 158, 171
Sarney, José, 18-9, 23-4, 32, 34, 46, 101-2, 158
Schwarz, Roberto, 10, 15, 21, 78
Segunda Guerra Mundial, 20, 35, 38, 51, 70, 175,
Seitenfus, Ricardo, 175

ÍNDICE ONOMÁSTICO   187

Senado, 23-4, 82, 99, 101n10, 117, 119, 121, 127-8, 131, 139, 170, 173
sentidos do lulismo, Os (André Singer), 92n1, 162
Serra, José, 48, 52, 60, 63, 80, 125
Silveira, Ênio, 12n5
Singer, André, 15, 63n24, 68-9, 74-8, 92n1, 104n13, 129-34, 136, 161-3, 165, 171
Singer, Paul, 21
Soares, Delúbio, 56, 77
Solidariedade (Polônia), 26, 38
Suíça, 108, 127
Supremo Tribunal Federal (STF), 119, 127, 137, 138, 141

Tella, Guido di, 20, 45
Temer, Michel, 80, 117-8, 123-5, 128, 139-41, 144, 149, 155, 127, 168, 170, 180
Thatcher, Margaret, 41, 49
Toffoli, Dias, 154
Trump, Donald, 121-2, 151-2, 156, 158-61, 167-9, 178

União Democrática Nacional (UDN), 130

União Europeia, 65, 160
Universidade de São Paulo (USP), 12n5, 20-3
Universidade Presbiteriana Mackenzie, 22
Uruguai, 19, 34, 46, 86
Ustra, Carlos Brilhante, 117
Utopia desarmada (Jorge Castañeda), 33

Vaccari Neto, João, 126
Vargas Llosa, Mario, 20, 50
Vargas, Getúlio, 12n5, 21, 35-6, 60, 66-7, 69, 158, 161, 172
Vaza Jato, 172
Veja, 71, 79, 104, 151
Vem pra Rua, 106
Venezuela, 17, 20, 39, 50, 65, 70, 86-7
verdade vencerá, A (Lula), 134, 141-2, 162-3
Villas Bôas, Eduardo, 154, 178

Weber, Rosa, 144n16
Weyland, Kurt, 99n7
Wolfe, Humbert, 79

Youssef, Alberto, 125

Sobre o autor

Professor de história na Universidade da Califórnia-Los Angeles (UCLA), o historiador britânico Perry Anderson integra o conselho editorial da *New Left Review*, uma das mais prestigiosas publicações acadêmicas sobre política, da qual foi fundador e diretor. É autor de importantes obras sobre história e marxismo, entre as quais *Espectro* (Boitempo, 2012), *A política externa norte-americana e seus teóricos* (Boitempo, 2015), *Linhagens do Estado absolutista* (Editora Unesp, 2016), *Duas revoluções* (Boitempo, 2018) e *Considerações sobre o marxismo ocidental/Nas trilhas do materialismo histórico* (Boitempo, 2019).

OUTRAS PUBLICAÇÕES DA BOITEMPO

O futuro começa agora
BOAVENTURA DE SOUSA SANTOS
Apresentação de **Naomar de Almeida-Filho**
Orelha de **Ruy Braga**

Interseccionalidade
PATRICIA HILL COLLINS E SIRMA BILGE
Tradução de **Rane Souza**
Orelha de **Winnie Bueno**

O manifesto socialista
BHASKAR SUNKARA
Tradução de **Artur Renzo**
Orelha de **Victor Marques**

Minha carne
PRETA FERREIRA
Prefácio de **Juliana Borges**
Posfácio de **Conceição Evaristo**
Orelha de **Erica Malunguinho**
Quarta capa de **Angela Davis, Allyne Andrade e Silva, Maria Gadú e Carmen Silva**

O patriarcado do salário, volume I
SILVIA FEDERICI
Tradução de **Heci Regina Candiani**
Orelha de **Bruna Della Torre**

Raça, nação, classe
ÉTIENNE BALIBAR E IMMANUEL WALLERSTEIN
Tradução de **Wanda Caldeira Brant**
Orelha de **Silvio Almeida**

Rosa Luxemburgo e a reinvenção da política
HERNÁN OUVIÑA
Tradução de **Igor Ojeda**
Revisão técnica e apresentação de **Isabel Loureiro**
Prefácio de **Silvia Federici**
Orelha de **Torge Löding**
Coedição de **Fundação Rosa Luxemburgo**

ARSENAL LÊNIN
Conselho editorial: Antonio Carlos Mazzeo, Antonio Rago, Augusto Buonicore, Ivana Jinkings, Marcos Del Roio, Marly Vianna, Milton Pinheiro e Slavoj Žižek

O que fazer?
VLADÍMIR ILITCH LÊNIN
Tradução de **Edições Avante!**
Revisão da tradução de **Paula Vaz de Almeida**
Prefácio de **Valério Arcary**
Orelha de **Virgínia Fontes**

BIBLIOTECA LUKÁCS
Conselho editorial: José Paulo Netto e Ronaldo Vielmi Fortes

Essenciais são os livros não escritos: últimas entrevistas (1966-1971)
GYÖRGY LUKÁCS
Organização, tradução, notas e apresentação de **Ronaldo Vielmi Fortes**
Revisão técnica e apresentação de **Alexandre Aranha Arbia**
Orelha de **Anderson Deo**

ESCRITOS GRAMSCIANOS
Conselho editorial: Alvaro Bianchi, Daniela Mussi, Gianni Fresu, Guido Liguori, Marcos del Roio e Virgínia Fontes

Odeio os indiferentes: escritos de 1917
ANTONIO GRAMSCI
Seleção, tradução e aparato crítico de **Daniela Mussi e Alvaro Bianchi**
Orelha de **Guido Liguori**

MARX-ENGELS
Conselho editorial: Jorge Grespan, Leda Paulani e Jesus Ranieri

Dialética da natureza
FRIEDRICH ENGELS
Tradução e notas de **Nélio Schneider**
Apresentação de **Ricardo Musse**
Orelha de **Laura Luedy**

MUNDO DO TRABALHO
Coordenação de Ricardo Antunes
Conselho editorial: Graça Druck, Luci Praun, Marco Aurélio Santana, Murillo van der Laan, Ricardo Festi, Ruy Braga

Uberização, trabalho digital e Indústria 4.0
RICARDO ANTUNES (ORG.)
Textos de **Arnaldo Mazzei Nogueira, Cílson César Fagiani, Clarissa Ribeiro Schinestsck et al.**

Este livro entrou em gráfica dias após o assassinato do ex-policial e miliciano Adriano Nóbrega, então foragido e que tinha notórias ligações com a família Bolsonaro. As circunstâncias da morte ainda estão sendo investigadas, assim como sua provável relação com a morte da vereadora Marielle Franco. Composto em Adobe Garamond Pro, corpo 11/13,9, e reimpresso em papel Avena 80 g/m² pela gráfica Rettec, em junho de 2021, para a Boitempo, com tiragem de 1.500 exemplares.